Hans J. Nicolini

Sozialmanagement

Grundlagen

1. Auflage

Bestellnummer 50561

Bildungsverlag EINS

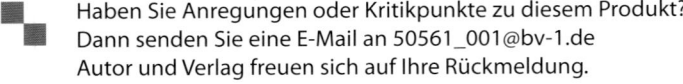

Haben Sie Anregungen oder Kritikpunkte zu diesem Produkt?
Dann senden Sie eine E-Mail an 50561_001@bv-1.de
Autor und Verlag freuen sich auf Ihre Rückmeldung.

www.bildungsverlag1.de

Bildungsverlag EINS GmbH
Hansestraße 115, 51149 Köln

ISBN 978-3-427-**50561**-7

Inhaltsverzeichnis

Vorwort

Soziale Organisationen mit und ohne Erwerbscharakter werden durch die allgemeine ökonomische und gesellschaftliche Entwicklung mehr und mehr veranlasst, ihre Leistungen einerseits an den veränderten Erwartungen ihrer Klientel auszurichten und andererseits mit immer geringeren finanziellen Mitteln zu wirtschaften. Deshalb werden Instrumente der Betriebswirtschaftslehre, die eigentlich für erwerbswirtschaftliche Unternehmen entwickelt worden sind, zunehmend für soziale Organisationen adaptiert. Die Managementlehre hat Einzug gehalten in die Ausbildungen von Sozialberufen, um in diesen gesellschaftlich und auch wirtschaftlich bedeutenden Arbeitsfeldern eine zusätzliche ökonomische Professionalisierung zu erreichen.

Das Management in der Sozialen Arbeit findet jedoch unter Bedingungen statt, die sich im Spannungsfeld von ökonomischen und ethischen Prinzipien zum Teil erheblich von den Annahmen der klassischen Betriebswirtschaftslehre unterscheiden und folglich andere Steuerungsmaßnahmen erfordern:

- Der Erfolg der Sozialen Arbeit ist in der Regel quantitativ nicht messbar.
- Der Erfolg ist in den meisten Fällen ohne die Mitarbeit der Klienten nicht zu erreichen.
- Der Anteil der ehrenamtlichen Mitarbeiter ist erheblich.
- Die Finanzierung wird in einem Beziehungsgefüge zwischen Leistungserbringer, Leistungsempfänger und Kostenträger geregelt.
- Soziale Arbeit hat einerseits eine lange erfolgreiche Tradition, muss sich aber andererseits den veränderten individuellen und gesellschaftlichen Ansprüchen stellen.

Dieses Lehr- und Arbeitsbuch zeigt die Aufgaben, Chancen und Probleme des Managements in sozialen Organisationen unter den genannten Rahmenbedingungen. Es orientiert sich dabei thematisch am Lehrplan des Faches „Sozialmanagement" für berufliche Gymnasien in Baden-Württemberg. Dabei wird besonderer Wert auf eine fächerübergreifende Darstellung gelegt.

Beispiele, Grafiken und Bilder veranschaulichen die fachlichen Ausführungen und zeigen ihre Bezüge zu alltäglichen Situationen. Definitionen und Merksätze sind besonders hervorgehoben, das erleichtert das Verständnis und den Wissenstransfer. Jedes Kapitel wird durch Verständnisfragen abgeschlossen, die eine Lernkontrolle ermöglichen und Hinweise für eine weitergehende Beschäftigung mit der komplexen Materie ermöglichen sollen. Die Anregungen unter „gelernt & nachgefragt" ermöglichen eine Vertiefung der Methodenkompetenz und machen die Relevanz des Sozialmanagements deutlich.

Zur vollständigen thematischen Abrundung bietet sich die Ergänzung der Fachthemen um „Kosten- und Leistungsrechnung" und „Marketing" an.

Für Anregungen und Vorschläge sind Autor und Verlag jederzeit dankbar.

November 2011   Hans J. Nicolini

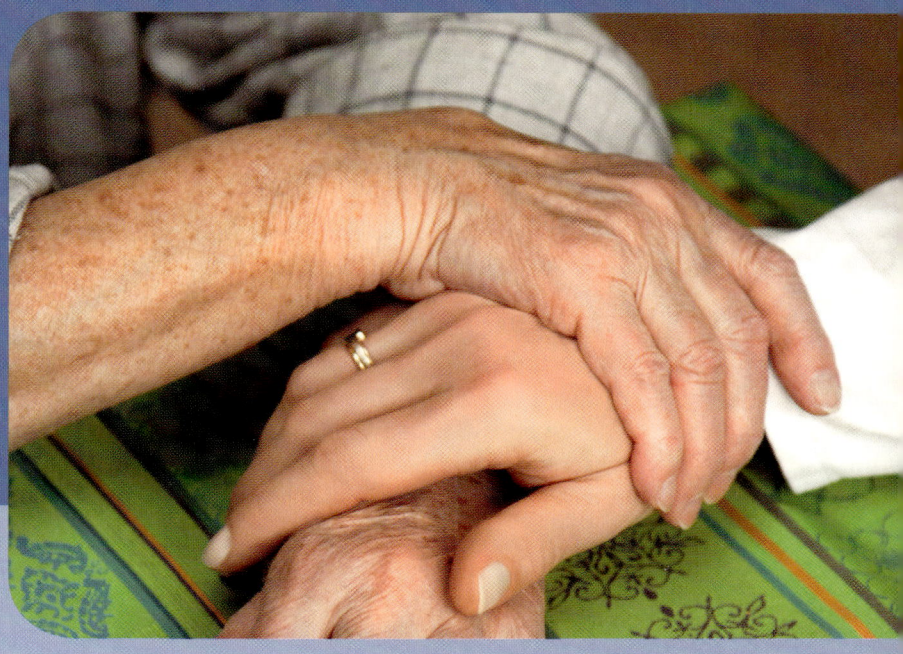

1 Aufgabe und Entwicklung Sozialer Arbeit

Soziale Arbeit stellt Unterstützung bereit, um praktische soziale Probleme zu verhindern, zu lindern oder zu lösen. Sie beschäftigt sich folglich mit gesellschaftlichen Hürden, sozialen Ungleichheiten, Ungerechtigkeiten und Notsituationen. Dabei nimmt sie ein dreifaches Mandat wahr:

Klientel → Verpflichtung gegenüber den Bedürfnissen Einzelner

Staat → Umsetzung von rechtlichen Bestimmungen und Anforderungen der Sozialpolitik

Fachlichkeit → Anwendung anerkannter Standards

Im Grunde ist Sozialpolitik immer eine Kritik an den bestehenden gesellschaftlichen Ungerechtigkeiten, weil sie bessere Lösungen für schwächere und benachteiligte Gruppen und Einzelpersonen anstrebt. Sie ist der Versuch, die Sozialordnung zu verbessern. Dies setzt die Veränderbarkeit der Gesellschaftsordnung voraus, durch die Chancen, Risiken und Macht verteilt werden. Durch Soziale Arbeit werden die Ansprüche der Sozialpolitik konkret umgesetzt.

Sozialmanagement plant, steuert und organisiert alle Bereiche der Sozialen Arbeit.

1.1 Historische Entwicklung

Sozialpolitik, bei der staatliche Einrichtungen Verantwortung für die Bürger in schwierigen Situationen übernehmen, gibt es erst seit dem 19. Jahrhundert.

Bis zum späten Mittelalter sind Alte und Kranke, Witwen und Waisen auf sich selbst gestellt und zur Sicherung des Existenzminimums auf die Unterstützung durch ihre Familien angewiesen. Kirchen und Klöster helfen den Ärmsten, Handwerker erhalten Unterstützung von den Zünften, die aber nicht mehr als das Überleben sichert.

Zu Beginn des 19. Jahrhunderts wandelt sich die Arbeitswelt radikal. Innerhalb von wenigen Jahrzehnten führt die Veränderung der traditionellen Lebensformen zu einer Verarmung breiter Bevölkerungsschichten. Dampfmaschinen ermöglichen neue Produktionsformen und leiten die Industrialisierung ein. Durch die neue Konkurrenz werden viele selbstständige Handwerker arbeitslos.

Aus der Leibeigenschaft entlassene Bauern müssen wegen der hohen Ablösesummen ihr Land verkaufen und den Lebensunterhalt für sich und ihre Familien als Fabrikarbeiter verdienen.

Auf der Suche nach Arbeit ziehen immer mehr Menschen in die Städte. Gleichzeitig wächst die Bevölkerung durch die bessere medizinische Versorgung. Der Druck auf dem Arbeitsmarkt führt zu elenden Arbeits- und Existenzbedingungen.

Maßnahmen zur Verbesserung der Lage der Arbeiter werden durch Unternehmer, die Kirchen, den Staat und durch die Arbeiter selbst eingeleitet.

Die veränderten Umstände und die neuen gesellschaftlichen Bedingungen machen die Vorsorge gegen die allgemeinen Lebensrisiken zu einem öffentlichen Problem. Die Verarmung der Landbevölkerung und die prekäre Situation der Arbeiter lösen eine Diskussion um die „Soziale Frage" aus.

Paradigmenwechsel durch Bismarcks Sozialgesetze

Um den Einfluss des Staates insbesondere gegenüber der wachsenden Zahl der Industriearbeiter zu erhalten, versuchte Reichskanzler Bismarck zunächst, die Organisation von oppositionellen Bewegungen zu verhindern. Das Verbot sozialistischer Parteien, Vereine, Versammlungen und Schriften durch das Sozialistengesetz von 1878 bleibt aber letztlich erfolglos und muss 1890 wieder aufgegeben werden.

Um die „Soziale Frage" endlich zu lösen und die protestierenden Arbeiter mit dem Staat zu versöhnen, plant Bismarck eine Sozialversicherung. Zum ersten Mal nimmt der Staat die Verantwortung gegenüber seinen Bürgern wahr, sie gegen die allgemeinen Lebensrisiken abzusichern. Die Grenze zum Interventionsstaat wird dadurch überschritten.

„Schon im Februar diesen Jahres haben Wir Unsere Überzeugung aussprechen lassen, dass die Heilung der sozialen Schäden nicht ausschließlich im Wege der Repression sozialdemokratischer Ausschreitungen, sondern gleichmäßig auf der positiven Förderung des Wohles der Arbeiter zu suchen sein werde. Wir halten es für Unsere Kaiserliche Pflicht, dem Reichstag diese Aufgabe von neuem ans Herz zu legen, und würden Wir mit umso größerer Befriedigung auf alle Erfolge, mit denen Gott unsere Regierung sichtlich gesegnet hat, zurückblicken, wenn es uns gelänge, dereinst das Bewusstsein mitzunehmen, dem Vaterlande neue und dauernde Bürgschaften seines inneren Friedens und den Hilfsbedürftigen größere Sicherheit und Ergiebigkeit des Beistandes, auf den sie Anspruch haben, zu hinterlassen."

(aus der Kaiserlichen Botschaft von 1881)

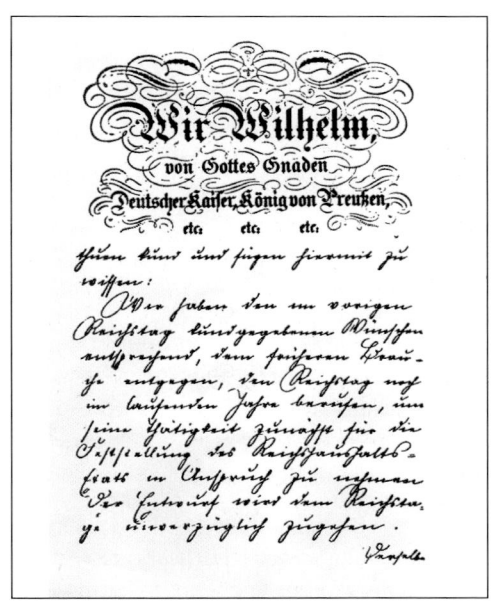

Erste Seite der Kaiserlichen Botschaft vom 17. November 1881

Im Einzelnen werden folgende Gesetze erlassen, die allerdings zunächst nur zu bescheidenen Verbesserungen führen:

1883 Krankenversicherungsgesetz	Auswirkungen für weniger als 10% der Bevölkerung. Im Jahresdurchschnitt wurden je Versichertem 11,20 Mark gezahlt.
1884 Unfallversicherungsgesetz	Erfolge stellen sich erst später und langfristig ein.
1889 Invaliden- und Altersversicherungsgesetz	Rentenbeginn mit 70 Jahren bei einer durchschnittlichen Lebenserwartung von 40 Jahren. Die monatliche Altersrente beträgt 1891 durchschnittlich 10,33 Mark.

Nach den Industriearbeitern und den Handwerksgesellen werden zu Beginn des 20. Jahrhunderts die Angestellten, Landarbeiter und selbstständigen Handwerker in die Sozialversicherungssysteme einbezogen.

In der Weimarer Verfassung werden erstmals soziale Grundrechte und -pflichten festgelegt.

Mit der Einführung des Acht-Stunden-Tages wird 1918 eine zentrale Forderung der Arbeiterbewegung erfüllt. Zur Beseitigung der Wohnungsnot wird der Wohnungsmarkt weiterhin staatlich überwacht und geregelt.

Die bedeutendste sozialpolitische Leistung ist das Gesetz über die Arbeitsvermittlung und Arbeitslosenversicherung aus dem Jahre 1927. Zur Finanzierung der Erwerbslosenfürsorge tragen Arbeitgeber und Arbeitnehmer bei.

Arbeitslose auf Jobsuche 1927

Sozialpolitik im Nationalsozialismus

Im Nationalsozialismus wird das System der sozialen Sicherung formal beibehalten, die Selbstverwaltung allerdings abgeschafft und durch eine hierarchische Führung ersetzt. Die Bedeutung der Sozialpolitik geht zurück, Mehreinnahmen der Sozialversicherungen werden zum Ausbau der auch militärisch nutzbaren Infrastruktur genutzt.

Charakteristisch ist die rassenideologisch begründete Unterdrückung und Ausgrenzung von Menschen, die nicht zur „Volksgemeinschaft" zählen. Während für die meisten Bürger – auch aus militärischen Gründen – bis in die ersten Kriegsjahre die Sozialleistungen verbessert werden, erhalten Juden, Sozialdemokraten und Kommunisten einen geringeren Schutz oder werden ganz davon ausgeschlossen.

Sozialpolitische Weichenstellungen in der BRD

In den ersten Jahren der Bundesrepublik ist die Sozialpolitik zunächst darauf ausgerichtet, die sozialen Folgen des Zweiten Weltkrieges zu lindern. Wichtige Gesetze waren

- 1950 Heimkehrergesetz
- 1950 Bundesversorgungsgesetz zur Kriegsopferversorgung
- 1952 Lastenausgleichsgesetz
- 1953 Schwerbehindertengesetz

Eine bedeutende sozialpolitische Maßnahme ist die erste Rentenreform von 1957, die mit einem Systemwechsel verbunden ist. Bis dahin wurden die Rentenzahlungen nach dem Kapitaldeckungsverfahren finanziert, jetzt wird ein Umverteilungsverfahren eingeführt, das auf einem Generationenvertrag beruht. Die aktiv im Berufsleben stehenden Erwerbstätigen zahlen Beiträge, die sofort dazu verwendet werden, die aktuell fälligen Renten zu bezahlen (Umlageverfahren). Damit die Rente nicht mehr nur Hilfe zum Lebensunterhalt ist, sondern ein wirklicher Lohnersatz sein kann, wird sie dynamisiert, d. h. die Rentenhöhe wird an die allgemeine Einkommensentwicklung gekoppelt.

Beim Umlageverfahren werden die von den Erwerbstätigen gezahlten Beiträge zur Rentenversicherung unmittelbar zur Auszahlung der Renten verwandt.

Die Rentenreform von 1972 führt zu einer Ausweitung der Leistungen. Kleinstrenten werden angehoben, die Versicherung für Selbstständige, Hausfrauen und Studenten geöffnet. Eine wesentliche Verbesserung ist die Einführung der flexiblen Rentenaltersgrenze. Dabei wird bereits diskutiert, dass die ökonomische Belastbarkeit des Systems überschritten sei.

Die Erweiterung des sozialen Sicherungssystems wird 1995 mit der Einführung der Pflegeversicherung abgeschlossen.

1.2 Aktuelle Ziele der Sozialen Arbeit

Ziel der Sozialen Arbeit ist die Herstellung und Erhaltung der Chancen- und Partizipationsgerechtigkeit für ein selbstbestimmtes und menschenwürdiges Leben. Im Mittelpunkt stehen insbesondere die Förderung der Familie, die Kinder- und Jugendhilfe, die Alten- und Sozialhilfe, Hilfe für Menschen mit Behinderung und die Hilfe für Erwerbslose.

Soziale Arbeit leistet Hilfe und Unterstützung zur Bewältigung problembelasteter und krisenhafter Lebenslagen, um die Chancengleichheit benachteiligter und ausgegrenzter Gruppen in der Gesellschaft zu erhöhen.

Integration

Integration soll die Möglichkeit zur Teilnahme am gesellschaftlichen Leben auch für diejenigen schaffen, denen dies aufgrund von körperlichen oder geistigen Einschränkungen, sozialer Zugehörigkeit oder Herkunft oder aus anderen Gründen nur schwer möglich ist.

Sie ist ein vielschichtiger, langfristiger Prozess, der keine Gleichheit anstrebt, aber Ausgrenzung vermeiden will. Er setzt einerseits bei den Betroffenen die Bereitschaft voraus, fehlende Kenntnisse und Fähigkeiten zu erwerben, andererseits die Bereitschaft der Gesellschaft, deren Teilnahme an gemeinschaftlichen Gütern und Aktivitäten zu ermöglichen.

> In der „inklusiven Schule" sollen alle Schüler unabhängig von ihrer sozialen Herkunft, einer Behinderung oder eines Migrationshintergrundes gemeinsam lernen. Heterogenität wird als Normalität angesehen, alle Schüler mit ihren unterschiedlichen individuellen Bildungs- und Erziehungsbedürfnissen sollen optimal gefördert werden.

Resozialisierung

Der Begriff der Resozialisierung geht von der Vorstellung aus, dass jemand nicht mehr im gewünschten Ausmaß in die Gesellschaft eingebunden ist. Resozialisierung soll wieder zu einem Leben ohne Konflikte mit allgemein akzeptierten gesellschaftlichen Normen befähigen und in einem meist langen Prozess die ökonomisch-soziale Ausgrenzung durch Wiedereingliederung überbrücken.

Rehabilitation

Rehabilitation ist die Wiederherstellung des körperlichen, geistigen oder seelischen Normalzustandes nach einem Unfall oder einer Krankheit. Ziel ist die Wiedereingliederung in Arbeit, Beruf und Gesellschaft.

> § **§ 1 SGB IX Selbstbestimmung und Teilhabe am Leben in der Gesellschaft**
> Behinderte oder von Behinderung bedrohte Menschen erhalten Leistungen (…), um ihre Selbstbestimmung und gleichberechtigte Teilhabe am Leben in der Gesellschaft zu fördern, Benachteiligungen zu vermeiden oder ihnen entgegenzuwirken. Dabei wird den besonderen Bedürfnissen behinderter und von Behinderung bedrohter Frauen und Kinder Rechnung getragen.

Man unterscheidet verschiedene Formen der Rehabilitation:

- Medizinische Rehabilitation
- Schulische Rehabilitation
- Berufliche Rehabilitation
- Soziale Rehabilitation

Schutz bei Krankheit

Gegen Krankheit besteht eine Versicherungspflicht. Entsprechend hat jeder das Recht auf eine Krankenversicherung. Sie erstattet ihren Versicherten ganz oder teilweise die Kosten für die Behandlung bei Erkrankungen, Mutterschaft und oft auch nach Unfällen.

Es existieren zwei Krankenversicherungssysteme nebeneinander:

	Gesetzliche Krankenversicherung GKV	Private Krankenversicherung PKV
Typische Versicherte	Pflichtversicherung für Arbeitnehmer bis zur Jahresarbeitsentgeltgrenze Freiwillige Mitgliedschaft möglich	Selbstständige, Freiberufler, Beamte Arbeitnehmer mit einem Einkommen oberhalb der Jahresarbeitsentgeltgrenze
Zahl der Versicherten	ca. 85 % der Bevölkerung	ca. 10 % der Bevölkerung
Beitragssatz	einkommensabhängig einheitlicher Prozentsatz	risikoabhängig individuell
Familienangehörige	ohne eigenes Einkommen beitragsfrei mitversichert	separater Beitrag
Rückstellungen	keine	zur Stabilisierung der Beiträge
Gesetzliche Grundlage	SGB V	privatrechtliche Verträge
Erstattungsprinzip	Sachleistungsprinzip	Kostenerstattung
Klagemöglichkeit	Sozialgerichte	Zivilgerichte

Schutz gegen Arbeitslosigkeit

Arbeitslosengeld I

Das Arbeitslosengeld I wird – wenn die Anspruchsvoraussetzungen erfüllt sind – auf Antrag bei Verlust des Arbeitsplatzes gewährt. Es handelt sich nicht um eine Sozialleistung, sondern um einen sozialversicherungsrechtlichen Anspruch. Pflichtversichert sind Arbeitnehmer (außer geringfügig Beschäftigte), die Beiträge werden anteilig von Arbeitnehmern und Arbeitgebern getragen.

Der maximale Zeitraum für die Zahlung des ALG I ist abhängig vom Lebensalter und von der Dauer der sozialversicherungspflichtigen Beschäftigungszeit. Wer jünger als 50 Jahre ist oder weniger als 30 Monate sozialversicherungspflichtig beschäftigt war, erhält maximal ein Jahr lang Arbeitslosengeld. Die Höhe richtet sich nach dem bisherigen durchschnittlichen Arbeitsentgelt.

Arbeitslosengeld II

Durch die Grundsicherung für Arbeitssuchende ("Arbeitslosengeld II", auch "Hartz IV" genannt) erhalten eine einheitliche Leistung alle diejenigen Erwerbsfähigen, die hilfebedürftig sind, weil sie keine Arbeit haben oder über kein ausreichendes Einkommen oder Vermögen verfügen, um ihren Lebensunterhalt zu bestreiten. Träger sind die Bundesagentur für Arbeit und die kreisfreien Städte und Kreise. Nicht erwerbsfähige Hilfebedürftige erhalten Sozialgeld.

Erwerbsfähig ist, wer mindestens drei Stunden täglich arbeiten kann.
Hilfsbedürftig ist, wer seinen Lebensunterhalt weder aus eigenen Mitteln und Kräften noch mithilfe anderer bestreiten kann.

Existenzsicherung

Nicht Erwerbsfähige, die keine Leistungen der Arbeitslosenversicherung beanspruchen können, erhalten Sozialhilfe zur Erhaltung und Finanzierung des physischen und soziokulturellen Existenzminimums.

Jeder Elfte braucht Hilfe bei der Existenzsicherung

Wiesbaden – Bundesweit insgesamt 7,6 Millionen Menschen haben zum Jahresende 2008 Transferleistungen der sozialen Mindestsicherungssysteme erhalten. Somit war zu diesem Zeitpunkt etwa jeder Elfte hierzulande auf Existenz sichernde finanzielle Hilfen des Staates angewiesen, wie das Statistische Bundesamt in Wiesbaden am Montag mitteilte. Im Vergleich zum Jahr 2007 ging die Zahl der Leistungsbezieher um 5,1 Prozent zurück, die Ausgaben minderten sich um 3,1 Prozent von 41,6 Milliarden Euro auf 40,3 Milliarden Euro.

(Die WELT vom 05.10.2010)

Schutz bei Pflegebedürftigkeit

Die Pflegeversicherung sichert gegen Fälle der Pflegebedürftigkeit. Sie ist obligatorisch für alle Krankenversicherten.

> § **§ 1, Abs. 1 SGB XI**
> Zur sozialen Absicherung des Risikos der Pflegebedürftigkeit wird als neuer eigenständiger Zweig der Sozialversicherung eine soziale Pflegeversicherung geschaffen.

Gesetzlich Versicherte werden Mitglied der Pflegekasse ihrer Krankenkasse, privat Krankenversicherte schließen eine private Pflegeversicherung ab. Die Leistungen richten sich nach der ermittelten Pflegestufe:

	I erheblich pflegebedürftig	II schwer- pflegebedürftig	III schwerst- pflegebedürftig
Grundpflege	mindestens 1 x täglich	mindestens 3 x täglich	rund um die Uhr
Hauswirtschaftliche Versorgung	mehrfach in der Woche	mehrfach in der Woche	mehrfach in der Woche
Zeitaufwand	90 Minuten täglich	180 Minuten täglich	300 Minuten täglich
davon für die Grundpflege	≥ 45 Minuten täglich	≥ 120 Minuten täglich	≥ 240 Minuten täglich

Durch die Pflege sollen die Fähigkeiten zur Selbstversorgung erhalten bzw. reaktiviert werden. Behinderte und Kranke sollen sich in ihrer gewohnten Umgebung möglichst lange zurechtfinden. Häusliche Pflege hat deshalb Vorrang vor stationären Leistungen.

Rund 2,25 Mio. Menschen sind in der Bundesrepublik ständig auf Pflege angewiesen. 0,72 Mio. leben in Heimen, die anderen werden zu Hause versorgt. Betroffene können zwischen verschiedenen Anbietern von Pflegeversicherungen wählen.

Die Aufteilung des Pflegegeschäfts

Anteile nach Anzahl der Pflegeplätze

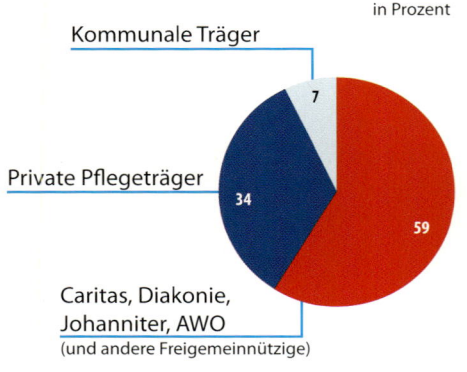

in Prozent

Kommunale Träger — 7

Private Pflegeträger — 34

Caritas, Diakonie, Johanniter, AWO — 59
(und andere Freigemeinnützige)

1.3 Ethische und politische Ansätze

Welche Merkmale der persönlichen Lebenslage in welchem Ausmaß von der Sozialpolitik beachtet werden, wird durch den gesellschaftlichen Konsens über die Ziele und die Funktion von Sozialpolitik bestimmt. Zu diesen Merkmalen gehören z. B.

- soziale Absicherung gegen Wechselfälle des Lebens
- Bildungsmöglichkeiten
- Stellung im Beruf
- soziale Kontakte

1.3.1 Subsidiaritätsprinzip

Das Subsidiaritätsprinzip betont den Vorrang der Selbsthilfe. Wenn der Einzelne seine Lebenslage nicht selbst verbessern kann, soll die Familie eintreten, danach eine Versicherung. Erst wenn alle anderen Alternativen nicht greifen, besteht eine Verpflichtung der Gesellschaft und des Staates.

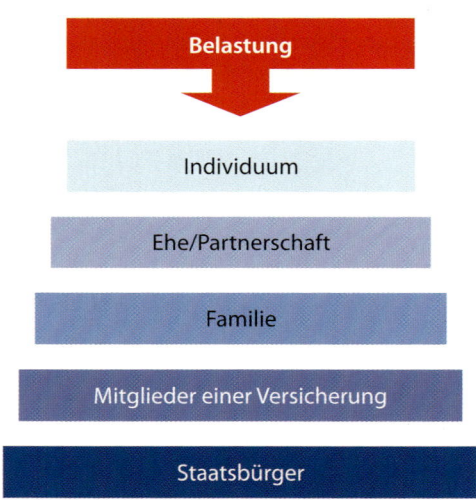

Belastung

Individuum

Ehe/Partnerschaft

Familie

Mitglieder einer Versicherung

Staatsbürger

Subsidiarität bedeutet:
- *Vorrang der kleinen Einheiten (Einzelner, Familie) vor übergeordneten Einheiten*
- *Vorrang der freien Organisation vor staatlicher Organisation*
- *Vorrang freier Träger vor öffentlichen Trägern*

Das Subsidiaritätsprinzip kommt insbesondere in § 5 SGB XII und § 4 SGB VIII zum Ausdruck. Nur wenn die erforderlichen Angebote nicht vorhanden sind und auch durch einen Auf- und Ausbau bei freien Anbietern nicht verwirklicht werden können, sollen öffentliche Träger selbst Einrichtungen bzw. Angebote schaffen.

Das Subsidiaritätsprinzip wird jedoch eingeschränkt durch die Verantwortung für die fachliche Eignung des Trägers und die gewollte Pluralität der Angebote. Außerdem ist auf den sinnvollen Einsatz öffentlicher Mittel zu achten. Wenn ein Angebot in öffentlicher Trägerschaft finanziell günstiger ist als ein vergleichbares von freien Trägern, so ist dieses vorzuziehen.

> *In der Jugendhilfe liegt es im Ermessen des zuständigen Jugendhilfeausschusses, für welche Aufgaben freie oder öffentliche Träger besser geeignet sind.*

1.3.2 Hilfe zur Selbsthilfe

Hilfe zur Selbsthilfe soll dazu befähigen, sich selbst zu helfen bzw. sich selbst Hilfe zu organisieren:

> **SGB I, §1 Abs. 1**
> Das Recht des Sozialgesetzbuchs soll zur Verwirklichung sozialer Gerechtigkeit und sozialer Sicherheit Sozialleistungen einschließlich sozialer und erzieherischer Hilfen gestalten. Es soll dazu beitragen, ein menschenwürdiges Dasein zu sichern, gleiche Voraussetzungen für die freie Entfaltung der Persönlichkeit, insbesondere auch für junge Menschen, zu schaffen, die Familie zu schützen und zu fördern, den Erwerb des Lebensunterhalts durch eine frei gewählte Tätigkeit zu ermöglichen und besondere Belastungen des Lebens, auch durch Hilfe zur Selbsthilfe, abzuwenden oder auszugleichen.

Die sozialistisch-solidarische Hilfetradition
Ideelle Grundlage für die sozialistisch-solidarische Hilfe ist die Tradition der Arbeiterbewegung. Sie verstand sich ursprünglich als klassenspezifische Selbsthilfe, die ihre Leistungen unabhängig von staatlichen Maßnahmen organisieren und erbringen kann.

Gewerkschaftliche, genossenschaftliche und andere Selbsthilfeorganisationen entstanden im Umfeld sozialdemokratisch-reformerischer, aber auch christlich-konservativer Ideen.

Die antiautoritäre Hilfetradition
In den 60er und der 70er Jahre des vergangenen Jahrhunderts erfuhr das Konzept der Selbstorganisation und Selbstverwaltung in den meisten europäischen Ländern eine antiautoritär geprägte Wiederbelebung. Aus der Schüler-, Lehrlings- und der Studenten-

bewegung entwickelten sich Initiativen und Projekte wie z. B. selbstverwaltete Jugend-zentren, Kinderläden und Frauenhäuser.

Die feministischen Hilfetraditionen

Aus der Tradition der Frauenbewegung haben sich in den 70er und 80er Jahren des 20. Jahrhunderts verschiedene Ansätze einer feministischen Selbsthilfe entwickelt. Sie bekämpfen etablierte patriarchische Strukturen, um die gesellschaftliche Gleichstellung der Geschlechter durchzusetzen.

Selbsthilfegruppen

Im Gesundheitsbereich sind selbstorganisierte Zusammenschlüsse von Menschen verbreitet, die das gleiche Problem haben und sich bei seiner Bewältigung gegenseitig unterstützen. Typische Probleme sind der Umgang mit Krankheiten oder belastenden sozialen Situationen. In Deutschland wird die Zahl der Selbsthilfegruppen auf 70.000 bis 100.000 geschätzt.

1.3.3 Sozialstaatsverständnis

Das konservative Sozialstaatsverständnis

Aus konservativer Sicht werden individuelle Ansprüche an den Sozialstaat – mit Ausnahme der Existenzsicherung – abgelehnt, weil angeblich zu umfassende Leistungen die eigenverantwortliche Freiheit einschränken. Sozialstaatliche Leistungen sollen nicht weiter ausgebaut werden.

Grundlagen des konservativen Sozialstaatsverständnisses	
Subsidiaritätsprinzip	Aufgaben sollen von den unteren sozialen und politischen Einheiten (Familien, Gemeinden) übernommen werden.
Äquivalenzprinzip	Empfangene soziale Leistungen sollen von den geleisteten Beitragszahlungen abhängen und ihnen in etwa entsprechen.
Soziales Ausgleichsprinzip	Staatlich finanzierte Leistungen sollen sich auf Härtefälle beschränken und nach dem Kriterium der Schutzbedürftigkeit gewährt werden.

Durch Anwendung dieser Prinzipien soll die Leistungsbereitschaft der Bürger gefördert, die missbräuchliche Inanspruchnahme sozialer Leistungen erschwert und der Sozialneid verhindert werden. Das Sozialmanagement soll den Einzelnen bzw. sein unmittelbares Umfeld in die Lage versetzen, die soziale Sicherung selbst zu organisieren.

Das neoliberale Sozialstaatskonzept

Der umfassend ausgebaute Sozialstaat erscheint Neoliberalen als Hindernis für Investitionen und Wachstum. Konsequent wird die Privatisierung und Deregulierung mit mehr Wettbewerb auch unter den Leistungsträgern im Sozialsystem (also z. B. unter den Krankenkassen) angestrebt.

Die Vertreter des neoliberalen Konzeptes lehnen interventionistische staatliche Maßnahmen ab und setzen auf die Steuerungsmechanismen der Märkte.

- Die Finanzpolitik soll die sozialen, als konsumtiv angesehenen Ausgaben zugunsten von investiven Ausgaben einschränken.
- Die Steuerpolitik soll so gestaltet sein, dass sie den Wettbewerb fördert.
- Die Sozialpolitik soll keine eigenen Ziele verfolgen, sondern die Finanz- und Steuerpolitik unterstützen.

Staatliche Leistungen sollen so weit wie möglich zurückgeführt und die Eigenverantwortung gefördert werden.

Das Sozialmanagement bezieht sich nach dieser Vorstellung weitgehend auf die privatwirtschaftliche und damit gewinnorientierte Bereitstellung von Sozialleistungen.

Das Konzept des aktivierenden Sozialstaats

Die sozialen Aufgaben sollen nach dieser Auffassung zwischen Staat, Markt und Bürgern neu verteilt werden. Die Pflichten des Einzelnen und seine Eigenverantwortung werden betont, die Absicherung gegen Risiken wird durch soziale Dienste und öffentliche Infrastruktur ergänzt.

Das Konzept setzt nicht mehr bei den Defiziten der Bürger an, sondern fordert ein verstärktes Engagement und Eigenbeiträge der Leistungsempfänger. Sie sollen gezielt befähigt werden, sich selbst an der Überwindung von Problemlagen zu beteiligen. Das setzt die Möglichkeit und die Bereitschaft voraus, sich entsprechende Fertigkeiten und Kompetenzen anzueignen. Staatliche Leistungen können abgebaut werden, sobald sie kompensiert werden können.

Sozialmanagement als Element der Sozialpolitik fördert die Stärkung individueller Verantwortung und trägt dadurch zu einer ökonomischen Entlastung des Sozialstaates bei. Das Grundverständnis von einer gerechten Gesellschaft wird insofern verändert, als die Teilhabe am allgemeinen Wohlstand von der Bereitschaft abhängig gemacht wird, eine Gegenleistung – insbesondere durch Arbeitsleistung – zu erbringen.

Die Vertreter des aktivierenden Sozialstaatskonzeptes führen betriebswirtschaftliche Kriterien in die Sozialpolitik ein. Dadurch besteht die Gefahr, dass durch die Stärkung der individuellen Verantwortung langfristig die weniger Leistungsfähigen benachteiligt werden.

Nach diesem Ansatz hat das Sozialmanagement vor allem dafür zu sorgen, dass die Relation zwischen dem Einsatz von öffentlichen Mitteln und ihrem Nutzen als angemessen empfunden wird.

Gerechtigkeitsorientierte Interpretationen

Verteilungsveränderungen durch sozialpolitische Maßnahmen stellen immer auch ein Gerechtigkeitsproblem dar, weil sie das Verhältnis von Vorteilen und Belastungen verändern.

Beispiele:

1. *Die Einführung einer Praxisgebühr belastet die Leistungsempfänger (Patienten), nicht aber die Leistungserbringer (Ärzte, Pharmaindustrie).*

2. *Kinderlose profitieren in der Rentenversicherung von Leistungen der jüngeren Generation, ihre Rente wird von fremden Beitragszahlern finanziert. Eine abnehmende Zahl von Beitragszahlern muss damit auch für die Renten der Kinderlosen aufkommen.*

Die als „Generationenvertrag" bezeichnete Regelung, nach der Lebensrisiken solidarisch abgesichert werden, wird zunehmend als ungerecht erlebt, weil immer mehr Junge durch ihre Versicherungsbeiträge für die Älteren sorgen müssen. Je stärker dieser Effekt empfunden wird, desto intensiver werden Forderungen nach einer „gerechteren" Verteilung zwischen den Generationen erhoben.

Kritische und alternative Positionen

Die Vertreter kritischer Positionen beurteilen die Sozialstaatskonzepte unter dem Gesichtspunkt der Verteilung von Macht, Einkommen und Vermögen.

Eine Orientierung an Konkurrenzmechanismen erscheint den Vertretern dieser Positionen nicht zielführend. Die Aufgaben der Sozialpolitik dürfen nicht von Spendern und Sponsoren mit eigenen Interessen abhängig sein, sondern müssen durch demokratisch legitimierte Entscheidungsprozesse gelöst werden.

Eine Erweiterung der Finanzierungsbasis sozialer Leistungen durch Einbeziehung von Kapitalerträgen und Mieteinkünften würde ebenso zu einer größeren Gerechtigkeit führen wie die Einbeziehung von Selbstständigen, Freiberuflern und Beamten in die Solidargemeinschaft. Die Leistungserbringer sollen an der Finanzierung beteiligt werden, indem man den Wettbewerb unter ihnen fördert und sie dadurch zu Preissenkungen zwingt.

Beispiel: Die verschiedenen sozialpolitischen Positionen führen bei der Unterstützung von Familien mit Kindern zu unterschiedlichen Lösungsansätzen.

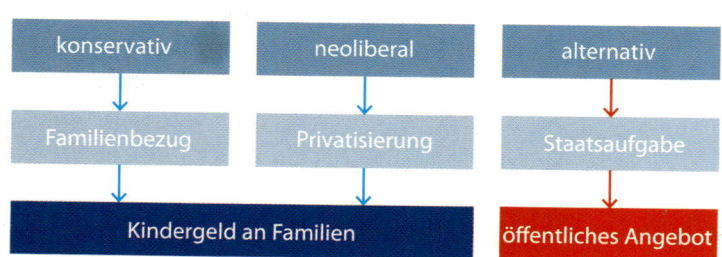

Karitas

Wertschätzende, helfende Nächstenliebe und Wohltätigkeit sind ein christliches Anliegen. Karitas ist eine Haltung, die sich aus dem kirchlichen Grundauftrag ableitet.

„Caritas ist konkrete Hilfe für Menschen in Not. Richtschnur ihrer Arbeit sind Weisung und Beispiel Jesu Christi.
Die Hinwendung zu den Hilfebedürftigen und die Solidarität mit ihnen ist praktizierte Nächstenliebe (…).
Als Wohlfahrtsverband der katholischen Kirche wirkt der Deutsche Caritasverband an der Gestaltung des kirchlichen und gesellschaftlichen Lebens mit.
Maßgebend für seine Tätigkeit sind der Anspruch des Evangeliums und der Glaube der Kirche."
(Deutscher Caritasverband e. V., Leitbild – Präambel, 1997, S. 3)

Die barmherzige Wohltätigkeit in konkreten Notsituationen stellt die individuelle Unterstützung in den Vordergrund, Karitas ist keine politische Position.

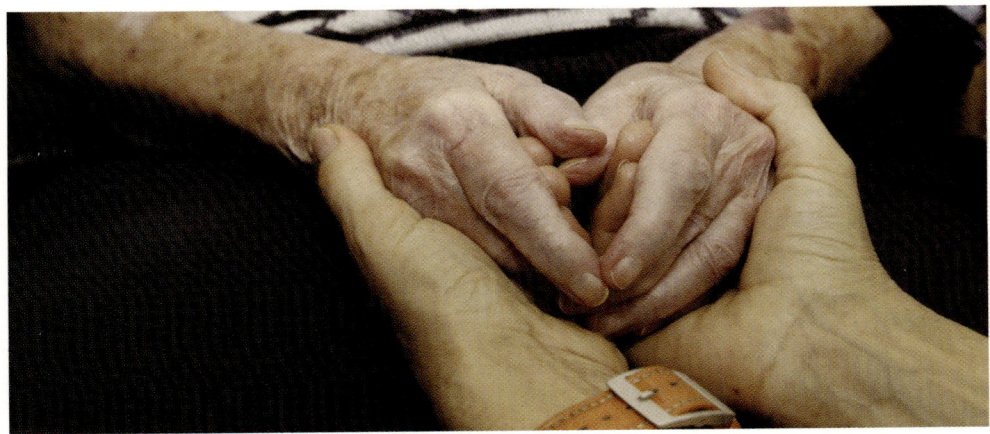

1.3.4 Prinzipien der sozialen Sicherung

Das System der sozialen Sicherung beruht auf drei Prinzipien:

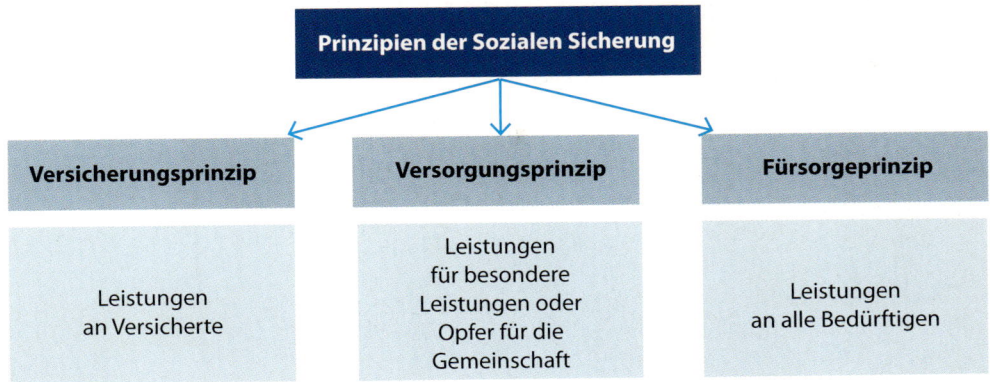

	Sozialversicherung	Versorgung	Fürsorge
Leistungs-empfänger	Sozialversicherungs-pflichtig Beschäf-tigte, Koppelung an nichtselbstständige Einkommen	Personen, die durch Aufgaben für die Gemeinschaft beson-ders belastet sind	Alle bedürftigen Bürger
Leistungsprinzip	Gegenleistungs-prinzip: Leistung entspricht Einzahlung mit vordefinierter Umverteilung	Bedürftigkeitsprinzip: Leistung entspricht Bedarf, meist mit Mindestgarantien	Bedürftigkeitsprinzip: Leistung entspricht Bedarf, meist mit Mindestgarantien
Finanzierung	durch Sozialversiche-rungsbeiträge	durch Steuern	durch Steuern
Regulierung	Selbstverwaltung, relative Staatsfreiheit	Hohe politische Regulierung und Einflüsse	Hohe politische Regulierung und Einflüsse

Sozialversicherung

Der Staat verpflichtet bestimmte Bevölkerungsgruppen, Beiträge zur

- Krankenversicherung,
- Arbeitslosenversicherung,
- Rentenversicherung und
- Pflegeversicherung

zu entrichten. Durch Zahlung der Beiträge erwerben die Mitglieder Ansprüche auf Leistungen.

Sozialversicherungen sind gesetzliche Pflichtversicherungen.

Da die Leistungen der Versicherungen teurer werden, die Zahl der Versicherten aber zurückgeht, müssen die erforderlichen Beiträge steigen und/oder die Leistungen eingeschränkt werden.

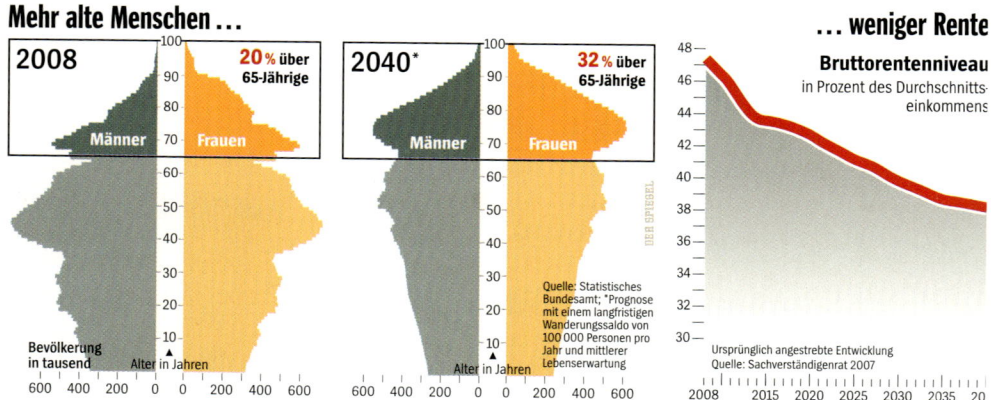

Kapitulation vor der Zukunft

Ab 2003 Einführung des Nachhaltigkeits-faktors und des „Riester-Faktors" bei der Ren-tenanpassung. Neben der allgemeinen Lohn-entwicklung sollen künftig auch
• **die demografische Entwicklung** und
• **die Lasten der privaten Altersvorsorge**
die Entwicklung der Renten beeinflussen. Der Anstieg der Renten soll so gedämpft werden, die Korrekturfaktoren aber nicht zur Senkung von Renten führen (Schutzklausel).

2006 Per Gesetz wird die Rentenanpassung zum 1. Juli 2006 ausgesetzt, um eine fällige Rentenkürzung angesichts stagnierender Einkommen abzuwenden.

2008 Gesetz zur Rentenanpassung. Die Aussetzung des Riester-Faktors 2008 und 2009 sorgt für höhere Renten.

2009 Einführung eines generellen Renten-kürzungsverbots. Die Schutzklausel soll eine Rentenkürzung künftig auch im Falle einer rückläufigen Lohnentwicklung verhindern.

Beitragssatz zur gesetzlichen Rentenversicherung
in Prozent des Einkommens

Zuschüsse des Bundes
in Prozent der Rentenversicherungsausgaben

20,3   20,8   21,0   30,4   32,5
                              2008

1965 70 75 80 85 90 95 2000 05 09

Um die Belastungen zu begrenzen, erhalten die Versicherungsträger Zuschüsse aus den allgemeinen Steuermitteln.

Versorgung

Als Versorgung werden alle Leistungen bezeichnet, die der Staat Personen gewährt, die ihm in besonderer Weise gedient haben. Dazu gehören die Beamtenpensionen und die Beihilfen, aber auch z.B. Leistungen für Kriegsversehrte. Versorgungsleistungen werden aus Steuermitteln finanziert.

Fürsorge (Sozialhilfe)

Die Sozialhilfe umfasst nach dem Fürsorgeprinzip Leistungen an Personen, die sich in einer Notlage befinden. Entscheidend für eine Gewährung ist die Bedürftigkeit. Sie wird ausschließlich aus Steuermitteln finanziert. Zur Fürsorge können auch Gesundheitsleis-tungen gehören: Personen, die nicht krankenversichert sind (und deren Einkommen be-stimmte Grenzen unterschreitet), können Hilfe bei Krankheit erhalten.

gelernt & nachgedacht

1. *Lesen Sie den Text der Kaiserlichen Botschaft auf S. 9. Was ist gemeint, wenn von „sozialen Schäden" und „sozialdemokratischen Ausschreitungen" die Rede ist?*

2. *Beschreiben Sie, welche Personen auf dem Bild auf S. 24 oben zu sehen sind und welche Funktion sie haben.*

Der Streik, Robert Koehler (1886)

3. Aktuell wird diskutiert, Ausländer, die zu mindestens drei Jahren Haft verurteilt worden sind, automatisch auszuweisen. Erörtern Sie, welche Vorstellungen von Integration diesen Überlegungen zugrunde liegen.

4. Stellen Sie die Argumente der Kritiker an dem neoliberalen Sozialstaatskonzept zusammen. Welche Bevölkerungsgruppen würden Ihrer Meinung nach bessergestellt, welche müssten Nachteile hinnehmen?

5. Beschreiben Sie, welche Aufgabe dem Sozialmanagement bei der gerechtigkeitsorientierten Interpretation des Sozialstaates zukommt.

6. Entscheiden Sie, welchem Sozialstaatskonzept die „Hartz IV"-Regelungen entsprechen.

7. Beurteilen Sie, ob z. B. Ärzte, Architekten und Steuerberater genau wie Arbeitnehmer Beiträge zu den Systemen der sozialen Sicherung leisten sollten. Begründen Sie Ihre Meinung.

8. Nennen Sie je drei gesetzliche und drei private Krankenversicherungen. Wie sind Sie krankenversichert?

9. Aktuell wird diskutiert, die Beiträge zur Rentenversicherung nicht allein nach dem Arbeitsentgelt bzw. Arbeitseinkommen zu berechnen, sondern alle Einkunftsarten zu berücksichtigen. Beschreiben Sie die Vor- und Nachteile, die sich daraus ergeben könnten.

10. Der österreichische Ökonom Friedrich August von Hayek hat „sozial" als „dehnbares Kautschukwort" bezeichnet. Diskutieren Sie, was er damit gemeint haben könnte.

1. Nach den „Hartz IV"-Regelungen war 2010 für Alleinstehende täglich ein Betrag von 3,94 € für Essen und Trinken vorgesehen.
Gehen Sie in einen Supermarkt und stellen Sie für diesen Betrag Frühstück, Mittag- und Abendessen zusammen.

2. Recherchieren Sie bei gesetzlichen und privaten Krankenversicherungen, welche günstiger sind. Gehen Sie von einem angestellten Berufseinsteiger nach abgeschlossenem Studium aus.
Versuchen Sie dabei auch, voraussichtliche Beitragsänderungen zu berücksichtigen.

3. Zeigen Sie an einem konkreten Beispiel aus Ihrer Gemeinde (Kindertagesstätte, Schule, Jugendberufshilfe o. Ä.), welches Sozialstaatsverständnis dieser Einrichtung zugrunde liegt.

4. Ermitteln Sie, welche Leistungen ein Arbeitnehmer beanspruchen kann, der im Alter von 45 Jahren nach 20 Jahren Berufstätigkeit betriebsbedingt gekündigt wird.

5. Aus der Tabelle auf S. 13 ist erkennbar, dass ein Teil der Bevölkerung nicht krankenversichert ist. Stellen Sie fest, um welche Personengruppen es sich dabei handelt.

6. Erkundigen Sie sich in Ihrer Familie, welchen Einfluss die „antiautoritäre Bewegung" auf die Einstellungen, politische Partizipation und die beruflichen Entscheidungen bei einzelnen Personen gehabt hat.

7. In der Studie „Soziale Gerechtigkeit in der OECD – Wo steht Deutschland?" heißt es: „In Deutschland fällt jedes neunte Kind (10,8 Prozent) unter die Armutsgrenze." (Bertelsmann Stiftung, 2010, S. 18). Lesen Sie nach, welche Vorschläge dazu in der Studie gemacht werden.

2 Soziale Organisationen

Organisationen dienen der dauerhaften Erreichung von gemeinsamen Zielen oder einem gemeinsamen Zweck. Die arbeitsteiligen Aktivitäten der Organisationsmitglieder werden so koordiniert, dass die angestrebten Ziele dauerhaft erreicht werden können.

Soziale Organisationen realisieren soziale Ziele. Grundsätzlich gibt es sie in allen Versorgungssystemen:

Staat	Markt	Non-Profit Organisationen	Selbstversorgung
Zum Beispiel:	Zum Beispiel:	Zum Beispiel:	Zum Beispiel:
Jugendämter Sozialämter Kindergärten Beratungsstellen	Ambulante Pflege Kindergärten Seniorenheime Kliniken	Beratungsstellen Jugendzentren Seniorenheime	Familien Selbsthilfegruppen

Das Sozialmanagement bezieht sich auf alle Einrichtungen aus allen Versorgungssystemen, deren Zweck es ist, die wirtschaftliche Existenz und gesellschaftliche Teilhabe gegen die allgemeinen Lebensrisiken zu sichern.

Die meisten Träger sozialer Leistungen sind Non-Profit-Organisationen, sie verfolgen keine erwerbswirtschaftlichen Ziele.

2.1   Rechtliche Grundlagen

Die rechtlichen Rahmenbedingungen Sozialer Arbeit umfassen das komplexe System der sozialen Sicherung mit teilweise sehr speziellen Rechtsfragen.

> § **GG, Artikel 20, Abs. 1**
> Die Bundesrepublik Deutschland ist ein demokratischer und sozialer Bundesstaat.

Im Sozialgesetzbuch (SGB) werden die „sozialen Rechte" (§ 2 SGB I) genannt, z. B.:
- Förderung der individuellen Ausbildung (§ 3 SGB I)
- Zugang zur Sozialversicherung (§ 4 SGB I)
- Soziale Entschädigung bei Gesundheitsschäden (§ 5 SGB I)
- eine angemessene Wohnung (§ 7 SGB I)
- Kinder- und Jugendhilfe (§ 8 SGB I)
- Sozialhilfe (§ 9 SGB I)
- Partizipation von Menschen mit Behinderung (§ 10 SGB I)

Die Detailregelung der Ansprüche und Rechte der Bürger auf Sozialleistungen werden in den zwölf Büchern des Sozialgesetzbuches zusammengefasst.

§

§ 1, SGB I

(1) Das Recht des Sozialgesetzbuchs soll zur Verwirklichung sozialer Gerechtigkeit und sozialer Sicherheit Sozialleistungen einschließlich sozialer und erzieherischer Hilfen gestalten. Es soll dazu beitragen, ein menschenwürdiges Dasein zu sichern, gleiche Voraussetzungen für die freie Entfaltung der Persönlichkeit, insbesondere auch für junge Menschen, zu schaffen, die Familie zu schützen und zu fördern, den Erwerb des Lebensunterhalts durch eine frei gewählte Tätigkeit zu ermöglichen und besondere Belastungen des Lebens, auch durch Hilfe zur Selbsthilfe, abzuwenden oder auszugleichen.

(2) Das Recht des Sozialgesetzbuchs soll auch dazu beitragen, daß die zur Erfüllung der in Absatz 1 genannten Aufgaben erforderlichen sozialen Dienste und Einrichtungen rechtzeitig und ausreichend zur Verfügung stehen.

Kodifikation des Rechts, der sozialen Sicherung, Entschädigung, Förderung

I Allgemeiner Teil	IV Gemeinsame Vorschriften für die Sozialversicherung	VII Gesetzliche Unfallversicherung	X Verwaltungs- verfahren Datenschutz
II Grundsicherung für Arbeitssuchende	V Gesetzliche Krankenversicherung	VIII Kinder- und Jugendhilfe (KJHG)	XI Soziale Pflegeversicherung
III Arbeitsförderung	VI Gesetzliche Rentenversicherung	IX Rehabilitation	XII Sozialhilfe

SGB I

Buch I enthält Bestimmungen, die einheitlich für alle Sozialleistungsbereiche gelten. Sie zeigen die Leitvorstellungen des Gesetzgebers, die für die Interpretation der anderen Bestimmungen genutzt werden können.

Die §§ 14 bis 16 gewähren den Bürgern weitreichende Beratungs-, Auskunfts- und Betreuungsansprüche, die angesichts der Unübersichtlichkeit des Sozialrechts von hoher Bedeutung sind.

Nach § 30 ist nicht die Staatsangehörigkeit, sondern der Wohnsitz bzw. der ständige Aufenthalt entscheidend für die Anwendung der Vorschriften.

Die §§ 38 ff. regeln die Grundsätze des Leistungsrechts wie Fälligkeiten, Verzinsung, Verjährung, Verzicht, Aufrechnung und Vererbung.

SGB II	Buch II regelt die Grundsicherung. Sie umfasst die Leistungen zur Sicherung des Lebensunterhalts, insbesondere das Sozialgeld.
SGB III	In Buch III werden die Maßnahmen zur Arbeitsförderung geregelt. Dazu gehören Beratung, Vermittlung, Förderung der Berufsausbildung, Förderung der beruflichen Weiterbildung und das Arbeitslosengeld.
SGB IV	Buch IV enthält die gemeinsamen Vorschriften für die Sozialversicherung.
SGB V	Buch V enthält die Regelungen zur gesetzlichen Krankenversicherung.
SGB VI	Buch VI enthält die Regelungen zur gesetzlichen Rentenversicherung.
SGB VII	Buch VII enthält die Regelungen zur gesetzlichen Unfallversicherung.
SGB VIII	Buch VIII bildet die Grundlage für das Kinder- und Jugendhilferecht. Es dient der Unterstützung und Hilfestellung und dem Schutz von Kindern und Jugendlichen. Schwerpunkt ist die Förderung der Entwicklung und die Integration junger Menschen in die Gesellschaft. Die Leistungsverpflichtung liegt überwiegend bei den Kommunen, die Angebote sollen im Wesentlichen von freien Trägern erbracht werden. Ziele der Jugendhilfe und ihrer Planung sind – Förderung der Persönlichkeitsentfaltung – Erhaltung und Pflege der Kontakte zur Familie und zum sozialen Umfeld – Sicherung eines wirksamen, vielfältigen und abgestimmten Angebotes – Förderung junger Menschen und ihrer Familien in prekären Lebenslagen
SGB IX	Buch IX enthält die Vorschriften für die Rehabilitation und Teilhabe von Menschen mit Behinderung mit dem Ziel, Benachteiligungen zu vermeiden und für Behinderte und von Behinderung bedrohte Menschen die gleichberechtigte Teilhabe am Leben in der Gesellschaft zu ermöglichen.
SGB X	Buch X regelt die Sozialverwaltungsverfahren und die Datenerhebung, -verarbeitung und -nutzung
SGB XI	Buch XI enthält das Pflege-Versicherungsgesetz (PflegeVG). Wer krankenversichert ist, muss auch eine Pflegeversicherung abschließen (§ 20 ff.) § 8 Abs. 1 regelt, dass die pflegerische Versorgung der Bevölkerung eine gesamtgesellschaftliche Aufgabe ist. Der Vorrang der häuslichen Pflege, der Prävention und der Eingliederungshilfen und die Pflicht der Pflegekassen zur Beratung sind festgeschrieben. Der Begriff der Pflegebedürftigkeit wird durch § 14 geregelt, in § 15 sind ihre Stufen (erhebliche Pflegebedürftigkeit, Schwerpflegebedürftigkeit und Schwerstpflegebedürftigkeit) beschrieben.
SGB XII	Buch XII löst das frühere Bundessozialhilfegesetz ab. Arbeitslosenhilfe und Sozialhilfe sind seit 2005 zusammengeführt. Diese Änderung ist auch als „Hartz IV" bekannt.

Daneben existieren noch zahlreiche Fachgesetze außerhalb des SGB.

2.2 Träger der Sozialen Arbeit

Soziale Arbeit wird von sehr unterschiedlichen Anbietern geleistet. Die öffentlichen und freien Träger haben sich im Deutschen Verein für öffentliche und private Fürsorge e.V. zusammengeschlossen. Der Verein bietet ein Forum für fachliche und politische Diskussionen auf dem Gebiet der Sozialen Arbeit, insbesondere der Sozialhilfe, der Jugendhilfe und der Gesundheitshilfe.

Behörden

Behörden sind für die Verwaltung des Staates und besonders für dessen Leistungen gegenüber den Bürgern verantwortlich. Ihre Zuständigkeit leitet sich aus Gesetzen, Verordnungen, Erlassen, Satzungen und Geschäftsordnungen ab. Die Entscheidungen unterliegen, soweit sie in die Rechte von Bürgern eingreifen, grundsätzlich der Möglichkeit einer rechtlichen Überprüfung.

Zur Wahrnehmung hoheitlicher Aufgaben gehören insbesondere

* staatliche Anerkennungen (Abschlüsse, Träger usw.) und
* die externe Fachaufsicht

Kommunen

Kommunen sind die lokalen Gebietskörperschaften, die Städte und Gemeinden. Ihre spezifischen sozialen Strukturen und Lebensbedingungen bestimmen die Notwendigkeit und die Art der Sozialen Arbeit vor Ort. In der Regel kommen sie ihrer Verantwortung zur Bereitstellung von Sozialleistungen durch die Einrichtung von Sozial-, Jugend- und Gesundheitsämtern nach.

Gleichzeitig ist Soziale Arbeit vor Ort abhängig von den ökonomischen, finanziellen und politischen Bedingungen, unter denen eine Kommune Sozialpolitik betreibt. Ihr Einfluss ergibt sich aus

* der Umsetzung gesetzlicher Regelungen.

    Beispiel: Zum Wohl des Kindes muss das städtische Jugendamt als Eingriffsbehörde ggf. eine Inobhutnahme anordnen.

* finanziellen Gegebenheiten. Die Mittel für die Grundsicherung, die Sozialhilfe und die Jugendhilfe müssen aus kommunalen Einnahmen bestritten werden. Durch das Konnexitätsprinzip wird sichergestellt, dass keine kostenintensiven Aufgaben vom Land auf die Kommunen übertragen werden, ohne dass deren Mehrbelastung entsprechend ausgeglichen wird.

Art. 71 III Satz 1–3 der Landesverfassung von Baden-Württemberg
Den Gemeinden oder Gemeindeverbänden kann durch Gesetz die Erledigung bestimmter bestehender oder neuer öffentlicher Aufgaben übertragen werden. Gleichzeitig sind Bestimmungen über die Deckung der Kosten zu treffen. Führen diese Aufgaben, spätere vom Land veranlasste Änderungen ihres Zuschnittes oder der Kosten aus ihrer Erledigung oder spätere vom Land nicht veranlasste Änderungen der Kosten aus der Erledigung übertragener Pflichtaufgaben nach Weisung zu einer wesentlichen Mehrbelastung der Gemeinden oder Gemeindeverbände, so ist ein entsprechender finanzieller Ausgleich zu schaffen.

- der Wahrnehmung des politischen Mandats. Die Kommunalpolitik bestimmt die Bedingungen, unter denen die örtliche Soziale Arbeit angeboten werden kann.

  Beispiel: Die Einrichtung und der Umfang von Schulsozialarbeit erfolgt i. d. R. durch einen Beschluss des Stadt- bzw. Gemeinderats.

Die **Sozialraumorientierung** bestimmt mehr und mehr die örtliche Sozialpolitik.

Die besondere Bedeutung der kommunalen Sozialpolitik zeigt die Ausgabenstruktur einer Großstadt:

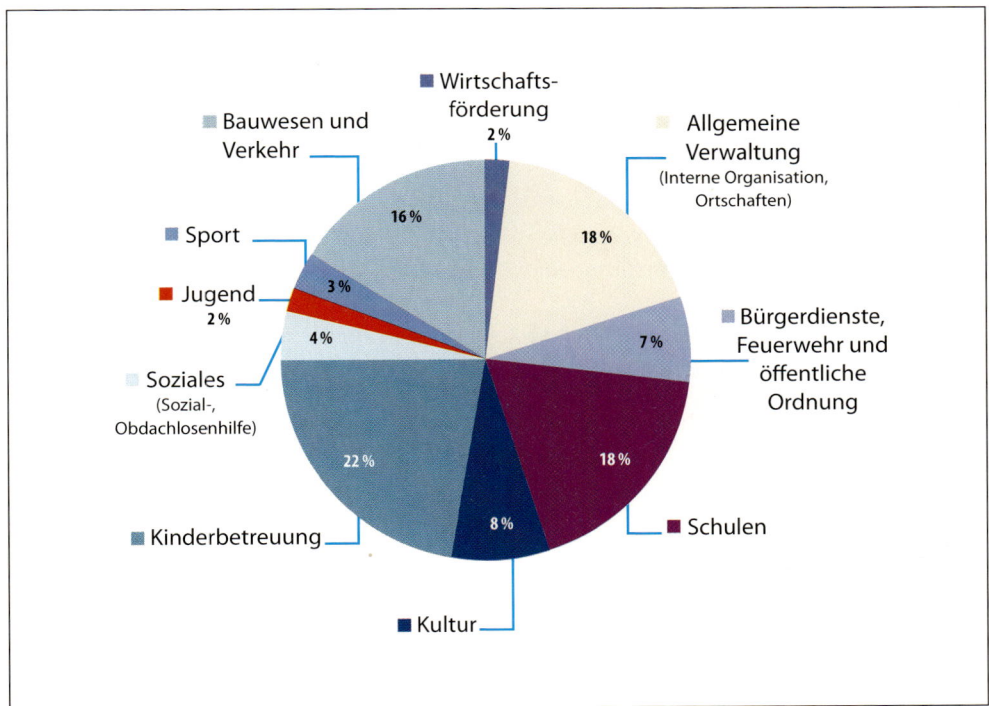

Exkurs: Jugendamt

Jeder Landkreis und jede kreisfreie Stadt muss nach dem Kinder- und Jugendhilfegesetz (KJHG) ein Jugendamt einrichten (§ 69 Abs. 3 SGB VIII).

Im Gegensatz zu anderen Ämtern besteht jedes Jugendamt aus einem politischen Entscheidungsgremium (dem Jugendhilfeausschuss) und aus der Verwaltung, die die laufenden Geschäfte führt.

> § **§ 70, Abs. 2 SGB VIII**
> (2) Die Geschäfte der laufenden Verwaltung im Bereich der öffentlichen Jugendhilfe werden vom Leiter der Verwaltung der Gebietskörperschaft oder in seinem Auftrag vom Leiter der Verwaltung des Jugendamts im Rahmen der Satzung und der Beschlüsse der Vertretungskörperschaft und des Jugendhilfeausschusses geführt.

Mit dem Inkrafttreten des KJHG (SGB VIII) 1991 hat sich ein Paradigmenwechsel hin zur Prävention vollzogen. Von einer Kontrollinstanz und Eingriffsbehörde haben sich die Jugendämter zu einer Beratungseinrichtung für Kinder, Jugendliche und ihre Familien gewandelt, die Unterstützung anbietet und Hilfsangebote macht.

Sie muss bei einer Gefährdung des Kindeswohls aber weiterhin eingreifen, z. B. wenn die Eltern ihre Erziehungsverantwortung missbräuchlich ausüben, in Strafhaft genommen werden oder verstorben sind.

Zu den Angeboten gehören

- *Förderung von Jugendarbeit*
- *Förderung der Erziehung in der Familie*
- *Bereitstellung von Tageseinrichtungen und Tagespflege für Kinder*

Das Jugendamt übernimmt weitgehend die Kosten, wenn ein Rechtsanspruch auf Leistungen besteht. Sozial schwachen Familien können auch die Kosten für die Kinderbetreuung erstattet werden.

Nach dem Subsidiaritätsprinzip sollen die Angebote freier Träger Vorrang haben vor öffentlichen Leistungserbringern.

Kirchen

Bis zur Mitte des 19. Jahrhunderts waren es vor allem die Kirchen, die der sozialen Not der Menschen zu begegnen versuchten. Auch heute noch leisten viele sozialpädagogische Fachkräfte aus religiöser Überzeugung professionelle Soziale Arbeit, oft unterstützt von und in Kooperation mit ehrenamtlichen Helfern. Die Angebote stehen allen zur Verfügung, unabhängig von Alter, Geschlecht, Nationalität oder Religionszugehörigkeit.

Freie Träger

Die nicht öffentlichen Anbieter von Hilfsmaßnahmen werden als freie Träger bezeichnet. Ihre Arbeit beruht auf dem in Art. 20 GG verankerten Sozialstaatsgebot und den Bestimmungen des SGB I, wonach öffentliche Träger mit gemeinnützigen und freien Einrichtungen partnerschaftlich zusammenarbeiten sollen.

> *Freie Träger sind nicht staatliche Organisationen, die sich vorrangig in der Alten-, Jugend-, Gesundheits- und Sozialhilfe engagieren.*

Im engeren Sinne handelt es sich um gemeinnützige Vereine und Gesellschaften und um Wohlfahrtsverbände. Sie unterhalten soziale Einrichtungen und machen eigene Angebote. Dafür erhalten sie Zuschüsse der öffentlichen Hand.

Die Wohlfahrtsverbände (Caritas, Diakonisches Werk der EKD, Arbeiterwohlfahrt, Deutsches Rotes Kreuz, Paritätischer Wohlfahrtsverband, Zentralwohlfahrtsstelle der Juden in Deutschland) sind die bedeutendsten Anbieter sozialer Dienste. Ihre Arbeit wird zum weit überwiegenden Teil aus staatlichen Mitteln oder durch die Sozialversicherungen finanziert.

Die wichtigsten Wohlfahrtsverbände haben sich zur Bundesarbeitsgemeinschaft der freien Wohlfahrtspflege (BAGFW) zusammengeschlossen.

Durch das so genannte Kontraktmanagement werden die Leistungen der freien Träger zunehmend von staatlichen Vorgaben abhängig. Das geforderte Qualitätsmanagement, Controlling, Berichtswesen und die Erfolgsorientierung zwingen das Sozialmanagement, verstärkt betriebswirtschaftliche Aspekte zu berücksichtigen.

Tendenzbetriebe

Privatrechtliche Tendenzbetriebe dienen unmittelbar und überwiegend politischen, konfessionellen, karitativen, erzieherischen, wissenschaftlichen oder künstlerischen Zwecken oder der Berichterstattung. Es gelten besondere Bestimmungen zum Arbeitsrecht und zur Mitbestimmung.

Beispiel: Kindergarten der Katholischen Pfarrgemeinde, gewerkschaftseigene Verlage, DRK-Blutspendedienst, Berufsbildungswerk der Diakonie

Bürgerschaftliches Engagement

Angesichts der Kostenexplosion bei den sozialen Diensten werden beträchtliche Anstrengungen unternommen, die Nachbarschafts- und Laienhilfe zu intensivieren. Organisierte Selbsthilfe gilt als förderungswürdig, wenn dadurch Kosten eingespart werden können.

Tatsächlich können kleine soziale Netze wie Selbsthilfegruppen hocheffizient sein – ein umfassendes soziales Versorgungsnetz mit einer hohen garantierten Qualität können sie jedoch lediglich ergänzen, nicht ersetzen.

Kommerzielle Anbieter

In allen Bereichen sozialer Dienstleistungen treten zunehmend auch kommerzielle Anbieter auf. Da auch ihre Finanzierung durch öffentliche Mittel unterstützt wird, ist die Abgrenzung zu den freien Trägern fließend.

Träger und Kommunen gehen vermehrt dazu über, Aufträge an Selbstständige zu vergeben. Dies führt oft dazu, dass durch die notwendige Kostenorientierung kaum noch lebensweltorientiert gearbeitet werden kann, weil nur noch die Zeit am Klienten abgerechnet wird. Es droht eine Konkurrenz um die niedrigsten Stundensätze oder Fallpauschalen, was zwangsläufig zu einem Qualitätsverlust führt.

gelernt & nachgedacht

1. Beschreiben Sie, was der Begriff „Sozialstaatspostulat" meint.

2. In der Unfallversicherung gilt „Reha vor Rente". Beschreiben und beurteilen Sie dieses Prinzip.

3. Nennen Sie drei Anbieter sozialer Leistungen aus dem Regelungsbereich „Markt".

4. Erläutern Sie drei Aspekte, die für eine zunehmende Ausweitung der Angebote privater Anbieter sprechen könnten.

5. Stellen Sie dar, warum sich die großen Kirchen auch in der Sozialen Arbeit engagieren.

6. Stellen Sie fest, welche Beziehung zwischen dem SGB VIII und dem KJHG besteht.

1. Recherchieren Sie, welche Leistungen nach „Hartz IV" bezogen werden können. Unterscheiden Sie dabei zwischen den unterschiedlichen Gruppen der Anspruchsberechtigten.

2. Besuchen Sie die Geschäftsstelle eines freien Trägers in Ihrer Nähe. Informieren Sie sich über die unterschiedlichen Angebote.

3. Gehen Sie zu einem Kindergarten in kirchlicher Trägerschaft. Fragen Sie die Mitarbeiter, wie sich ihre Arbeit von der ihrer Kollegen in einem städtischen Kindergarten unterscheidet. Fragen Sie auch, welche arbeitsrechtlichen Besonderheiten ihnen bekannt sind.

4. Ermitteln Sie in Ihrer örtlichen Verwaltung, was dort unter „Sozialraumorientierung" verstanden wird.

5. Erkundigen Sie sich, welche Stelle in Ihrer Gemeinde zuständig ist für die Anerkennung als freier Träger der Jugendhilfe.

6. Informieren Sie sich, welcher Anteil am kommunalen Haushalt in Ihrer Gemeinde für soziale Zwecke vorgesehen ist.

7. Überlegen Sie, ob und aus welchen Gründen ehrenamtliche Tätigkeit in Ihrer Kommune besonders herausgestellt wird, z. B. durch einen „Tag des Ehrenamtes", Empfang durch den Bürgermeister o. Ä.

3 Management und Soziale Arbeit

Durch Übernahme von Managementinstrumenten in die Soziale Arbeit sollen Kostenein-sparungen, Effizienz- und Produktivitätssteigerungen und eine Verbesserung der Leis-tungsqualität erreicht werden. Kurz- und mittelfristig wirksame Programme dürfen aber nicht den Blick verstellen für die langfristigen Ziele von sozialen Organisationen.

Bei der Leitung einer Organisation wird die Gestaltung der Aufbau- und Ablauforganisa-tion durch das Management um die Personalführung ergänzt, die zielorientierte Einbin-dung und Anleitung aller Mitarbeiter.

3.1 Management als Funktion und Institution

Der moderne Managementbegriff umfasst verschiedene Handlungsebenen. Das Ma-nagement soll zielgerichtet agieren und gleichzeitig die Verbindungen der Organi-sation zu seiner spezifischen Umwelt be-rücksichtigen.

Der **Managementprozess** beschreibt die Steuerung der Prozesse in Organisationen, die von den Managern definiert und be-einflusst werden. Er kann sich auf die ge-samte Organisation beziehen oder nur auf Teilbereiche. Er ist grundsätzlich ergebnis-orientiert. Die Aufgaben werden in einem Managementkreis als **Phasen** dargestellt.

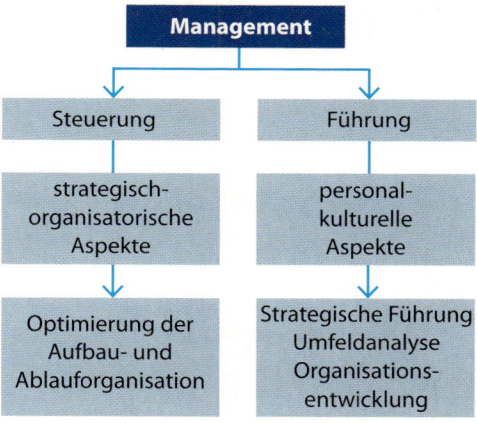

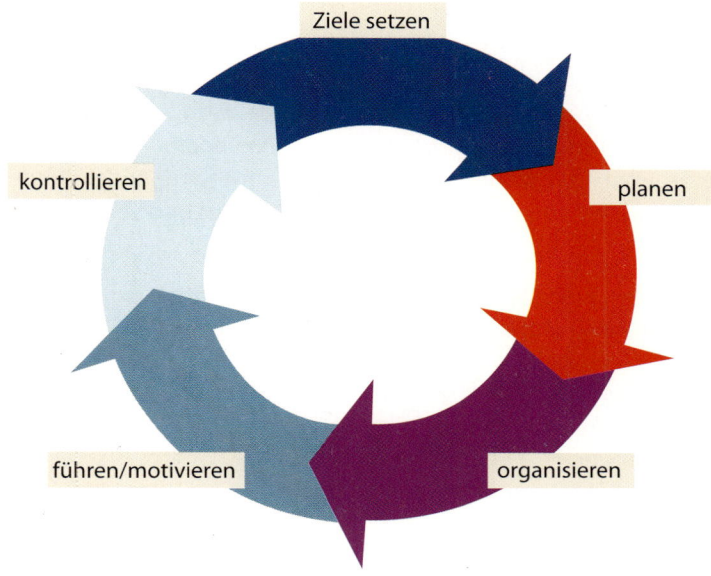

Zunächst werden konkrete, nachprüfbare **Ziele** bestimmt. Voraussetzung dafür ist eine permanente zielorientierte Überwachung der Chancen und Risiken der Organisation.

Die Realisierung wird – unter Berücksichtigung von eventuellen Hindernissen – mit der sachbezogenen Festlegung von Zielen, Rahmenrichtlinien, Programmen und Verfahren durch die **Planung** systematisch vorweggenommen. Sie zeigt, welche Möglichkeiten zur Zielerreichung bestehen.

Die Umsetzung der Planung erfolgt durch die Festlegung der Strukturen und Prozesse. Aufgaben mit den notwendigen Kompetenzen und Weisungsbefugnissen werden einzelnen Organisationseinheiten zugeordnet. Dazu werden die Mitarbeiter motiviert und **angeleitet**, damit das vorgesehene Ziel erreicht werden kann. Durch die **Kontrolle** wird festgestellt, ob die Planungsziele erreicht wurden. Das Ergebnis fließt in die Planung des nächsten Zyklus des Managementprozesses ein.

Das Management umfasst die Koordination aller planenden, organisierenden und steuernden Tätigkeiten. Sie stehen nicht isoliert nebeneinander, sondern beeinflussen sich gegenseitig.

Führung ist die Aufgabe und die Kompetenz, Ziele zu setzen, Planungen vorzunehmen und umzusetzen, zu motivieren, koordinieren und kontrollieren. Ergebnisse dieser Führung werden bei neuen Zielformulierungen und Planungen berücksichtigt.

Management bezeichnet einerseits die Lenkung von Arbeitsabläufen, andererseits eine funktionale Führungsposition.

3.2 Sozialmanagement

Das Sozialmanagement entscheidet,

- wann welches Managementinstrument in der Sozialen Arbeit angewandt wird.
- welche Entscheidungsspielräume genutzt werden können.
- welche Beziehungen zw. fachlichem und wirtschaftlichem Handeln förderlich sind.
- welche Prozesse die Qualität der Sozialen Arbeit sichern und verbessern können.

Als Sozialmanagement wird die zielorientierte Steuerung von sozialen Organisationen unter effektiver und effizienter Nutzung der vorhandenen Ressourcen bezeichnet.

Das **normative Management** wird durch das Selbstverständnis und die Wertorientierung bestimmt. Dadurch werden die Verständigung und das Glaubwürdigkeitspotenzial nach außen und innen gesichert.

Das **strategische Management** sichert die Marktposition der sozialen Organisation. Es entwickelt Ziele für die Produkte, die Produktionsstrukturen und -prozesse. Den operativ Verantwortlichen werden dadurch ihre Entscheidungsalternativen innerhalb des Zielsystems deutlich.

Das **operative Management** bezieht sich unmittelbar auf die Steuerung des Produktionsprozesses. Auf der Umsetzungsebene werden die Angebote, ihre Distribution und die Kommunikation verantwortlich geregelt.

Gemeinsamkeiten

Gemeinsamkeiten von gewinnorientierten und nicht-gewinnorientierten Organisationen, die durch das Sozialmanagement genutzt werden können:

- Beide sind produktive Systeme.
  - Notwendig ist die Beschaffung knapper Produktionsfaktoren (Arbeit, Geld- und Sachmittel).
  - Die Faktoren müssen durch die Organisation zu Leistungen kombiniert werden.
  - Die Leistungen werden an Mitglieder/Kunden/Klienten/Mandanten abgegeben.

- Beide sind offene, umweltabhängige Systeme.
  - Der Wandel im Umfeld erfordert ständige systeminterne Anpassungen.
  - Die Anpassungsfähigkeit stellt eine existenzielle Herausforderung dar.

- Beide sind soziale Systeme.
  - Menschliche Zusammenarbeit ist der Hauptfaktor bei der Leistungserbringung.
  - Zur Mitarbeit und Leistungserbringung ist die Motivation der Mitarbeiter notwendig.
  - Das Fähigkeitspotenzial muss permanent entwickelt werden.
  - Es entstehen gruppendynamische und Führungsprozesse.

- Beide sind zielgerichtete Systeme.
  - Erforderlich ist sinnhaftes, zweckorientiertes Handeln.
  - Die Organisation muss auf definierte Ziele ausgerichtet werden.
  - Der Erfolg für die Mitglieder und Kunden wird erst durch die Zielerreichung möglich.

Unterschiede

Die Übertragung privatwirtschaftlicher Managementmethoden auf den sozialen Sektor ist aber nur eingeschränkt möglich.

Folgende Unterschiede von gewinnorientierten und sozialen Organisationen müssen durch das Sozialmanagement berücksichtigt werden:

- Die Hauptziele der Organisationen unterscheiden sich.
  - Gewinnorientierte Organisationen streben die maximale Verzinsung des einge-setzten Kapitals an (= Rendite), Formalziele dominieren.
  - Soziale Organisationen streben die Erreichung der Sachziele der wichtigsten Betei-ligten (Stakeholder) an:
    Ziele der Geldgeber (Staat, Kirche, Spender, Unternehmen, Stiftungen)
    Ziele der (haupt- und ehrenamtlichen) Mitarbeiter
    Ziele der Mitglieder
    Ziele der Klienten
  - Sachziele dominieren.

- Die Erfolgskontrolle muss unterschiedlich sein.
  - Bei gewinnorientierten Organisationen kann die Messung des Gesamterfolges re-lativ einfach über marktbestimmte Größen (Gewinn, Return on Investment (ROI), Umsatz, Marktanteil) gemessen werden. Das ist in der Sozialen Arbeit nicht möglich.
  - Das Verhältnis von Preis und Leistung wird bei sozialen Organisationen nicht allein durch ökonomische, sondern auch durch sozialpolitische Entscheidungen bestimmt.
  - Bei sozialen Organisationen existiert kein Indikator für den Gesamterfolg, die Mes-sung kann sich nur auf die Ziele einzelner Stakeholder beziehen. Zusätzlich han-delt es sich bei den Leistungsempfängern und den Kostenträgern nicht immer um die gleichen Personen.

- Die Entscheidungskompetenzen sind anders verteilt.
  - In gewinnorientierten Unternehmen gilt eine hierarchische Entscheidungskom-petenz, die sich am Markt, an den Kunden und am Verhalten der Wettbewerber orientiert.
  - In sozialen Organisationen werden Mitglieder, Delegierte, Ehrenamtliche und Hauptamtliche in den dadurch relativ aufwendigen Willensbildungsprozess einbe-zogen. Durch die unterschiedlichen Interessen sind Konflikte absehbar.

- Die Finanzierungsquellen sind verschieden.
  - Unternehmen finanzieren sich durch Kapitaleinlagen, individuelle Leistungsent-gelte und Kredite.
  - Soziale Organisationen finanzieren sich daneben durch freiwillige Leistungen (Spenden, Sponsoring, Stiftung) und zwangsweise kollektive Leistungen (Steuern, Gebühren, Mitgliedsbeiträge).

- Der Faktor Arbeit ist unterschiedlich strukturiert.
  - Gewinnorientierte Organisationen agieren hauptsächlich mit Angestellten.
  - Soziale Organisationen arbeiten mit einem hohen Anteil an Ehrenamtlichen.

Kosten und Nutzen

Die Beziehungen, die sich auf dem Markt für soziale Leistungen einstellen, unterscheiden sich wesentlich von anderen Marktbeziehungen. Zwar gibt es auf der Anbieterseite in der Regel auch einen Wettbewerb um Preis und/oder Qualität, aber die Entscheider auf der Nachfrageseite, die als Vertragspartner auftreten, sind sehr oft nicht die Nutzer der Marktleistung.

Beispiele:

* *Eltern entscheiden für ihr Kind, welchen Kindergarten es besuchen wird.*
* *Kinder wählen für ihre Eltern ein Seniorenheim aus.*
* *Die Krankenkasse entscheidet, in welchem Zentrum eine Rehabilitationsmaßnahme durchgeführt wird.*
* *Der Notarzt bestimmt, in welches Krankenhaus die Opfer eines Verkehrsunfalls gebracht werden.*

Diese Trennung zwischen Nachfrager und Nutzer ist auf anderen Märkten weitgehend unbekannt. Es ergeben sich folglich spezifische Herausforderungen für die Anbieter sozialer Leistungen, z. B. bei Werbung, Marketing und Kalkulation.

3.3 Notwendigkeit von Sozialmanagement

Die Ökonomisierung der Gesellschaft hat dazu geführt, dass ein effektives Sozialmanagement entscheidend geworden ist für die Zukunftsfähigkeit von Anbietern sozialer Leistungen. Eine Steuerung der Leistungsprozesse zur Verbesserung von Qualität und Effizienz der Sozialen Arbeit ist anders nicht möglich. Diese Leitungsaufgaben, die letztlich über die Verbesserung des Angebotes auch den Klienten zugutekommen, erfordern gleichzeitig ein vertieftes Verständnis der Sozialen Arbeit und fundierte betriebswirtschaftliche Kenntnisse. Erst dadurch können dauerhaft fachlich anspruchsvolle Leistungen erbracht werden.

Die Besonderheit des Sozialmanagements ergibt sich aus dieser mehrdimensionalen Aufgabenstellung. Die Anforderungen ökonomischer Rationalität und die politischen und fachlichen Ansprüche müssen professionell so integriert werden, dass das Ergebnis den gesellschaftlichen Normen entspricht. Aus der Aufgabenstruktur ergeben sich drei wesentliche Bezugsfelder (siehe Grafik auf der nächsten Seite).

Durch die Spannungen zwischen den Bezugssystemen, die zudem auf die – individuellen und deshalb unterschiedlichen – Interessen der Klienten treffen, entstehen zusätzliche Aufgaben, die vom Sozialmanagement gelöst werden müssen. Das erfordert erhebliche kommunikative Kompetenzen, weil der Erfolg sozialer Dienstleistungen in aller Regel abhängig ist von der Mitarbeit der Klienten.

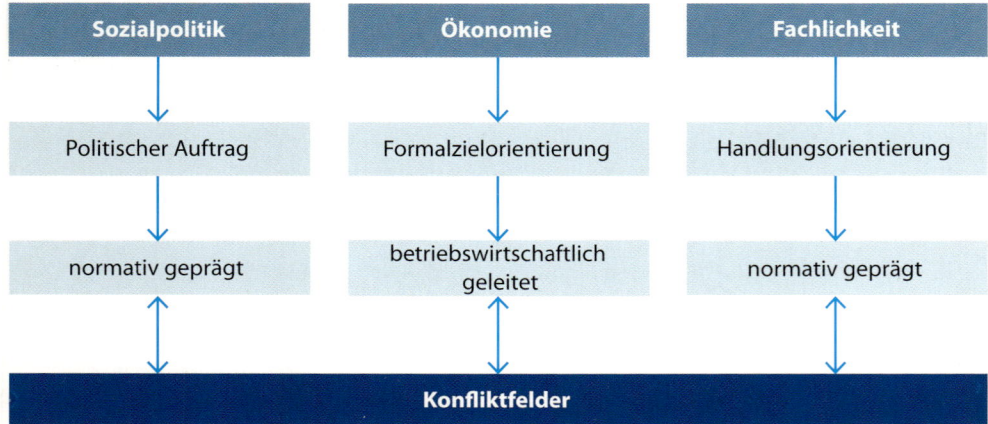

Bei der präventiven Arbeit ergibt sich dabei eine besondere Problematik. Weil sich die Erfolge erst langfristig einstellen und dann nicht quantitativ messbar sind, besteht ein hoher Legitimationsdruck. Es ist eine schwierige Aufgabe des Sozialmanagements, die ökonomische und gesellschaftliche Rechtfertigung solcher Maßnahmen zu leisten.

3.4 Selbstmanagement

Viele Menschen haben einen vollen Terminkalender, können aber die geforderte Arbeitsleistung trotzdem nicht erbringen. Nur wer es schafft, Arbeit, private Kontakte, Gesundheit und Kultur in einer individuell passenden Balance zu halten, bleibt leistungsfähig.

Als Selbstmanagement werden alle Bemühungen verstanden, das eigene Verhalten zielgerichtet zu beeinflussen. Diejenigen, die ihre Arbeit – wie in vielen sozialen Berufen – eigenverantwortlich organisieren, benötigen ein effizienteres Selbstmanagement als andere, die eher auf Anweisung handeln. Wesentliche Elemente sind

- Strukturierung der Arbeitsumgebung
- Selbstmotivation
- Anpassung des Verhaltens an die Leistungsanforderungen
- Zeitmanagement
- Stressmanagement

> *Zeit- und Selbstmanagement sind eng zusammenhängende Aspekte der persönlichen Arbeitsorganisation. Sie sollen eine Balance herstellen zwischen den Anforderungen des Arbeitsplatzes und den individuellen Möglichkeiten, Befindlichkeiten, Zielen und Interessen.*

Die zur Verfügung stehende Zeit kann objektiv gemessen werden, allerdings ist das subjektive Zeitempfinden davon weitgehend unabhängig. Unangenehme Tätigkeiten erscheinen oft endlos, als angenehm empfundene vergehen wie im Fluge.

Je präziser und konkreter man die Ziele des Selbst- und Zeitmanagements formuliert, desto effizienter können die notwendigen Maßnahmen geplant und umgesetzt werden. Verhaltensmuster müssen dazu hinterfragt und Einstellungen nach und nach überwunden werden. Notwendige Schritte sind:

- **Diagnose**: Feststellung, wo bisher wertvolle Zeit verloren gegangen ist.
- **Prognose**: Vorstellung, wohin der aktuelle Weg führen kann.
- **Zielsetzung**: Beschreibung, wohin der Weg tatsächlich führen soll.
- **Planung**: Systematische Festlegung der notwendigen Schritte.
- **Realisation**: Umsetzung der geplanten Maßnahmen.
- **Kontrolle**: Überprüfung, ob sich Erfolge einstellen oder ob Korrekturen erfolgen müssen.

Das Selbstmanagement ist umfassender als das reine Zeitmanagement, nutzt aber grundsätzlich die gleichen Methoden. Zusätzlich zu der beruflichen soll auch die persönliche Lebensplanung einschließlich der privaten Perspektiven berücksichtigt werden.

gelernt & nachgedacht

1. *Nennen Sie drei Beispiele für normative Ziele.*

2. *Nennen Sie zwei wesentliche betriebswirtschaftliche Formalziele.*

3. *Beschreiben Sie den Unterschied zwischen „Führung" und „Steuerung".*

4. *Erläutern Sie drei Gemeinsamkeiten und drei Unterschiede des Managements in Produktionsunternehmen und in sozialen Einrichtungen.*

5. *Beschreiben Sie fünf Managementaufgaben, die bei der Leitung eines Jugendzentrums zu bewältigen sind.*

gelernt & nachgefragt

1. *Besuchen Sie die Verwaltung eines Seniorenheimes in Ihrer Nähe und stellen Sie fest, welche typischen Managementaufgaben zu bewältigen sind.*

2. *Das Seniorenheim kann gewinnorientiert oder als Non-Profit-Organisation betrieben werden. Stellen Sie dar, welche Unterschiede sich bei der Bewältigung der Managementaufgaben daraus ergeben.*

3. *Besuchen Sie ein Jugendzentrum. Besprechen Sie mit den Mitarbeitern, wie diese den ökonomischen (!) Erfolg ihrer Arbeit einschätzen. Fragen Sie auch danach, welche Messinstrumente dafür zur Verfügung stehen.*

4. *Hinterfragen Sie Ihr eigenes Zeitmanagement. Wenden Sie eine durchgehende Methode an, Ihren Kalender zu organisieren? Welche anderen Ansätze wären noch erfolgversprechend?*

4 Öffentlichkeitsarbeit

Öffentlichkeitsarbeit umfasst alle Kommunikationsbeziehungen, die eingesetzt werden, um das Ansehen einer sozialen Organisation zu stärken und zu pflegen. Durch ein vorteilhaftes Image sollen sich positive Auswirkungen ergeben auf die Nachfrage nach den angebotenen Leistungen und auf deren Finanzierung.

4.1 Unternehmenskultur

Die Unternehmenskultur zeigt das Selbstverständnis einer Organisation, sie ergibt sich aus den Werten und Einstellungen, die vom Träger, vom Management und von den Mitarbeitern gemeinsam umgesetzt werden.

4.1.1 Unternehmensphilosophie

Die Unternehmensphilosophie beschreibt die soziale Verantwortung, die eine Organisation für sich sieht. Der Nutzen ihrer Leistungen wird dadurch für die Kunden und für die Allgemeinheit erkennbar. Sie definiert

- den **Sinn der Organisation:** Ihre Bedeutung für Mitarbeiter, Kunden, Lieferanten, Konkurrenten, Standort usw. soll deutlich werden.

- den **Sinn der Leistungen:** Ihr Nutzen für die Kunden und für die Allgemeinheit wird beschrieben. Eventuelle Probleme sollen dabei nicht verschwiegen werden.

- den **Sinn der Arbeit:** Neben der Existenzsicherung bietet die Tätigkeit auch Möglichkeiten der Selbstverwirklichung, der Übernahme von Verantwortung und der Identifikation mit den Leistungen.

4.1.2 Leitbild

Das Leitbild ist die schriftliche Formulierung des Selbstverständnisses einer Organisation: Es zeigt die gewünschte und angestrebte Eigen- und Fremdwahrnehmung, beschreibt also ein Idealbild. Die Entwicklung und Formulierung des Leitbildes ist eine Managementaufgabe, denn die beabsichtigte Entwicklungsrichtung wird für lange Zeit – idealerweise für mehrere Jahrzehnte – festgelegt. Daraus ergibt sich ein Perspektivenwechsel, denn der aktuelle Zustand kann dann nur verstanden werden als Basis für gezielte Entscheidungen und Aktivitäten, die zu dem gewünschten zukünftigen Zustand führen sollen.

Das Leitbild zeigt als Vision die langfristigen Zielvorstellungen.

Durch die Verdichtung auf Kernaussagen kann ein Leitbild alle Unternehmensbereiche durchdringen und als wesentliche Orientierungshilfe bei künftigen Entscheidungen dienen. Wenn die Vision konsequent verfolgt wird, kann eine bessere Marktposition erreicht werden, die langfristig auch zu größerem Erfolg führen soll.

Ausschnitt aus dem Leitbild der Jugendhilfe Köln e. V.

Für das Management und die Mitarbeiter bietet das Leitbild Unterstützung in unterschiedlichen Bereichen:

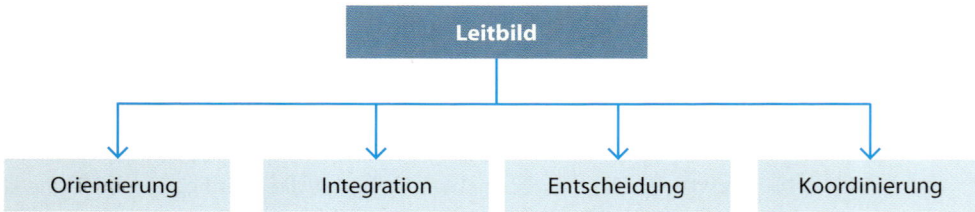

Die **Orientierungsfunktion** ermöglicht die klare und eindeutige Anwendung der Werte und Normen zur Erreichung der formulierten Ziele. Sie zeigt jedem Mitarbeiter einer Organisation, wie das persönliche Verhalten zum Erfolg beitragen kann.

Die **Integrationsfunktion** ermöglicht der Organisation die Entwicklung einer Identität und eines angemessenen Kommunikationsstils. Widerstände aufgrund mangelhafter Integration können dadurch verringert werden.

Aus der **Entscheidungsfunktion** ergeben sich die Entscheidungsspielräume der Mitarbeiter und auch die Möglichkeiten bei einem eventuell notwendigen Krisenmanagement.

Die **Koordinierungsfunktion** sorgt für eine möglichst konfliktfreie Zusammenarbeit über verschiedene Hierarchieebenen hinweg. Das Verhalten der Mitarbeiter wird vereinheitlicht und nachprüfbar.

Um eine enge Verbindung jedes Mitarbeiters mit dem Leitbild zu erreichen, werden oft schlagwortartige Kurzfassungen erarbeitet, die jederzeit zur Verfügung stehen und aus denen sofort notwendige Entscheidungen abgeleitet werden können. Letztlich ist entscheidend, dass das Leitbild nicht nur aufgeschrieben, sondern von allen Mitarbeitern akzeptiert und beachtet und besonders von den Führungskräften vorgelebt wird.

Konzepte sind Politiken in einzelnen Arbeitsfeldern, die aus dem übergeordneten Leitbild und der Satzung abgeleitet werden. Sie benennen bereichsorientierte Ziele und setzen sie in konkrete Maßnahmen um. Sie gliedern sich in:

* Ressourcen-Konzept
* System-Konzept
* Marketing-Konzept

4.1.3 Corporate Identity

Durch **Corporate Identity** (CI) wird das Leitbild einer Organisation durch die Abstimmung von Verhalten, Kommunikation und Erscheinungsbild umgesetzt. Sie umfasst eine einheitliche Strategie konsistenten

* Handelns
* Kommunizierens und
* visuellen Auftretens.

Die zentralen Werte, die das Denken und Handeln der Organisation bestimmen, sollen erkennbar werden durch die CI. Ihr Ziel ist die Verbesserung der Leistung bei hoher Ausnutzung der Ressourcen:

* Prozesse und Strukturen werden transparent und nachvollziehbar.
* Die Mitarbeiter können sich in ihrem Verhalten an einem gemeinsam akzeptierten Ziel orientieren.
* Synergieeffekte können verstärkt genutzt werden.
* Kosten können gesenkt werden.
* Durch Profilierung wird die Marktstellung der Organisation verbessert.

Voraussetzung für die erfolgreiche Entwicklung einer CI ist die Übereinstimmung von Anspruch und Handeln.

Weicht das tatsächlich erkennbare Verhalten von den propagierten Zielen ab, wird die CI unglaubwürdig.

Beispiel: *Ein Kindergarten wirbt mit großzügigen Öffnungszeiten, um für berufstätige Eltern attraktiv zu sein. Tatsächlich wird er im Sommer sechs Wochen geschlossen, damit die Erzieherinnen gleichzeitig Urlaub machen können.*

4.1.4 Corporate Behavior

Auf der Basis der Unternehmenskultur wird die schlüssige Verhaltensweise einer Organisation konkretisiert. Das betrifft den Umgang mit externen Partnern wie Kunden und Lieferanten, aber auch den Führungsstil, den Umgang der Mitarbeiter untereinander und die Art der Konfliktbewältigung.

Das Gesamtbild der Organisation in der Öffentlichkeit soll verbessert und eine positive Arbeitsatmosphäre geschaffen werden.

Corporate Behavior ist das zentrale Instrument der Corporate Identity. Der Eindruck, den eine Organisation durch ihr Verhalten erweckt, ist wichtiger als die Wirkung von optischen und kommunikativen Maßnahmen.

Wichtige Aspekte sind

- die Positionierung auf den Märkten und die Entwicklung eines Alleinstellungsmerkmals;
- das Preisverhalten gegenüber den angesprochenen Zielgruppen;
- der Weg, über den potenzielle Kunden erreicht werden sollen;
- das Investitionsverhalten, das die Qualität des Angebotes sichern, verbessern und erweitern soll;
- das Finanzierungsverhalten, also den Einsatz von Eigen- und Fremdmitteln;
- der Führungsstil;
- das gesellschaftspolitische Engagement;
- das ökologische Verhalten.

Das Verhalten der Organisation muss in sich stimmig und widerspruchsfrei sein.

4.2 Informationsmanagement

Informationen sind die – gegebenenfalls bewerteten und selektierten – Daten und Fakten, auf die sich Wissen bezieht.

Information ist der Inhalt einer Mitteilung, einer Nachricht oder eines Ereignisses.

Das Informationsmanagement regelt die Gewinnung, Verteilung und Nutzung von Informationen. Es umfasst nicht nur die Organisation und gegebenenfalls die Reorganisation der Informationsversorgung, verlangt wird auch ein Engagement in den expandierenden Bereichen der Datenspeicherung, Datenverarbeitung, Datensicherung und Datenbereitstellung. Erst die Vernetzung von Informationen ermöglicht ihre zielgerichtete Nutzung. Die Skizze zeigt die unterschiedlichen Aspekte des Informationsmanagements:

Während Wissen vor allem mit Personen verbunden wird, bezieht sich das Informationsmanagement auch auf Leitlinien, Prozessbeschreibungen, Routinen, Traditionen, Datenbanken u.a.m. Die Vorteile eines funktionierenden Informationsmanagements sind insbesondere:

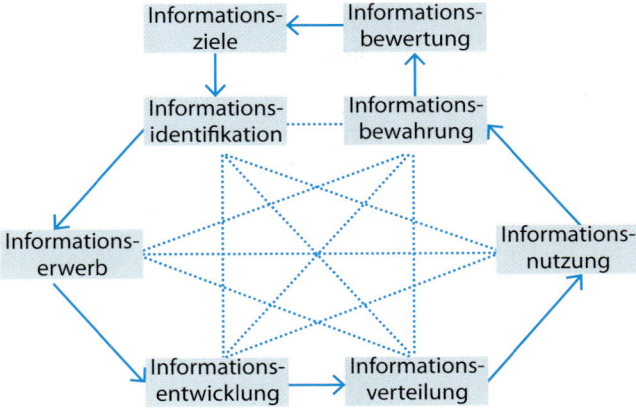

- schneller Zugriff auf interne und externe Informationsspeicher
- Produktivitätssteigerung, wenn die Mitarbeiter direkten, schnellen und vollständigen Zugriff auf die notwendigen Informationen haben
- schnellere und kostengünstigere Entscheidungsfindung

Ziel des Informationsmanagements ist der effiziente und gezielte Einsatz der Informationen.

Informationsarten

Informationen können nach unterschiedlichen Kriterien klassifiziert werden:

Informationsarten			
Planungs-informationen	Vorgabe-informationen	Faktische Informationen	Prognostische Informationen
dienen der Festlegung von Zielen, aus denen entsprechende Handlungsalternativen entwickelt werden können.	dienen der Koordination arbeitsteiliger Produktionsprozesse. Kontrollinformationen dokumentieren Abweichungen von vorgegebenen Daten.	stammen ausschließlich aus Erfahrungen und vergangenen Ereignissen. Umgekehrt liefern zukünftige Ereignisse lediglich potenzielle Informationen.	haben eine Anregungs- oder Initialfunktion. Da sie Aussagen über die Zukunft treffen, sind sie mehr oder weniger unsicher.

Informationsbeschaffung

Jede Organisation verfügt über eine Vielzahl von internen und externen Informationsquellen (siehe folgende Seiten).

Interne Informationen

Naheliegend ist, zunächst bereits vorhandene Informationen so aufzubereiten, dass sie für aktuelle Fragestellungen verfügbar und nutzbar werden. Art, Umfang und Qualität dieser Informationsquellen werden dabei sehr unterschiedlich sein.

Die Betriebsdatenerfassung liefert Ist-Daten über Zustände und Prozesse bei der Leistungserbringung, dem Ein- und Verkauf und gegebenenfalls bei der Lagerhaltung. Sie schafft Transparenz bei der Steuerung und Kontrolle betrieblicher Abläufe.

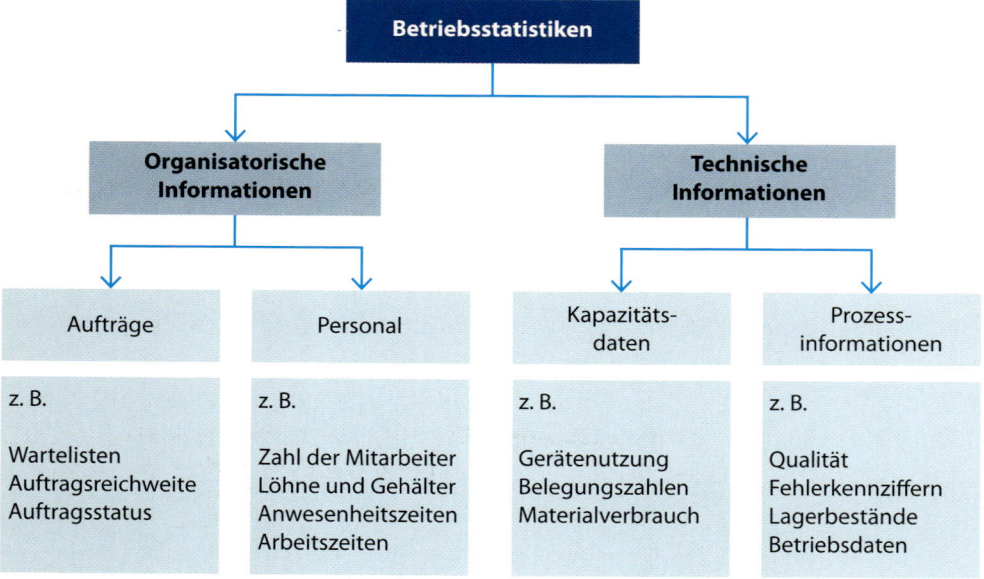

Externe Informationsquellen

Statt lediglich vorhandenes Wissen zu nutzen, besteht auch die Möglichkeit, zusätzliches Wissen einzukaufen. Ein Vergleich zwischen den Wissenszielen und dem feststellbaren internen Wissen zeigt das Ausmaß eventueller Wissensdefizite, die auf diese Weise behoben werden können. Es ist Aufgabe des Sozialmanagements, die notwendigen Informationen zu beschaffen und gezielt zur Verfügung zu stellen.

Vier grundsätzliche Ansatzpunkte für den Zukauf von Wissen bieten sich an, um die Wissensbasis auszuweiten und vorhandene Wissenslücken zu schließen:

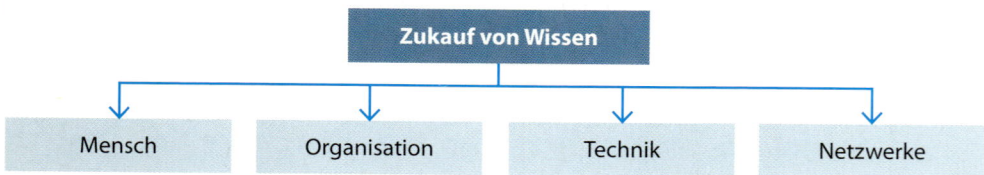

Mensch	Der Zukauf von Informationen erfolgt in diesem Falle vor allem durch Maßnahmen zur **Fort- und Weiterbildung**. Bezogen auf die bereits in der Organisation vorhandenen notwendigen Kenntnisse werden gezielt Fort- und Weiterbildungspläne entwickelt.
Organisation	Die Informationsbasis einer Organisation kann schnell und gezielt durch direkten **Zukauf** erweitert werden. Als Möglichkeiten kommen z. B. in Betracht:

- Einstellung von Experten
- Aufträge an Berater
- Kooperationen mit Hochschulen
- Befragung von Kunden
- Kontakte auf Messen

Technik	Die Verbreiterung der Informationsbasis kann auch durch technische Vorkehrungen erfolgen. Klassisch wäre der Kauf von Büchern und Zeitschriften zum Aufbau einer **Fachbibliothek**. Ähnlich kann der Aufbau und die Pflege eines Archivs beurteilt werden. Das Internet liefert ebenfalls zusätzliche Informationen, Suchmaschinen unterstützen die Auswahl.
Netzwerke	Strategische Netzwerke zur Wissensspeicherung sind ambitionierte Ansätze für **kooperative** Problemlösungen. Sie werden zur Verfolgung längerfristiger Ziele eingerichtet und kontinuierlich weiterentwickelt.

Datenschutz

Durch den Datenschutz sollen die Personen geschützt werden, deren Daten verarbeitet werden. Die Nutzungsmöglichkeiten personenbezogener Daten werden dadurch eingeschränkt.

Ziel des Datenschutzes ist, den Missbrauch von gespeicherten Daten zu verhindern. Er wird durch Datenschutzgesetze geregelt. Persönliche Daten dürfen nur aufgrund einer Rechtsvorschrift gespeichert werden oder wenn der Betroffene damit einverstanden ist.

Die Datenschutzgesetze gelten auch im privaten Rechtsverkehr, nicht nur gegenüber Behörden und Ämtern. Um die Bestimmungen effektiv umsetzen zu können, muss ein Datenschutzbeauftragter benannt sein, wenn mehr als fünf Mitarbeiter personenbezogene Daten verarbeiten. Der Datenschutzbeauftragte soll

- sich einen Überblick über die eingesetzten EDV-Anlagen verschaffen,
- die ordnungsgemäße Verarbeitung der Daten überwachen,
- Mitarbeiter schulen und für den Datenschutz sensibilisieren,
- Einfluss nehmen auf den Personenkreis, der zum Umgang mit personenbezogenen Daten berechtigt ist.

Für das Sozialmanagement können sich durch den Datenschutz erhebliche Beeinträchtigungen ergeben.

Beispiel: Schulen dürfen dem Jugendamt nicht mitteilen, welche Schüler die Schule ohne Abschluss verlassen haben und deshalb einer besonderen Unterstützung bedürfen.

4.3 Auftritt in der Öffentlichkeit

Wenn eine soziale Einrichtung in der Öffentlichkeit ein schlechtes Image hat, wird dadurch ihre Wirkungsmöglichkeit erheblich beeinträchtigt. Das Ziel der Öffentlichkeitsarbeit besteht deshalb vor allem darin, ein positives Bild zu vermitteln und Verständnis und Vertrauen zu schaffen. Sie strebt eine systematische Gestaltung und Pflege der Beziehungen zur Öffentlichkeit an. Dazu gehören auch die Kontaktpflege mit Behörden, Klienten, Presse, Politik und Meinungsbildnern.

Um das Image einer Organisation und ihrer Leistungen im Bewusstsein der Öffentlichkeit zu fördern, stehen zahlreiche Instrumente zur Verfügung:

- Verbreitung von Nachrichten in redaktionellem Stil
- Redaktionelle Beiträge (z. B. in Fachzeitschriften)
- Informationen für Journalisten
- Fachvorträge
- Teilnahme an Fachveranstaltungen
- Jahresberichte
- Image-Anzeigen
- Flyer, Plakate
- Tage der offenen Tür
- Internetauftritt

4.3.1 Corporate Design

Das Corporate Design lässt sich aus dem Leitbild ableiten. Eine Einrichtung soll durch abgestimmte Design-Maßnahmen nach innen und außen optisch identifizierbar sein, um einen prägnanten Auftritt gegenüber den Zielgruppen zu erreichen. Die Organisation soll als einheitlicher Akteur wahrgenommen werden.

Dazu werden alle visuellen Kommunikationsmaßnahmen wie Anzeigen, Broschüren, Briefbögen, Logo, Schrifttype, Farben, Fahrzeuge, Verpackung u. a. m. so aufeinander abgestimmt, dass ein einheitliches Erscheinungsbild entsteht. Praktisch handelt es sich bei der Corporate Identity um die strategisch geplante und operativ eingesetzte Selbstdarstellung einer Organisation.

Beispiel für Corporate Design (Flyer der Stadt Köln)

4.3.2 Medienrelevante Anlässe

Messen

Messen und Ausstellungen sind zeitlich begrenzte und meistens wiederkehrende Veranstaltungen mit Marktcharakter, bei denen eine Vielzahl von Ausstellern ihr Angebot zur Schau und/oder zum Kauf anbietet. Sie sind ein klassischer Ort für den persönlichen Informationsaustausch zwischen Anbietern und potenziellen Kunden.

Auch für unterschiedlichste Bereiche der Sozialarbeit werden zahlreiche Messen und Ausstellungen organisiert.

Fachmesse und Kongress
www.rehacare.de

Düsseldorf,
21. – 24. September 2011

13. Fachmesse und
Congress des Sozialmarktes

2.–3. November 2011
Messezentrum Nürnberg

Durch den persönlichen Kontakt zwischen Besuchern und Ausstellern lassen sich neue Kontakte erschließen und bestehende intensivieren. Die Besucher sind besonders offen, weil sie sich oft durch den Messebesuch einen breiten Marktüberblick verschaffen wollen.

Eine Messe ist zudem ein guter Zeitpunkt, um mit der Presse in Kontakt zu kommen. Die Journalisten wollen über Neuigkeiten berichten, die sie auf einer Messe erwarten.

Tag der offenen Tür

Tage der offenen Tür dienen der Information und der Vertrauensbildung. Einrichtungen werden dazu geöffnet und können besichtigt werden. Der Reiz für die Besucher liegt darin, dass auch Räume, Bereiche, Geräte und Dienstleistungen gezeigt werden, die normalerweise für die Allgemeinheit nicht zugänglich sind.

Podiumsdiskussionen

Um kontroverse Positionen deutlich zu machen und um den Zuhörern eine eigenständige Meinungsbildung zu strittigen Fragen zu ermöglichen, können Podiumsdiskussionen ein geeignetes Medium sein. Damit eine hohe Aufmerksamkeit erreicht wird, sollten möglichst prominente Vertreter ihre unterschiedlichen Meinungen diskutieren.

Wenn eine Podiumsdiskussion gut vorbereitet und organisiert ist, wird sie im Rahmen der Öffentlichkeitsarbeit mehrere Effekte haben: Zahlreiche Personen beschäftigen sich mit dem jeweiligen Thema, die Einrichtung kann sich präsentieren und über die Medien weitere Interessierte erreichen.

4.3.3 Medienarbeit

Die Medienarbeit dient dazu, bei potenziellen Kunden Aufmerksamkeit durch die Berichterstattung in Zeitung, Rundfunk und Fernsehen zu erreichen. Dazu müssen die Pressevertreter auf das eigene Anliegen neugierig gemacht und ihre Arbeit unterstützt werden.

Pressearbeit verlangt detaillierte Kenntnisse, noch so gut gemeinte Anstrengungen können ihr Ziel nicht erreichen, wenn die Regeln nicht eingehalten werden. Informationen an Journalisten müssen ihr Interesse wecken: Sie sollen etwas Neues berichten können, das für ihre Leser von Bedeutung ist. Schriftliche Unterlagen sollen ihre Arbeit erleichtern. Das sorgfältige Zusammenstellen einer Pressemappe gehört zu den selbstverständlichen Vorbereitungen.

4.3.4 Mediengestaltung

Alle Medien, mit denen eine Organisation die Öffentlichkeit informieren möchte, müssen so ansprechend und spezifisch gestaltet sein, dass Aufmerksamkeit und Interesse geweckt werden. Für soziale Einrichtungen kommen z. B. in Betracht:

- Plakate
- Broschüren
- Berichte
- Flyer
- Internetauftritt

Die visuelle Kommunikation unterliegt grundlegenden Gesetzmäßigkeiten, die beachtet und professionell umgesetzt werden müssen.

Für Printmedien gelten folgende Regeln:

- Herausgeber: Es muss sofort erkennbar sein, wer informieren möchte. Das geht z. B. durch einen Kopf-/Fußbereich oder durch ein Logo.

- Satzspiegel: Der Satzspiegel legt die bedruckte Fläche fest und bestimmt die Ränder. Er wirkt nur dann als Gestaltungsinstrument, wenn er konsequent genutzt wird.

- Layout: Das Layout gliedert den Satzspiegel in Flächen, damit die Inhalte attraktiv präsentiert werden können. Die Gestaltung soll helfen, zuverlässig durch das Medium zu führen.

- Schrift: Schriftgröße und Schriftart richten sich nach dem Medium. Sie müssen zugleich eine Lesbarkeit sicherstellen und attraktiv auf den Leser wirken.

- Text: Text allein wirkt nicht einladend. Er kann aber in kleine Einheiten aufgeteilt werden. Mit kurzen, sinnvoll gegliederten Abschnitten werden mehr Leser erreicht.

- Farbe: Farbige Darstellungen wirken aktivierend und unterstützen die Erinnerung. Rot und Orange wirken am stärksten, Violett und Grau bleiben nur schwach in Erinnerung.

- Material: Die Materialauswahl zeigt, welchen Wert die Herausgeber selbst dem Medium beimessen. Wirkt das Material billig, erscheinen die Inhalte nicht wichtig.

Bei der gestalterischen Umsetzung müssen die Erfahrungen der Zielgruppe berücksichtigt werden, die in einer medialen und visuell geprägten Umwelt zu einer hohen Erwartungshaltung führen.

Besondere Aufmerksamkeit ist dem Internet-Auftritt zu widmen. Der Unterschied zu Printmedien besteht sowohl in den technischen Begrenzungen als auch in der erweiterten Funktionalität. Es ist auf eine größtmögliche Reichweite zu achten, damit die Seiten in den verschiedensten Browsern und Betriebssystemen aufgerufen werden können. Dadurch werden die grafischen Gestaltungsmöglichkeiten reduziert.

Durch die Gestaltung, den Aufbau und die Nutzerführung mit einer klaren, übersichtlichen Seitenstruktur können die Kommunikationsziele der Einrichtung unterstützt werden. Benutzerfreundlichkeit und eine leichte Zugänglichkeit erhöhen die Akzeptanz.

gelernt & nachgedacht

1. Entwickeln Sie beispielhaft ein Leitbild für ein Jugendzentrum.

2. Beschreiben Sie, welche Funktionen dieses Leitbild haben soll.

3. Entwerfen Sie ein mögliches Corporate Design für ein Jugendzentrum.

4. Gestalten Sie einen Flyer für ein Sommerfest im Kindergarten „Wonneproppen".

5. Entwerfen Sie einen Internet-Auftritt für den Kindergarten „Elfenland". Diskutieren Sie Ihren Vorschlag

   a) mit Freunden, die das Internet regelmäßig als Informationsmedium nutzen.

   b) mit Personen, die nur selten das Internet nutzen.

6. Entwickeln Sie eine Pressemitteilung zur Einweihung einer Drogenberatungsstelle.

7. Nennen Sie drei externe Informationsquellen für die Leiterin einer Arbeitslosen-Beratungsstelle.

8. Erläutern sie drei Vorteile eines funktionierenden Informationsmanagements.

9. Diskutieren Sie die Problematik des Datenschutzes in folgendem Fall: Zwei zwölf Jahre alte Kinder werden unter erheblichem Alkoholeinfluss zur notwendigen medizinischen Behandlung in die Klinik eingeliefert. Eine ausführliche Beratung erscheint notwendig, die Ärzte dürfen die persönlichen Daten aber ohne Zustimmung der Eltern nicht weitergeben.

1. *Gehen Sie in Ihr örtliches Krankenhaus und fragen Sie nach dem Leitbild. Analysieren Sie, welche Funktionen dieses Leitbild übernehmen soll.*

2. *Besorgen Sie sich Informationsmaterial von mindestens drei Seniorenheimen. Analysieren Sie, ob eine bestimmte Zielgruppe angesprochen werden soll.*

3. *Finden Sie heraus, wer das Informationsmaterial entworfen und gestaltet hat (Eigenproduktion, Werbeabteilung, Agentur). Beurteilen Sie die Qualität und begründen Sie Ihre Meinung.*

4. *In Ihrer örtlichen Tageszeitung erscheint gelegentlich eine Sonderseite, auf der Internate Anzeigen schalten. Zeigen Sie diese Seite Ihren Freunden und stellen Sie fest, welche Anzeigen besonders beachtet werden/zuerst gelesen werden/interessant wirken. Welche Konsequenzen können Sozialeinrichtungen aus dem Ergebnis Ihrer Befragung ableiten?*

5 Finanzierung

Während in erwerbswirtschaftlich orientierten Unternehmen die finanzwirtschaftlichen Ziele im Vordergrund stehen, liegt die Herausforderung für das Sozialmanagement darin, die Finanzierung zum Erreichen der sozialen Ziele zu sichern.

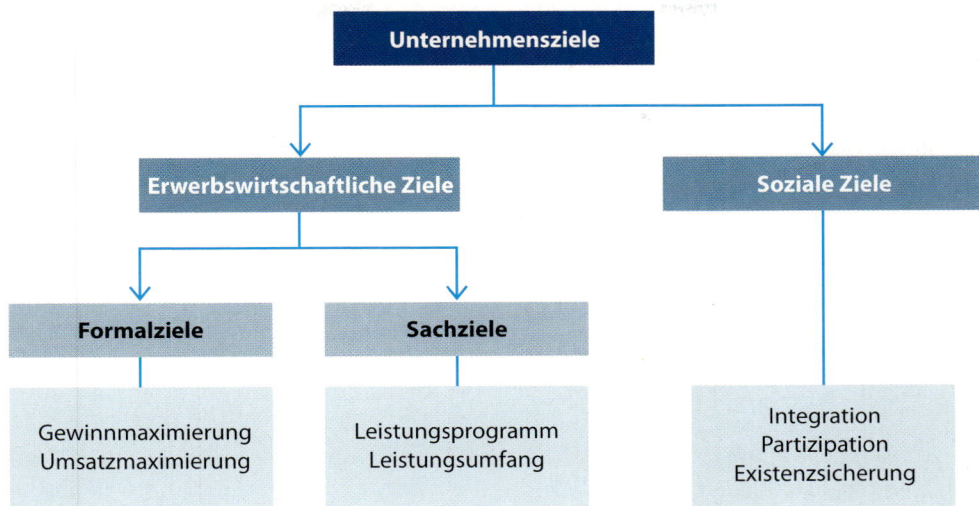

Finanzierung umfasst alle Maßnahmen zur Beschaffung der finanziellen Mittel, die zur Erreichung der Organisationsziele erforderlich sind.

5.1 Ausgaben und Einnahmen

Der Bedarf an Finanzmitteln ergibt sich durch den Vergleich der Einnahmen mit den Ausgaben für einen bestimmten Zeitraum.

Einnahmen und Ausgaben beschreiben die Veränderung des Geldvermögens:

Einnahmen = Einzahlungen + Zunahme der Forderungen – Abnahme der Schulden

Ausgaben = Auszahlungen + Abnahme der Forderungen – Zunahme der Schulden

Die Unterschiede zu anderen Größen aus dem Rechnungswesen zeigt die folgende Abbildung.

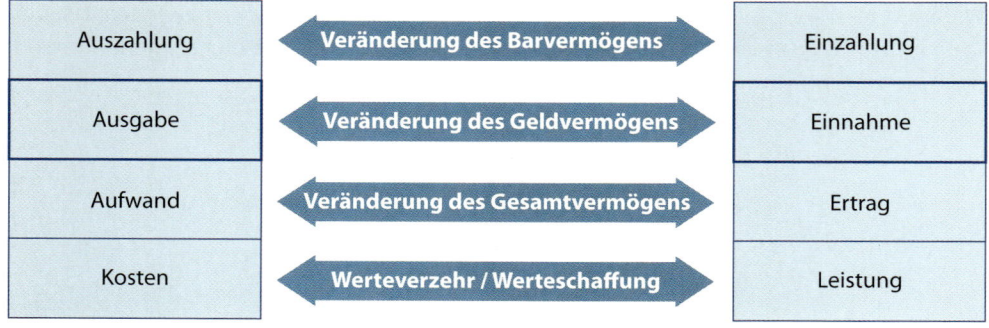

Auszahlung	Veränderung des Barvermögens	Einzahlung
Ausgabe	Veränderung des Geldvermögens	Einnahme
Aufwand	Veränderung des Gesamtvermögens	Ertrag
Kosten	Werteverzehr / Werteschaffung	Leistung

5.2 Sozialrechtliches Dreiecksverhältnis

Die Leistungen sozialer Einrichtungen werden in vielen Fällen nicht von den Leistungsempfängern bezahlt, sondern die Kosten werden von Kostenträgern übernommen.

Die soziale Einrichtung erbringt die Leistung, der Empfänger erhält sie und der Kostenträger finanziert sie.

Das Sozialmanagement hat dabei zu berücksichtigen, dass die Leistungsempfänger in vielen Fällen nicht selbst darüber entscheiden, ob eine Leistung in Anspruch genommen wird und von welcher Einrichtung sie gegebenenfalls in Anspruch genommen wird.

In vielen Fällen übernehmen Krankenkasse, Pflegeversicherung, das Sozialamt oder andere die Kosten. Dabei können grundsätzlich zwei Probleme entstehen:

- Die Ansprüche der begünstigten Personen sind höher als die Leistungen, die von den Kostenträgern finanziert werden. Die nicht erfüllten Erwartungen führen zu Unzufriedenheit mit dem gesamten Sicherungssystem.
- Wenn Klienten Leistungen ohne finanziellen Eigenbeitrag erhalten, besteht die Gefahr des „moral hazard": Ihr subjektiv rationales Verhalten widerspricht dem kollektiven Interesse der Versichertengemeinschaft.

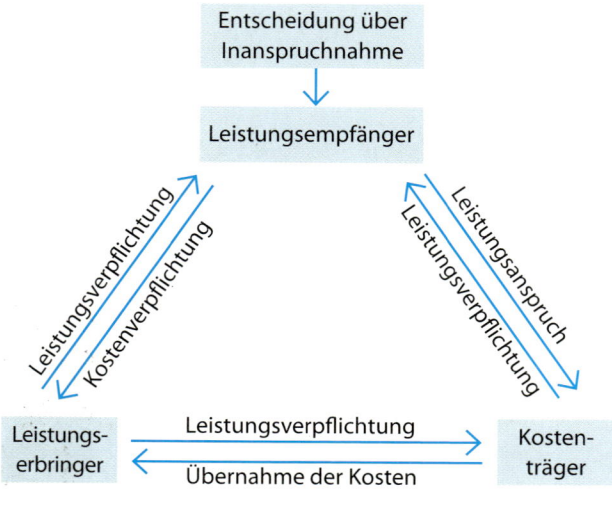

Sozialrechtliches Dreiecksverhältnis

Beispiel: *Patienten nehmen medizinische Leistungen in Anspruch, die sehr wenig oder überhaupt nichts nützen, weil ihnen individuell keine Kosten entstehen.*

Sozialrechtliche Vertragsbeziehungen		
Leistungsempfänger ⇕ Leistungserbringer	Leistungsempfänger ⇕ Kostenträger	Kostenträger ⇕ Leistungserbringer
privatrechtliche Verträge ↓	öffentlich-rechtliche Verträge ↓	öffentlich-rechtliche Verträge ↓
Beispiele: Pflegeverträge Betreuungsverträge	Beispiele: Krankenversicherung Unfallversicherung Pflegeversicherung	Beispiele: Operation im Krankenhaus Schuldnerberatung

Durch die Vereinbarung von Leistungsstunden und Pflegesätzen wird die Abrechnung vereinfacht.

Wichtige Gesetze zur Finanzierung sozialer Leistungen	
Ebene des Sozialrechts	**Beispiele**
Vorsorge	Arbeitsförderung (SGB III) Gesetzliche Krankenversicherung (SGB V) Soziale Pflegeversicherung (SGB XI)
Entschädigung	Für Kriegsfolgen (BVG) Für Opfer von Straftaten (OEG)
Förderung	Ausbildungsförderung (BAföG) Wohngeld (WoGG) Erziehungsgeld (BErzGG) Kinder- und Jugendhilfe (SGB VIII)
Soziale Hilfe	Bundessozialhilfegesetz (BSHG)

5.3 Finanzplanung

Durch die Finanzplanung soll sichergestellt werden, dass die Mittel zur Finanzierung sozialer Einrichtungen
- *zum richtigen Zeitpunkt*
- *in der notwendigen Höhe*
zur Verfügung stehen.

Um die jederzeitige Zahlungsfähigkeit zu gewährleisten, ist eine vorausschauende Übersicht erforderlich. Alle erwarteten Einnahmen und Ausgaben werden dazu in einem Finanzplan erfasst.

> *Ein Finanzplan umfasst vollständig und zeitpunktgenau die Höhe der tatsächlichen Ein- und Auszahlungen. So wird der Finanzmittelbedarf für einen definierten Zeitraum ermittelt, damit die finanziellen Verpflichtungen jeweils zum richtigen Zeitpunkt erfüllt werden können.*

Je länger der Planungszeitraum ist, je weiter also die erwarteten tatsächlichen Ein- und Auszahlungen in der Zukunft liegen, desto unsicherer sind naturgemäß die Daten und desto unschärfer wird die Finanzplanung sein müssen.

Beispiel: *Finanzplan für den Kindergarten „Powerzwerge", der privat in der Rechtsform einer gGmbH geführt wird, für das zweite Quartal:*

Monat	April	Mai	Juni
Kassenbestand Monatsanfang	3.000	4.200	1.200
Einnahmen			
Elternbeiträge	8.000	8.000	8.000
Städtischer Zuschuss	10.000	10.000	10.000
Spenden		1.000	
Erlös Sommerfest			1.500
	21.000	23.200	20.700
Ausgaben			
Personalausgaben	16.000	16.000	16.000
Urlaubsgeld			4.500
Spielmaterial	800	800	600
Neuanschaffung einer Schaukel		2.400	
Vorbereitung Sommerfest			500
Pflege Außenanlagen		2.800	
	16.800	22.000	21.600
Kassenbestand am Monatsende	4.200	1.200	– 900

Im Juni drohen die Ausgaben die Einnahmen zu übersteigen. Aus dem Finanzplan lassen sich mögliche Gegenmaßnahmen erkennen: Z. B. Anschaffung der Schaukel verschieben, Spendensammlung intensivieren, Erlöse aus dem Sommerfest erhöhen (z. B. Kuchenpreise und Kaffeepreise anheben).

Je nach Ergebnis in den jeweiligen Perioden des Finanzplanes wird entschieden, ob Maßnahmen ergriffen werden müssen, um das finanzielle Gleichgewicht der Einrichtung zu sichern.

Bei Überliquidität z. B.	Bei fehlender Liquidität z. B.
Anlage als Tagesgeld	Einnahmen vorziehen (Skonto anbieten)
Anlage als Festgeld	Mahnwesen optimieren
Einnahmen senken	Einnahmen erhöhen
Ausgaben vorziehen	Ausgaben verschieben

Gelingt es nicht, die Ausgaben dauerhaft durch die Einnahmen zu decken, sind einschneidende Maßnahmen erforderlich, um das finanzielle Gleichgewicht wieder herzustellen. Im schlimmsten Falle können die Angebote nicht weiter aufrechterhalten werden. Es drohen:

* Sanierung: Maßnahmen zur Wiederherstellung einer existenzerhaltenden Situation
* Liquidation: Auflösung der Einrichtung, Beendigung aller Aktivitäten
* Insolvenz: Zahlungsunfähigkeit

5.4   Finanzierungsarten

Allen Organisationen steht grundsätzlich ein breites Spektrum von Finanzierungsinstrumenten zur Verfügung, allerdings sind nicht alle für jede Organisation gleichermaßen geeignet. Die Rechtsform, die Größe, der Tätigkeitsbereich und nicht zuletzt die aktuelle Situation einer Organisation spielen dabei eine Rolle.

Die Finanzierung steht traditionell auf zwei Säulen: der Einbehaltung von Gewinnen (Thesaurierung) und der Kreditaufnahme. Für Organisationen, die soziale Zwecke verfolgen, ergeben sich weitere Finanzierungsmöglichkeiten, die als Substitutionsfinanzierung bezeichnet werden.

5.4.1 Außenfinanzierung

Außenfinanzierung liegt vor, wenn Finanzierungsmittel von außen zusätzlich oder erstmalig zugeführt werden. Das kann durch die Eigentümer oder durch Externe geschehen.

* Beteiligungsfinanzierung (Eigenfinanzierung)
* Kreditfinanzierung (Fremdfinanzierung).
* Nicht marktkonforme Finanzierung (Subventionsfinanzierung[1])

---

1   Zur besseren Übersichtlichkeit wird die Subventionsfinanzierung in einem eigenen Kapitel 5.4.2 näher erläutert.

Beteiligungsfinanzierung

Eine Beteiligungsfinanzierung liegt vor, wenn von den Eigentümern Eigenkapital in Form von Geldeinlagen, Sacheinlagen oder Rechten von außen zugeführt wird. Typische Anlässe einer Beteiligungsfinanzierung sind

- Gründung
- Kapitalerhöhung
- Umwandlung

Unter Beteiligungsfinanzierung versteht man die Bereitstellung von Eigenkapital durch bisherige und neue Anteilsinhaber.

Die konkreten Möglichkeiten zur Eigenfinanzierung sind abhängig von der Rechtsform.

Fremdfinanzierung

Fremdfinanzierung umfasst alle Finanzierungen, durch die Fremdkapital – in der Regel für einen vertraglich begrenzten Zeitraum – zufließt. Sie wird auch als Kreditfinanzierung bezeichnet.

Darlehen

Das Darlehen – so lautet die rechtlich korrekte Bezeichnung für einen Geldkredit – ist die Grundform aller Kreditgeschäfte.

§ **§ 488 Abs. 1 BGB**
Durch den Darlehensvertrag wird der Darlehensgeber verpflichtet, dem Darlehensnehmer einen Geldbetrag in der vereinbarten Höhe zur Verfügung zu stellen. Der Darlehensnehmer ist verpflichtet, einen geschuldeten Zins zu zahlen und bei Fälligkeit das zur Verfügung gestellte Darlehen zurückzuzahlen.

Die konkrete Ausgestaltung wird bestimmt durch

- die Darlehensgeber
- die Laufzeit
- den Zinssatz und gegebenenfalls das Disagio
- die Tilgungsart
- die Darlehensform

Darlehen sind Ausleihungen, bei denen der gesamte Geldbetrag in einer Summe zur Verfügung gestellt wird. Eine klare und eindeutige begriffliche Abgrenzung zwischen Kredit und Darlehen besteht nicht.

Als Darlehensgeber (Gläubiger) kommen für soziale Einrichtungen hauptsächlich Banken und Sparkassen in Betracht, in Einzelfällen aber auch Kirchen, Kommunen und Einzelpersonen.

Der Gläubiger hat lediglich einen Anspruch auf die Rückzahlung des nominellen Kreditbetrages zuzüglich der vereinbarten Zinsen, am Vermögenszuwachs ist er nicht beteiligt. Dagegen haftet das aufgenommene Kapital nicht für Verluste, zumal der Kreditgeber im Normalfall keine Mitspracherechte bei der Geschäftsführung hat.

Bei den **Darlehensformen** werden unterschieden:

Endfälliges Darlehen
Die Rückzahlung erfolgt am Ende der Laufzeit in einer Summe. Während der Laufzeit werden nur die Zinsen für den Kreditbetrag gezahlt.

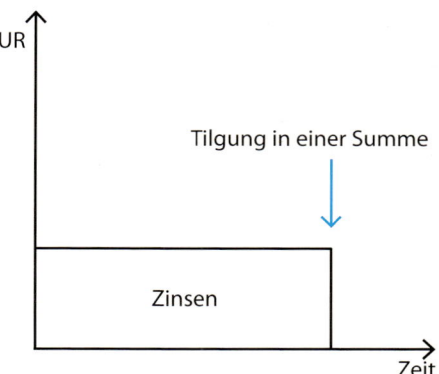

Beispiel: Die Leitung des Seniorenheimes „Rheinblick" beabsichtigt, eine Renovierung durchzuführen. Zur Begleichung der Rechnung wird ein Fälligkeitsdarlehen über 100.000 € für 5 Jahre aufgenommen. Der vereinbarte Zinssatz beträgt 10 %.

Tilgungsplan				
Jahr	Restschuld Jahresanfang	Zinsen	Tilgung	Restschuld Jahresende
1	100.000	10.000	0	100.000
2	100.000	10.000	0	100.000
3	100.000	10.000	0	100.000
4	100.000	10.000	0	100.000
5	100.000	10.000	100.000	0
Summe		50.000	100.000	
Zahlung insgesamt		150.000		

Tilgungsdarlehen
Die Tilgung bleibt während der Laufzeit konstant. Die Zinsen werden aus der Restschuld berechnet. Dadurch sinken die Raten während der Laufzeit.

Beispiel: Die Leitung des Seniorenheimes „Rheinblick" beabsichtigt, eine Renovierung durchzuführen. Zur Begleichung der Rechnung wird in Tilgungsdarlehen über 100.000 € für 5 Jahre aufgenommen. Der vereinbarte Zinssatz beträgt 10 %.

Tilgungsplan				
Jahr	Restschuld Jahresanfang	Zinsen	Tilgung	Restschuld Jahresende
1	100.000	10.000	20.000	80.000
2	80.000	8.000	20.000	60.000
3	60.000	6.000	20.000	40.000
4	40.000	4.000	20.000	20.000
5	20.000	2.000	20.000	0
Summe		30.000	100.000	
Zahlung insgesamt		130.000		

Annuitätendarlehen

Der je Periode (Jahr/Monat) zu zahlende Betrag aus der Summe von Tilgung (Rückzahlung) und Zinsen ist immer gleich hoch. Dadurch steigt der Tilgungsanteil während der Laufzeit, der Zinsanteil sinkt entsprechend.

Das Verhältnis zwischen Zinsen und Tilgung wird bestimmt durch den vereinbarten Zins. Die Höhe der gesamten Annuität kann mithilfe des Annuitätenfaktors ermittelt werden, der aus einer Tabelle entnommen werden kann. Dabei gilt

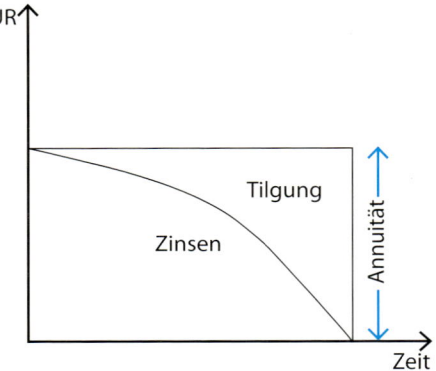

$$\text{Annuität} = \frac{q^n (q-1)}{q^n - 1} \quad \text{wobei} \quad q = \frac{1 + \text{Zinssatz}}{100} \quad n = \text{Nutzungsdauer}$$

Ein Annuitätendarlehen ist teurer als ein Tilgungsdarlehen, in der Summe müssen mehr Zinsen gezahlt werden.

Beispiel: Die Leitung des Seniorenheimes „Rheinblick" beabsichtigt, eine Renovierung durchzuführen. Zur Begleichung der Rechnung wird ein Annuitätendarlehen über 100.000 € für 5 Jahre aufgenommen. Der vereinbarte Zinssatz beträgt 10 %.

$$A = \frac{1{,}1^5 (1{,}1 - 1)}{1{,}1^5 - 1} = \frac{1{,}61051 \times 0{,}1}{1{,}61051 - 1} = \frac{0{,}161051}{0{,}61051} = 0{,}2637975$$

Tilgungsplan					
Jahr	Restschuld Jahresanfang	Zinsen	Tilgung	Annuität	Restschuld Jahresende
1	100.000,00	10.000,00	16.379,70	26.379,70	83.620,30
2	83.620,30	8.362,03	18.017,67	26.379,70	65.602,63
3	65.602,63	6.560,26	19.819,44	26.379,70	45.783,19
4	45.783,19	4.578,32	21.801,38	26.379,70	23.981,81
5	23.981,81	2.398,18	23.981,52	26.379,70	0
Summe		31.898,79	100.000,00	131.898,79	
Zahlung insgesamt				131.898,79	

Annuitätendarlehen werden oft nur für einige Perioden mit einem festgelegten Zins abgeschlossen. Über die Restschuld muss dann eine neue Vereinbarung getroffen werden. Das birgt Risiken, weil der – zukünftige – Zins nicht bekannt ist.

Laufzeitdarlehen/Ratendarlehen
Der Zinsbetrag für die gesamte Laufzeit wird zu Beginn der Laufzeit in einem Betrag zu dem Darlehensbetrag addiert. Anschließend werden bis zum Ende der Laufzeit gleich hohe Beträge (Raten) zurückgezahlt.

Partiarisches Darlehen
Der Darlehensgeber erhält statt oder zusätzlich zu den Zinsen eine Gewinnbeteiligung.

Darlehen mit tilgungsfreier Zeit
Die Tilgung beginnt erst nach einer vorher festgelegten Zeit.

Kontokorrent

Der Kontokorrentkredit ist die im Geschäftsleben häufigste Form eines kurzfristigen Bankkredites. Dazu wird bei einem Kreditinstitut ein Konto unterhalten, über das Ein- und Auszahlungen abgewickelt werden. Kennzeichnend ist, dass das Kreditinstitut gestattet, das Konto bis zu einer bestimmten Grenze zu „überziehen", also im Soll zu führen. Der Kreditnehmer kann im Rahmen der getroffenen Vereinbarungen die Höhe und den Zeitpunkt der Inanspruchnahme eines Kredites frei bestimmen.

Beim Kontokorrentkredit kann der Kreditnehmer einen Kredit bis zu einer vereinbarten Höhe (Limit) durch Kontoverfügung in Anspruch nehmen.

Beide Vertragspartner rechnen ihre gegenseitigen Forderungen in regelmäßigen Abständen gegeneinander auf. Schuldner ist jeweils die Partei, zu deren Ungunsten der Saldo des Kontokorrentkredits steht.

§ 355 Abs. 1 HGB

Steht jemand mit einem Kaufmanne derart in Geschäftsverbindung, dass die aus der Verbindung entspringenden beiderseitigen Ansprüche und Leistungen nebst Zinsen in Rechnung gestellt und in regelmäßigen Zeitabschnitten durch Verrechnung und Feststellung des für den einen oder anderen Teil sich ergebenden Überschusses ausgeglichen werden (laufende Rechnung, Kontokorrent), so kann derjenige, welchem bei dem Rechnungsabschluß ein Überschuß gebührt, von dem Tage des Abschlusses an Zinsen von dem Überschusse verlangen, auch soweit in der Rechnung Zinsen enthalten sind.

Rechtlich handelt es sich um einen kurzfristigen Kredit, weil er kurzfristig gekündigt werden kann, praktisch steht der Kontokorrentkredit dem Kreditnehmer jedoch langfristig zur Verfügung, weil das Geschäftskonto dauerhaft geführt wird.

Er dient der Sicherung der kurzfristigen Liquidität und eignet sich vor allem für regelmäßige Zahlungen wie Lohn und Gehalt, für die Begleichung von Lieferantenrechnungen zur Ausnutzung von Skonti und für flexible Inanspruchnahme ohne Zweckbindung. Durch die Kopplung an das eigene Geschäftskonto ist der Kredit jederzeit ohne weiteres verfügbar. Er kann je nach Bedarf bis zur Höchstgrenze ausgenutzt werden, wobei nur die jeweilige Inanspruchnahme verzinst wird. Zahlungseingänge reduzieren automatisch die Verbindlichkeiten. Bei Überziehung des Kontos über die vereinbarte Grenze hinaus werden weitere „Überziehungszinsen" berechnet.

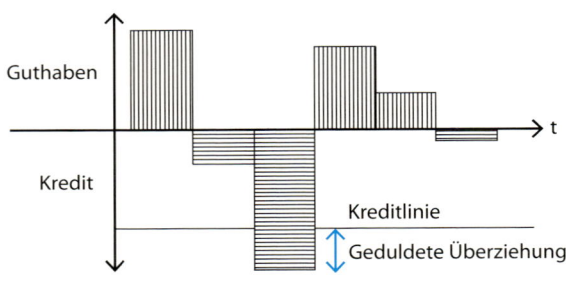

Ein Kontokorrentkredit ist eine vergleichsweise teure Form der kurzfristigen Finanzierung.

Die Kreditinstitute berechnen

- Sollzinsen
- Kreditiprovision (Bereitstellungsprovision)
- Umsatzprovision (Entgelt für die Kontoführung)
- Überziehungsprovision (bei Überschreitung des Kreditlimits)
- Nebenkosten(Porto, Gebühren u.Ä.)

Die Konditionen werden in der Regel individuell vereinbart.

Die Kreditkosten berechnen sich nach der Formel

$$\text{Zinsen} = \frac{\text{Betrag x Zinssatz x Tage}}{100 \times 360}$$

Beispiel: *Das Kontokorrentkonto einer Drogenberatungsstelle weist folgende Bestände aus:*

Kontostand	Dauer in Tagen	Habenzinsen 2 %	Sollzinsen 12 %
– 12.000 €	16		64 €
7.200 €	5	2 €	
4.500 €	8	2 €	
– 2.250 €	12		9 €
		69 €	

Unter den gegebenen Annahmen sind für den entsprechenden Zeitraum 69 € Zinsen zu zahlen.

Kontokorrentkredit aus Kundensicht	
Vorteile	**Nachteile**
Die Liquidität kann auch sehr kurzfristig erhöht werden.	Die Bank kann kurzfristig eine Kündigung aussprechen.
Die Höhe des Kredits entspricht genau dem aktuellen Finanzbedarf.	Die Kosten sind erheblich.
Zinsaufwand entsteht nur für den tatsächlich in Anspruch genommenen Kredit.	Wegen der hohen Kosten ist der Kontokorrentkredit ungeeignet für langfristige Finanzierungen.
Es besteht keine Zweckbindung.	Eine Erhöhung der Kreditlinie wird dann schwierig, wenn sie in Krisenzeiten besonders benötigt wird.

Lieferantenkredit

Ein Lieferantenkredit liegt vor, wenn die empfangene Leistung vereinbarungsgemäß erst zu einem bestimmten Zeitpunkt nach der Lieferung bezahlt werden muss.

Häufig wird von den Leistungsanbietern ein Zahlungsziel (z. B. „zahlbar innerhalb von 30 Tagen netto") eingeräumt. Bei vorfristiger Begleichung der Rechnung (z. B. innerhalb 10 Tagen) wird oft ein Skonto (Preisnachlass) gewährt.

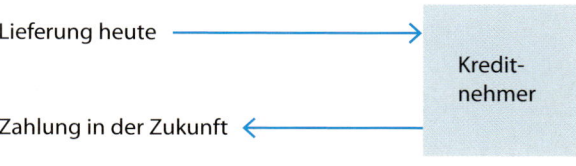

Skonto ist ein vereinbarter Preisnachlass, der bei Zahlung bis zu einem vereinbarten Zeitpunkt gewährt wird.

Die Nutzung dieses Skontos kann die Aufnahme eines Bankkredits bzw. die Beanspruchung des Kontokorrentkredits rechtfertigen. Dazu muss der Zinssatz, der sich aus der Nichtausnutzung des Skontos ergibt, mit dem Zinssatz für das aufgenommene Darlehen verglichen werden. Der Vergleichszinssatz des Lieferantenkredits ist meist sehr hoch. Er ergibt sich aus der Formel

$$\text{Zinssatz} = \frac{\text{Skontosatz x 360 Tage}}{\text{Zahlungsziel in Tagen} - \text{Skontofrist in Tagen}}$$

Beispiel:

In einer Seniorenresidenz wird der Park neu hergerichtet. Der Landschaftsgärtner stellt eine Rechnung über 3.000 €. Sie enthält den Zusatz „Zahlbar rein netto innerhalb von 30 Tagen oder innerhalb von 10 Tagen mit 2 % Skonto." Die Berechnung ergibt

$$\frac{2\,\% \text{ x } 360 \text{ Tage}}{30 \text{ Tage} - 10 \text{ Tage}} = 36\,\%$$

Der Skonto wird also gewährt mit einem Jahreszinssatz von 36 %. Die Leitung der Seniorenresidenz sollte den Skonto in Anspruch nehmen. Die Rechnung kann dann um den Skontosatz von 2 % = 60 € gekürzt werden.

Vorteile bei Inanspruchnahme von Skonti
Skontoabzug wirkt sich kostenmindernd bei der Produkt- und Leistungskalkulation aus.
Schnelle Zahlung ist ein gutes Argument, um in Preisgesprächen mit Lieferanten bessere Konditionen auszuhandeln.
Skontoabzug ist ein Kriterium für gute Bonitätsauskünfte und verbessert deshalb die Kreditwürdigkeit.

Kundenkredit

Ein Kundenkredit kommt zustande, wenn ein Abnehmer für eine Leistung bezahlt oder eine Teilzahlung („Anzahlung") leistet, obwohl die vereinbarte Lieferung oder Leistung erst später erfolgt.

Kundenkredit
Vorteile
Die Inanspruchnahme des Kontokorrentkredits kann vermindert werden.
Die Liquidität steigt, weil sich der Kunde an der Deckung des Kapitalbedarfs beteiligt.
Der Zinsaufwand verringert sich.
Laufender Nachweis (insbesondere bei Ratenzahlungen) der Zahlungsfähigkeit des Kunden.
Sicherheit, dass der Kunde weiterhin an der Leistung interessiert ist und sie auf alle Fälle abnimmt.
Nachteile
Dem Kunden muss meistens ein günstigerer Preis eingeräumt werden.
Der Kunde erwartet möglicherweise eine Sicherheitsleistung.

Beispiel: Wenn ein Seniorenheim grundsätzlich Mietvorauszahlung verlangt, steht dieser Betrag kostenlos vorzeitig zur Verfügung. Es handelt sich um einen Kundenkredit.

Leasing

> *Unter Leasing versteht man die Einräumung eines Nutzungsrechtes an Wirtschaftsgütern gegen Zahlung eines Entgeltes.*

Leasing ist ein Mietkauf auf Raten, dem Grunde nach eine spezielle Form eines Kredits. Für die Laufzeit des Leasingvertrages ist eine feste monatliche Leasinggebühr zu zahlen, am Ende der Grundmietzeit wird das Leasingobjekt an den Leasinggeber zurückgegeben oder vom Leasingnehmer gekauft. Alternativ kann der Leasingvertrag auch verlängert werden. Oft enthält der – meistens unkündbare – Leasingvertrag zusätzliche Vereinbarungen z. B. zu Reparatur, Wartung, Versicherung u. Ä.

Der Vorteil des Leasings besteht unter Finanzierungsaspekten darin, dass Investitionen ohne den Einsatz von Eigenkapital ermöglicht werden. In seiner Wirkung ist es mit einer 100-prozentigen Fremdfinanzierung vergleichbar, die allerdings in der Praxis kaum zu erreichen wäre.

Leasingnehmer	Leasinggeber
• erhält das Nutzungsrecht an dem geleasten Gegenstand • ist Besitzer, Eigentümer bleibt aber der Leasinggeber • zahlt die Leasingraten	• hat den Leasinggegenstand erworben und ist Eigentümer • überlässt dem Leasingnehmer das Nutzungsrecht daran • erhält die Leasingraten

Der Leasinggeber muss die Raten so berechnen, dass er durch die Leasingraten sein eingesetztes Kapital wiedergewinnt und die ausstehenden Beträge verzinst werden. Ihre Höhe wird – neben dem Kalkulationszins – davon abhängen, ob eine Sonderzahlung bei Vertragsabschluss erfolgt und ob eine Kauf- oder Verlängerungsoption eingeräumt wird.

Leasing aus Sicht des Leasingnehmers	
Vorteile	Nachteile
• Für Anschaffungen muss kein Eigenkapital herangezogen und kein Darlehen aufgenommen werden. • Der Leasingnehmer muss keine Sicherheiten stellen. • Leasingverträge können genau an die Bedürfnisse des Leasingnehmers angepasst werden.	• Die Leasingraten stellen Fixkosten dar. • Während der Vertragslaufzeit sind Anpassungen der Leasingraten nicht möglich. • Leasing ist teuer. Je nach Vertragsgestaltung können die Leasingraten 120 bis 140 % des Kaufpreises ausmachen.

Forderungsverkauf

Kurzfristige Forderungen, meist aus Lieferungen und Leistungen, sind in der Regel nicht kurzfristig zu liquidieren und können daher zur Tilgung von Verbindlichkeiten nicht eingesetzt werden. Zudem besteht das Risiko, dass sie uneinbringlich sind, weil die Schuldner nicht zahlen können oder nicht zahlen wollen. Daher kann es sinnvoll sein, die Forderungen zu verkaufen.

> *Factoring ist der Verkauf von Geldforderungen aus Waren- und Dienstleistungsgeschäften.*

Der Factor kauft die Forderungen, der Factoringkunde informiert den Schuldner über den Verkauf und bittet ihn, direkt an den Factor zu zahlen. Die Kosten für das Factoring hängen ab von den Serviceleistungen des Factors (z. B. der Übernahme des Mahnwesens). Er berechnet in der Regel die banküblichen Kontokorrentzinsen und eine Factoringgebühr, meist zwischen 0,5 und 2,5%.

Beispiel:

Eine Reha-Klinik hat gegenüber einer Versicherung eine Forderung i.H.v. 100.000 €. Um für die Bezahlung eines neuen Diagnosegerätes keinen Kredit aufnehmen zu müssen, wird die Forderung verkauft.

Forderung: *100.000 €*
Zahlungsziel: *90 Tage*
Zinssatz: *9,5 %*

Der Factor berechnet:

Kosten des Zinsabschlages   *9,5% x 90 : 360 Tage*   *= 2.375 €*
pauschaler Kostensatz   *1,5%*   *= 1.500 €*
                                                             3.875 €

Die Reha-Klinik erhält 100.000 € - 3.875 € = 96.125 €, die sofort für beliebige Zwecke zur Verfügung stehen.

Die Auswirkung des Factoring auf die Liquidität zeigt die Gegenüberstellung:

Bilanz vor dem Factoring			
Aktiva			Passiva
Anlagevermögen	3.000.000 €	Eigenkapital	**2.000.000 €**
Waren/Vorratsvermögen	400.000 €	Rücklagen	400.000 €
Forderungen aus L&L	**3.400.000 €**	Darlehensverbindlichkeiten	2.000.000 €
Bankguthaben/Geldmittel	**200.000 €**	Verbindlichkeiten aus L&L	2.600.000 €
	7.000.000 €		7.000.000 €

Bilanz direkt nach dem Factoring			
Aktiva			Passiva
Anlagevermögen	3.000.000 €	Eigenkapital	**1.996.125 €**
Waren/Vorratsvermögen	400.000 €	Rücklagen	400.000 €
Forderungen aus L&L	**3.300.000 €**	Darlehnsverbindlichkeiten	2.000.000 €
Bankguthaben/Geldmittel	**296.125 €**	Verbindlichkeiten aus L&L	2.600.000 €
	6.996.125 €		6.996.125 €

5.4.2 Subventionsfinanzierung

Unter dem Begriff „Subventionsfinanzierung" werden alle Finanzierungsformen zusammengefasst, bei denen der Leistung des Subventionsgebers keine entsprechende unmittelbare ökonomische Gegenleistung gegenübersteht.

> *Subventionsfinanzierung ist eine kostenlose oder vergünstigte Gewährung von materiellen (z. B. Nutzung eines Kopierers oder Schenkung eines Gerätes), immateriellen (z. B. Beratung, Vermittlung) oder finanziellen Subventionsleistungen.*

Subventionsgeber können staatliche, halbstaatliche oder private Stellen sein, z. B.:

* Bundesministerien, Fachministerien der Länder, Kommunen
* Die KfW-Bankengruppe mit ihren Tochtergesellschaften
* Die Europäische Union, die Europäische Investitionsbank, die Europäische Bank für Wiederaufbau und Entwicklung
* Privatpersonen
* Unternehmen

Gerade für den sozialen Bereich bestehen umfangreiche Möglichkeiten, Investitionsvorhaben durch die Nutzung von Fördermitteln zu unterstützen. In der Praxis werden oft verschiedene Subventionsmöglichkeiten parallel genutzt, um dann durch Ressourcenbündelung eine ausreichende Finanzierung erreichen zu können.

Systematisch besteht bei allen Arten der Subventionsfinanzierung das Problem, dass wichtige Funktionen der Marktregulierung ausfallen. Insbesondere ist nicht gesichert, dass die Finanzmittel die gewünschte optimale Verwendung finden und möglichst sparsam eingesetzt werden.

Zu unterscheiden ist zwischen der direkten Subventionsfinanzierung (unmittelbarer Zufluss von Finanzmitteln) und der indirekten Subventionsfinanzierung (Ersparnis an Finanzmitteln).

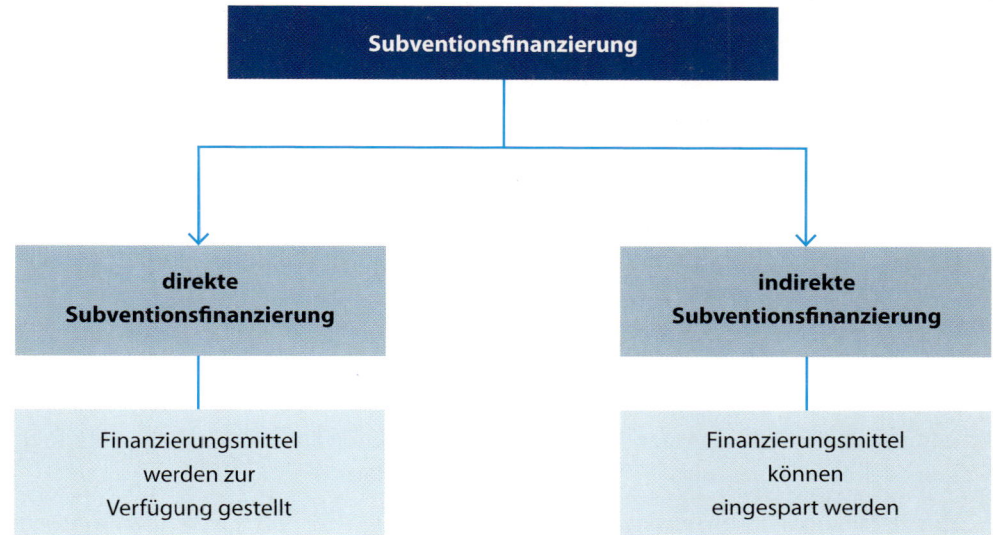

Direkte Subventionsfinanzierung

Bei der direkten Subventionsfinanzierung werden unmittelbar Finanzmittel zur Verfügung gestellt. In der einfachsten Form werden finanzielle Ressourcen direkt überlassen. Sie sind oft zweckgebunden und werden nur unter genau bestimmten Bedingungen gewährt.

Investitionszuschüsse stehen unmittelbar für Investitionen der verschiedensten Art zur Verfügung. Sie werden zeitlich vor der Investition gezahlt.

Investitionszulagen können dagegen erst im Anschluss an eine Investition beantragt werden. Die Finanzierungsmittel fließen erst nachträglich. Zunächst müssen die erforderlichen Mittel in voller Höhe selbst aufgebracht werden.

Indirekte Subventionsfinanzierung

Im Gegensatz dazu ist die indirekte Subventionsfinanzierung durch eine Ersparnis an Finanzmitteln gekennzeichnet. Die eingesparten Mittel können alternativ eingesetzt werden, gegebenenfalls kann auf die Beschaffung von weiteren ansonsten notwendigen Finanzmitteln verzichtet werden.

Die indirekte Subventionsfinanzierung tritt in unterschiedlichen Formen auf:

- Bei der Abgabensubvention verzichtet der Fiskus auf Steuern und andere Abgaben. Regelungen dazu finden sich in Gesetzen und Verordnungen.
- Bei einer Verordnungssubvention erfolgt eine Förderung durch eine besondere Vergünstigung, meistens durch Einschränkung des Wettbewerbs.
- Bei Verbilligungs- oder Beschaffungssubventionen räumt der Subventionsgeber einen günstigen Preis ein und unterstützt so in Höhe der Differenz zwischen dem Marktpreis und dem tatsächlich bezahlten Preis. Zu dieser Art der Subventionen zählen auch die Zinsverbilligung oder ein Zinszuschuss.

Öffentliche Förderung

Öffentliche Fördermittel sind Zuwendungen des Staates, um bestimmte soziale, politische oder wirtschaftliche Ziele zu erreichen. Damit ist ihr Einsatz als Finanzierungsinstrument davon abhängig, ob die Ziele, die mit öffentlichen Förderungen verfolgt werden sollen, und die Ziele der Einrichtung übereinstimmen oder zumindest in Übereinstimmung gebracht werden können. Die Mittel müssen von den parlamentarischen Gremien bereitgestellt werden und unterliegen der Kontrolle durch die öffentlichen Verwaltungen. Es handelt sich nicht um finanzielle Geschenke, sondern die öffentlichen Fördermittel sind stets an bestimmte Voraussetzungen geknüpft, z. B. die Durchführung von erwünschten Angeboten oder die Schaffung neuer Arbeitsplätze. Oft ist die Stellungnahme einer unabhängigen, fachlich kompetenten Stelle (z. B. Kammer, Jugendamt) erforderlich, die die Erfolgsaussichten des Vorhabens und die Qualifikation des Antragstellers beurteilt.

Zu den Zielen, die in der Sozialen Arbeit von den öffentlichen Subventionsgebern verfolgt werden, gehören als wichtigste:

*   Bereitstellung von gewünschten Leistungen, die sonst nicht erbracht werden könnten.

    Beispiel: *Die Gemeinden in Baden-Württemberg erhalten besondere Zuweisungen für die Förderung der Kinderbetreuung. Das Land Baden-Württemberg fördert Maßnahmen zur vorschulischen Sprachförderung und der Hausaufgaben, Sprach- und Lernhilfe (HSL). Sie sollen besonders Kindern mit Migrationshintergrund oder Spätaussiedlerkindern die Integration erleichtern.*

*   Sicherung von bestehenden und Schaffung von neuen Arbeitsplätzen sowohl in schon bestehenden Einrichtungen als auch bei Existenzgründungen.
*   Förderung von Angeboten an bestimmten Orten. Sozialpolitisch gewünschte Angebote in sozialen Brennpunkten, schwierigen Stadtteilen oder unterversorgten Standorten sollen eingerichtet oder gesichert werden.
*   Unterstützung von kleineren Anbietern. Förderprogramme sind oft genau auf die Bedürfnisse kleinerer und mittlerer Organisationen abgestimmt.

Steuererleichterungen

Eine besondere Form der Förderung sozialer Einrichtungen sind Steuererleichterungen. Sie beziehen sich auf die Einrichtungen selbst und auf die Spender.

§   **§ 51 AO**
Gewährt das Gesetz eine Steuererleichterung, weil eine Körperschaft ausschließlich und unmittelbar gemeinnützige, mildtätige oder kirchliche Zwecke (steuerbegünstigte Zwecke) verfolgt, so gelten die folgenden Vorschriften.

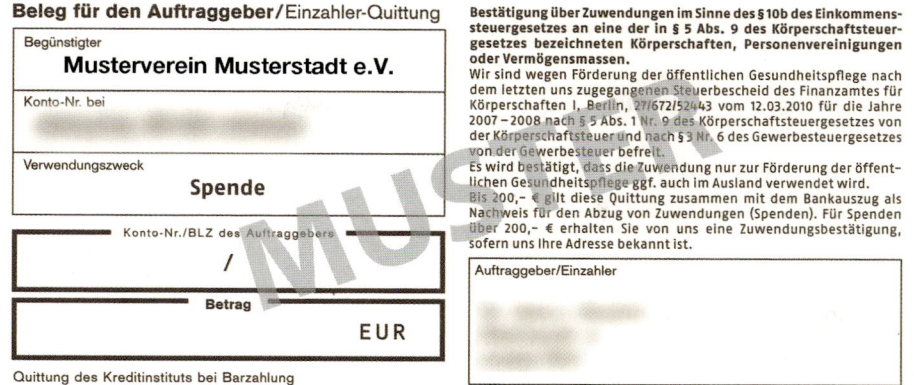

Beleg für den Auftraggeber / Einzahler-Quittung

Begünstigter
Musterverein Musterstadt e.V.

Konto-Nr. bei

Verwendungszweck
Spende

Konto-Nr./BLZ des Auftraggebers
/

Betrag
EUR

Quittung des Kreditinstituts bei Barzahlung

Bestätigung über Zuwendungen im Sinne des § 10b des Einkommensteuergesetzes an eine der in § 5 Abs. 9 des Körperschaftsteuergesetzes bezeichneten Körperschaften, Personenvereinigungen oder Vermögensmassen.
Wir sind wegen Förderung der öffentlichen Gesundheitspflege nach dem letzten uns zugegangenen Steuerbescheid des Finanzamtes für Körperschaften I, Berlin, 27/672/52443 vom 12.03.2010 für die Jahre 2007–2008 nach § 5 Abs. 1 Nr. 9 des Körperschaftsteuergesetzes von der Körperschaftsteuer und nach § 3 Nr. 6 des Gewerbesteuergesetzes von der Gewerbesteuer befreit.
Es wird bestätigt, dass die Zuwendung nur zur Förderung der öffentlichen Gesundheitspflege ggf. auch im Ausland verwendet wird.
Bis 200,– € gilt diese Quittung zusammen mit dem Bankauszug als Nachweis für den Abzug von Zuwendungen (Spenden). Für Spenden über 200,– € erhalten Sie von uns eine Zuwendungsbestätigung, sofern uns Ihre Adresse bekannt ist.

Auftraggeber/Einzahler

Voraussetzung für Steuererleichterungen ist die Anerkennung der Gemeinnützigkeit.

Gemeinnützigkeit liegt vor, wenn nach Satzung und tatsächlicher Geschäftsführung ausschließlich und unmittelbar die Allgemeinheit durch die Verfolgung gemeinnütziger, mildtätiger oder kirchlicher Zwecke selbstlos gefördert wird. Es kommt also auf den Zweck an, nicht auf die Rechtsform. Personengesellschaften sind allerdings von den Steuererleichterungen ausgeschlossen.

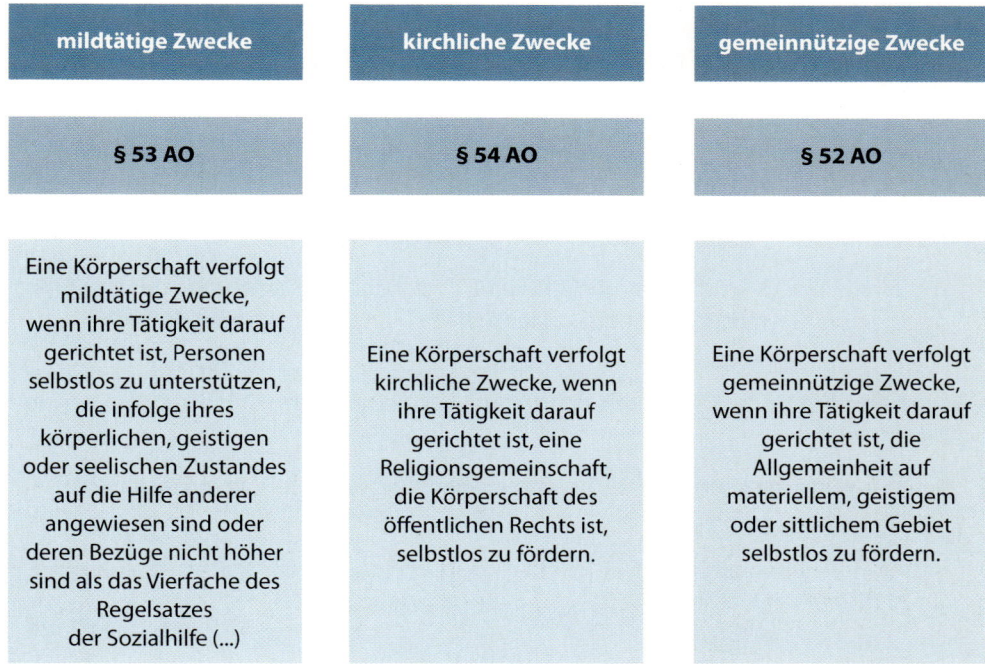

mildtätige Zwecke	kirchliche Zwecke	gemeinnützige Zwecke
§ 53 AO	§ 54 AO	§ 52 AO
Eine Körperschaft verfolgt mildtätige Zwecke, wenn ihre Tätigkeit darauf gerichtet ist, Personen selbstlos zu unterstützen, die infolge ihres körperlichen, geistigen oder seelischen Zustandes auf die Hilfe anderer angewiesen sind oder deren Bezüge nicht höher sind als das Vierfache des Regelsatzes der Sozialhilfe (...)	Eine Körperschaft verfolgt kirchliche Zwecke, wenn ihre Tätigkeit darauf gerichtet ist, eine Religionsgemeinschaft, die Körperschaft des öffentlichen Rechts ist, selbstlos zu fördern.	Eine Körperschaft verfolgt gemeinnützige Zwecke, wenn ihre Tätigkeit darauf gerichtet ist, die Allgemeinheit auf materiellem, geistigem oder sittlichem Gebiet selbstlos zu fördern.

Eine Förderung der Allgemeinheit ist nicht gegeben, wenn der Kreis der Personen, dem die Förderung zugutekommt, geschlossen ist oder infolge seiner Abgrenzung dauerhaft nur klein sein kann.

Beispiel: *Eine Betriebssportgemeinschaft, die lediglich auf die Förderung der Belegschaft eines Unternehmens ausgerichtet ist, erfüllt nicht das Merkmal der Förderung der Allgemeinheit.*

Eine schädliche Begrenzung des Mitgliederkreises liegt auch vor, wenn durch hohe Aufnahmegebühren bzw. Mitgliedsbeiträge und -umlagen der Zugang praktisch verwehrt wird, z. B. bei einem exklusiven Fitnessclub mit hohen Mitgliedsbeiträgen.

Bei Sportvereinen wird eine Förderung der Allgemeinheit noch angenommen, wenn die Beiträge und Umlagen zusammen im Durchschnitt 1.023 € je Mitglied und Jahr nicht überschreiten. Investitionsumlagen dürfen in fünf Jahren nicht höher als 5.113 € sein.

Selbstlosigkeit liegt nur dann vor, wenn

- die Mittel nur für die satzungsmäßigen Zwecke verwendet werden. Zuwendungen an Mitglieder und die Förderung politischer Parteien sind unzulässig.

- die vereinnahmten Mittel grundsätzlich laufend (zeitnah) für die satzungsmäßigen Zwecke verausgabt werden. Ausnahmen sind aber z. B. Zuwendungen von Todes wegen und Sachzuwendungen.

- die wirtschaftliche Betätigung kein Selbstzweck ist. Die selbstlose Förderung gemeinnütziger Zwecke darf nicht nur ein Ziel unter anderen sein.

- die steuerbegünstigten Ziele grundsätzlich unmittelbar selbst in eigenem Namen verfolgt werden.

Die Gemeinnützigkeit wird beim zuständigen Finanzamt beantragt. Es überprüft die Voraussetzungen der Gemeinnützigkeit in der Regel alle drei Jahre.

Die Gemeinnützigkeit ist mit Steuervergünstigungen bei allen wichtigen Steuerarten verbunden:

- Zweckbetriebe sind von der Körperschafts- und Gewerbesteuer befreit.

- Wirtschaftliche Geschäftsbetriebe, die keine Zweckbetriebe sind, sind von der Körperschafts- und Gewerbesteuer befreit, wenn die Einnahmen insgesamt 35.000 € im Jahr nicht übersteigen.

- Die Umsätze der Zweckbetriebe werden mit dem ermäßigten Steuersatz bei der Umsatzsteuer belegt.

- Befreiung von der Grund- und Erbschaft-/Schenkungsteuer und vom Zinsabschlag auf Kapitalerträge.

- Bestimmte nebenberufliche Tätigkeiten im gemeinnützigen Bereich sind nach § 3 Nr. 26 bzw. 26 a EStG steuerbefreit.

Unentgeltliche Zuwendungen können als **Spendenabzug** bei der Einkommensteuer (§ 10b Abs. 1 EStG) bzw. bei der Körperschaftsteuer (§ 9 Abs. 1 Nr. 2 KStG) geltend gemacht werden. Dazu muss eine Zuwendungsbestätigung vorgelegt werden. Lediglich bei Spenden bis 200 € ist keine Bestätigung erforderlich.

Ein **Zweckbetrieb** ist ein wirtschaftlich ausgerichteter Teilbereich einer gemeinnützigen oder öffentlich-rechtlichen Körperschaft. Für die steuerliche Behandlung ist die Abgrenzung zu einem gewerblichen Betrieb entscheidend, denn grundsätzlich ist die Gemeinnützigkeit bei einem wirtschaftlichen Geschäftsbetrieb nicht gegeben.

> *Ein wirtschaftlicher Geschäftsbetrieb ist eine selbstständige nachhaltige Tätigkeit, durch die Einnahmen oder andere wirtschaftliche Vorteile erzielt werden. Die Absicht, Gewinn zu erzielen, ist nicht erforderlich.*

In Abgrenzung zu einem reinen – nicht steuerbegünstigten – wirtschaftlichen Geschäftsbetrieb ist ein steuerbegünstigter Zweckbetrieb gegeben, wenn

- der Geschäftsbetrieb dazu dient, den Zweck der Körperschaft zu verwirklichen.
- der Zweck nur durch einen solchen Geschäftsbetrieb erreicht werden kann.
- kein Wettbewerb in größerem Umfang mit nicht begünstigten Betrieben besteht.

Beispiel: In einer Behindertenwerkstatt werden für einen Autozulieferer Kabelstränge zusammengestellt.

Die wirtschaftlichen Betätigung des Zweckbetriebes muss eine untergeordnete, den ideellen Hauptzwecken dienende Tätigkeit sein.

Die Einkünfte von Zweckbetrieben sind – unabhängig von der Höhe des erwirtschafteten Gewinns – nicht ertragssteuerpflichtig. Zusätzlich sind die Umsätze eines Zweckbetriebs i. d. R. von der Umsatzsteuer befreit oder unterliegen dem ermäßigten Steuersatz. Ein Zweckbetrieb kann damit eine wichtige Einnahmequelle zur Verwirklichung der satzungsmäßigen Aufgaben sein.

Von besonderer Bedeutung für die Steuerbefreiung ist der sogenannte Sponsoring-Erlass der Finanzverwaltung. Er legt fest, welche wirtschaftlichen Tätigkeiten einer gemeinnützigen Einrichtung zum Verlust der Steuerbefreiung führen und welche toleriert werden.

Zu den begünstigten Zweckbetrieben gehören z. B.

- Alten- und Pflegeheime
- Werkstätten für Behinderte
- Integrationsprojekte
- Mensen von Studentenwerken
- Grundversorgung von Schülern mit Speisen und Getränken in Schulen
- Häusliche Pflegeleistungen
- Volkshochschulen

Der Verkauf von Speisen und Getränken sowie die Einnahmen aus Werbung werden nicht dem steuerbegünstigten Zweckbetrieb zugerechnet. Diese Tätigkeiten gehören generell zu einem wirtschaftlichen Geschäftsbetrieb. Damit können auch soziale, nicht gewinnorientierte Einrichtungen von der Finanzverwaltung als wirtschaftlicher Geschäftsbetrieb angesehen werden. Schon der Anzeigenverkauf und Produktwerbung in eigenen Veröffentlichungen oder Trikotwerbung dienen der Einnahmenerzielung. Allerdings tritt die Steuerpflicht nach § 64, Abs. 3 AO erst ab einem Umsatz von 35.000 € einschließlich Umsatzsteuer ein.

Beispiel: Im Kindergarten „Wonneproppen" wird beim Sommerfest Kuchen verkauft, um eine neue Rutsche auf dem Spielplatz finanzieren zu können. Wenn der Umsatz (im gesamten Jahr!) niedriger als 35.000 € ist, bleibt er steuerbefreit.

Duldungsregelung
Wenn der Spender lediglich selber mit seiner Unterstützung wirbt und der Empfänger sie duldet, liegen steuerfreie Einnahmen vor.

Höflichkeitsgeste
Weist der Empfänger lediglich auf die Unterstützung hin, liegt noch kein wirtschaftlicher Geschäftsbetrieb vor.

Duldungsregelung

Höflichkeitsgeste

Zuschüsse

Zuschüsse sind nicht rückzahlbare Zuwendungen des Staates. Sie werden immer an Bedingungen geknüpft, die vom Empfänger erfüllt werden müssen.

Institutionelle Förderung
Mit öffentlichen Geldern kann eine Einrichtung auch **pauschal** gefördert werden. Sie erhält dann einen bestimmten Betrag ohne Zweckbindung. Um zu einer institutionellen Förderung zu gelangen, ist meistens eine langfristige und intensive Überzeugungsarbeit notwendig.

Für solche Zuwendungen ist ein Beschluss der zuständigen Gremien (z. B. Gemeinderat, Landesparlament) erforderlich. Sie werden durch einen Verwaltungsakt (unter Umständen mit einschränkenden Auflagen) umgesetzt. Grundsätzlich besteht kein Rechtsanspruch auf die Förderung, selbst wenn entsprechende Haushaltsmittel zur Verfügung stehen. Allerdings besteht ein Vertrauensschutz, wenn die Unterstützung über längere Zeit erfolgt ist. Dann kann – erfolgreiche Arbeit vorausgesetzt – Förderung auch über längere Zeit erfolgen. Die Verlässlichkeit nimmt in Zeiten knapper öffentlicher Kassen aber ab.

Städtischer Zuschuss für/zu den ....
Bezug: Ihr Antrag vom

Bewilligungsbescheid

Sehr geehrte Damen und Herren,
alternativ
Sehr geehrte Frau ....,
Sehr geehrter Herr ....,

hiermit bewillige ich Ihnen einen städtischen Zuschuss in Höhe von .... €
(Betrag in Buchstaben: .... €)
zur Mitfinanzierung der anerkennungsfähigen Betriebskosten der oben aufgeführten Einrichtung.
Die Verteilung der Mittel für die Offene Kinder- und Jugendarbeit im Haushaltsjahr 2008 wurde durch den Jugendhilfeausschuss – Ausschuss für Kinder, Jugend und Familie – am .... (alternativund/oder dem Finanzausschuss) beschlossen.

Ermittlung des städtischen Zuschusses:

Anerkennungsfähige Summe an Betriebskosten:	€
Minus Eigenanteil .... %	– €
Minus vorrangige andere Einnahmen	– €
Zuschlag für Mehrausgaben wegen Tariferhöhung	+ €
ergibt Summe städtischer Zuschuss:	– €

Der Betrag wird auf Ihr mir bekanntes Konto überwiesen.

Organisationen, die als Institutionen gefördert werden, müssen sich stärker als andere der Aufsicht von Behörden unterwerfen. Unabhängig von der Art der Förderung begründen öffentliche Zuwendungen in jedem Fall auch ein gesetzliches Prüfungsrecht der Rechnungshöfe.

Projektförderung

Bei der Finanzierung sozialer Organisationen bildet die Projektfinanzierung, also von Vorhaben mit einem festen Anfang und Ende und einem bestimmten Arbeits- und Finanzumfang, einen Schwerpunkt.

Grundsätzlich sind unterschiedliche Förderformen möglich:

- Bei einer Anteilsfinanzierung wird eine Maßnahme zu einem bestimmten Prozentsatz gefördert.
- Bei der Festbetragsfinanzierung handelt es sich um Zuschüsse in einer bekannten absoluten Höhe.
- Bei einer Fehlbetragsfinanzierung wird – in einem vereinbarten Rahmen – die Differenz zwischen Ausgaben und Einnahmen übernommen.

Eine erhebliche Bedeutung kommt bei einer Projektförderung der Ermittlung und Gestaltung der Projektkosten zu. Besonders die anteiligen fixen Kosten wie Miete, Telefon, Buchführung u. Ä. können leicht übersehen werden.

Kostenerstattung

Durch Vertrag wird für eine konkrete Leistung eine Kostenerstattung oder Kostenbeteiligung vereinbart. Eine Unterart der Kostenerstattung stellt die Abrechnung nach Fachleistungsstunden dar.

Bereitstellung von Risikokapital

Damit eine Kreditzusage nicht an fehlenden Sicherheiten scheitert, was im sozialen Bereich ein Problem darstellen kann, können zinsgünstige Kredite mit einer Haftungsfreistellung ausgestattet sein. Die öffentliche Hand trägt dann das Ausfallrisiko.

Zinsvergünstigungen

Zinsgünstige Kredite sind mit einem Zinssatz ausgestattet, der unter dem üblichen Marktzinssatz liegt. Die Differenz wird von dem Förderungsgeber getragen. So kann sehr günstiges Fremdkapital zur Finanzierung unterschiedlichster Vorhaben aufgenommen werden.

Verwendungsnachweis

Da bei der öffentlichen Förderung Steuermittel eingesetzt werden, muss der Empfänger nachweisen, dass sie zweckentsprechend verwendet worden sind. Deshalb ist zeitnah ein Verwendungsnachweis einzureichen (siehe Muster auf S. 83).

Verwendungsnachweis über Betriebskostenzuschüsse für das Haushaltsjahr

_____

Träger: _____

Einrichtung: _____

1. Bruttopersonalkosten und Personalnebenkosten
für hauptamtliche pädagogische
Mitarbeiter/innen insgesamt   _____
Bruttopersonalkosten f. Stellenplan lt.
Beschlusslage incl. Sozialversicherung.
Altersversorgung bis zur Höhe der ZVK.

Name	Vgr.	Std./Wo.	Besch.zeitraum	B

Berufsgenossenschaften u. mitarbeiter-
bezogene Versicherungen (z.B. Haftpflicht) _____ €

Personalgewinnung _____ €

2. Verwaltungskosten
Verwaltungskosten und Geschäftsstellenförderung
incl. der dazugehörenden Sachkosten (Porto, Telefon,
Büromaterial)

3. Deckungsring Pädagogische Arbeit insgesamt: _____

Honorarkosten _____ €
Honorarkosten für pädagogische Arbeit

Ergänzungskräfte _____ €
Kosten f. Zivildienstleistende, ABM-Kräfte,
Mitarbeiter/innen des freiwilligen sozialen oder
ökologischen Jahres, (Berufs-) Praktikanten oder
(Berufs-)Praktikantinnen

davon Rücklagenentnahme i.H.v. _____ € aus (Jahr)

Fachberatung, Supervision,
Fortbildung _____ €

davon Rücklageentnahme i.H.v. _____ € aus (Jahr)

Programmkosten, Mittel für _____ €
Öffentlichkeitsarbeit u. Mitgliedsbeiträge
f. Fachverbände, Beschäftigungsmaterial;
ggf. Kfz-Kosten, Fachliteratur, Zeitschriften
Übertrag: _____

Übertrag: _____ €

4. Deckungsring andere Sachkosten insgesamt: _____ €

Reinigungskosten _____ €
Personal- und Materialkosten

(Kalt) Miete _____ €

Objektnebenkosten _____ €
Gebäudebezogene Versicherungen, Steuern,
Abgaben

Energie kosten _____ €
Strom, Gas, Heizung, Wasser

5. Deckungsring Reperaturkosten, Erhaltungsaufwand
und Anschaffungen insgesamt: _____ €
Materialkosten, Firmenrechnungen und
Kosten für haustechnischen Dienst,
Schönheitsreperaturen, kleinere Reperaturen.
Bei Eigentümer oder besonderem Mietvertrag
auch Unterhaltung an Dach und Fach
Anschaffungen bis max. 425.00€ (netto) Einzelwert.

Reperaturkosten, Erhaltungsaufwand _____ €

davon Rücklagenentnahme i.H.v. _____ € aus (Jahr)

Anschaffungen, Eratzbeschaffungen

davon Rücklagenentnahme i.H.v. _____ € aus (Jahr)

Anerkennungsfähige
Betriebskosten (100%) _____ €

Finanzierungsschlüssel:
abzgl. Eigenmittel (_____%) _____ €

abzgl. Landeszuschuss _____ €

städt. Zuschuss _____ €

Spenden

Spenden sind freiwillige Zahlungen oder die freiwillige Bereitstellung von Gütern und Dienstleistungen, in der Regel mit einer Zweckbestimmung. Spenden zeichnen sich dadurch aus, dass sie ohne Gegenleistung erfolgen.

Beispiel: *Der Inhaber eines Sonnenstudios stellt der Fußballmannschaft des Jugendzentrums 3.000 € zur Verfügung, damit trotz angespannter Finanzlage des Vereins neue Trikots gekauft werden können. Diese Spende ist für Außenstehende nicht erkennbar.*

Fast die Hälfte der Bevölkerung spendet regelmäßig, allerdings bestehen beträchtliche Unterschiede hinsichtlich Region, Geschlecht, Alter und vor allem des Haushaltsnettoeinkommens. Das Spendenaufkommen wird – in „normalen" Jahren, wenn die Spendenbereitschaft nicht durch außerordentliche Ereignisse besonders hoch ist – auf insgesamt zwischen drei und sechs Milliarden Euro geschätzt. Das sind pro Kopf 36 bis 60 €. Ein großer Teil davon wird von Privatpersonen für soziale Aufgaben bereitgestellt.

Die Homepage des SOS Kinderdorf e. V. mit dem neuen Spenden-Siegel des DZI

Gemeinnützige Organisationen, die sich durch überregionale Spendensamm-
lungen finanzieren, können das Spendensiegel des Deutschen Zentralinsti-
tuts für soziale Fragen beantragen. Es kann Spendern als Orientierungs- und
Entscheidungshilfe dienen, erhöht die Vergleichbarkeit der Organisationen
und macht den Spendenmarkt übersichtlicher.

Fundraising

Der Zufluss von Spendenmitteln ist schwer planbar. Deshalb hat sich durchgesetzt, aktiv
und systematisch um Spenden zu werben und regelrechte Marketingaktionen zur Akqui-
sition von privaten Ressourcen durchzuführen.

> *Die Beschaffung von Mitteln für am Gemeinwohl orientierte Zwecke, die durch den
> Geber ohne entsprechende Gegenleistung des Empfängers bereitgestellt werden,
> wird als Fundraising bezeichnet.*

> *Fundraising soll motivieren, eine gemeinnützige Organisation ohne Gegenleistung
> durch Geld- oder Sachspenden oder durch ehrenamtliche Mitarbeit zu unterstützen.*

Fundraising muss strategisch und operativ geplant werden. Die Ergebnisse werden analysiert und die Methoden gegebenenfalls angepasst. Da in Zukunft kaum eine soziale Einrichtung ohne Fundraising auskommen wird, findet zunehmend eine Professionalisierung
dieses Bereichs statt. Eine eigenständige Ausbildung gibt es nicht, aber berufsbegleiten-
de Lehrgänge. Für Organisationen, die kein eigenes professionelles Fundraising aufbauen
wollen, stehen Dienstleister zur Verfügung, die beraten und die praktische Durchführung
aller notwendigen Maßnahmen übernehmen.

Große und bekannte Organisationen können durch Fundraising erhebliche Jahresbeträge akquirieren:

Organisation	jährlich ca.	Organisation	jährlich ca.
Hermann-Gmeiner-Fonds	117 Mio. €	Brot für die Welt	56 Mio. €
SOS Kinderdorf	116 Mio. €	Misereor	53 Mio. €
UNICEF	85 Mio. €	Adveniat	51 Mio. €
Johanniter-Unfall-Hilfe	83 Mio. €	Greenpeace	40 Mio. €
Deutsche Krebshilfe	82 Mio. €		

Im Rahmen des Fundraising können neben Geld auch andere Ressourcen beschafft werden (Non-cash Assistance = „geldwerte Vorteile"):

- Sachmittel, z. B. Gebäude, Fahrzeuge, Computer, Faxgeräte usw.
- Freiwillige kostenlose Arbeitsleistung
- Secondment: Freistellung von Mitarbeitern, um für gemeinnützige Organisationen zu arbeiten
- Dienstleistungen, z. B. Netzwerkadministration, Buchführung, Öffentlichkeitsarbeit
- Herstellung und Vermittlung von Kontakten
- Werbung von weiteren Unterstützern
- Politische Unterstützung, z. B. Übernahme einer Schirmherrschaft

Besonders erfolgreich werden die Bemühungen sein, wenn

- eine Identifikation mit den Zielen der Organisation hergestellt werden kann.
- die Projekte überschaubar sind und als unterstützenswert erlebt werden.
- die Projektziele als wichtig erkannt werden.
- eine Möglichkeit besteht, die Arbeit der Organisation zu beeinflussen.
- genau bekannt ist, wofür die Ressourcen eingesetzt werden.

Für kleinere und mittlere Organisationen wird entscheidend sein, dass Förderer gewonnen werden können, die sich emotional mit ihren normativen Zielen identifizieren können. Erst auf dieser Basis – einer rational und emotional gefestigten Beziehung zur Organisation – werden Interessenten und potenzielle Förderer bereit sein, Ressourcen zur Verfügung zu stellen.

Um die identifizierten Zielgruppen überzeugen zu können, muss ein Schwerpunkt des Fundraising die Kommunikationsstrategie sein. Der Nutzen und das Anliegen müssen Interessenten und möglichen Förderern nahegebracht werden. Die Kommunikation ist die entscheidende, schwierigste und teuerste Aktivität im Rahmen des Fundraising.

Als sinnvoll hat sich herausgestellt, in folgenden Schritten vorzugehen:

- Potenzielle Interessenten und Förderer müssen auf die Arbeit und die Anliegen aufmerksam gemacht werden. Dafür eignen sich Pressearbeit, Flyer, Plakate, Kampagnen und andere Maßnahmen, die zu verstärkter Aufmerksamkeit führen.

- Die Kommunikation muss intensiviert werden. Insbesondere muss jederzeit eine aktuelle und motivierende Informationsmöglichkeit bestehen. Dazu eignet sich z. B. eine entsprechende Darstellung im Internet.

- Interessenten und Förderer müssen langfristig an die Organisation gebunden werden, indem ihnen Angebote zur Kommunikation gemacht werden. Dazu eignet sich eine stetige Information durch Direct-Mailing und E-Mail, ergänzt durch gezielte Events, die die Verbindung der Einrichtung zu den Förderern dokumentieren.

  Der langfristigen Bindung kommt schon deshalb eine besondere Bedeutung zu, weil die Werbung neuer Förderer mit erheblichen Kosten verbunden ist, während die Ansprache von Personen, die bereits eine Organisation unterstützen, sehr viel einfacher und deshalb auch sehr viel kostengünstiger ist.

- Interessenten und Förderer müssen um Spenden gebeten werden. Ein Grundsatz im Fundraising lautet: „Wer nicht fragt, bekommt auch nichts". Zur Bitte um Spenden eignen sich persönliche Gespräche genauso wie Briefe, E-Mails oder spezielle Events.

- Schließlich müssen die Appelle möglichst umfassend und regelmäßig wiederholt werden. Dabei muss auch die – eigentlich selbstverständliche, in der Praxis aber oft vernachlässigte – Regel beachtet werden, dass man sich bei den Förderern zu bedanken hat. Zu oft wird vergessen, dass Spenden nicht selbstverständlich sind.

Professionelles Fundraising geht von einer Spenderpyramide aus:

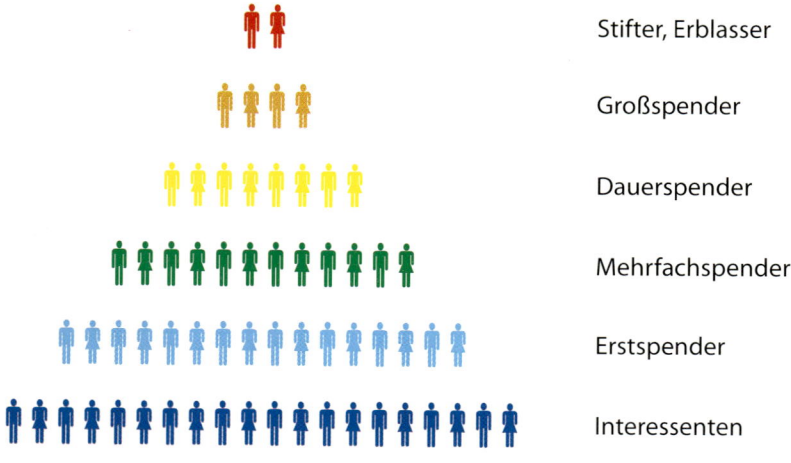

Stifter, Erblasser

Großspender

Dauerspender

Mehrfachspender

Erstspender

Interessenten

Sponsoring

Sponsoring ist eine Förderung, für die ein mittelbarer oder unmittelbarer Nutzen bzw. eine Gegenleistung erwartet wird. Mit finanziellen Mitteln oder Sach- und Dienstleistungen unterstützt werden z. B. Sport-, Kunst-, Kultur- und Sozialeinrichtungen, aber auch Personen oder Veranstaltungen. Im Gegenzug wird das Engagement publikumswirksam öffentlich gemacht. Der Sponsoringauftritt soll ein Bild des Förderers prägen, das positiv und langfristig in Erinnerung bleibt. Die erkennbare Übernahme von gesellschaftlicher Verantwortung soll das eigene Profil schärfen.

Sponsoring ist die finanzielle Unterstützung gemeinnütziger Organisationen mit der Erwartung einer messbaren Gegenleistung.

Beispiel: *Ein Sonnenstudio stattet die örtliche Frauen-Fußballmannschaft mit zwei Sätzen Trikots aus, damit sie nicht vom Verein beschafft werden müssen. Vertraglich wird festgelegt, welche Gegenleistung das Sonnenstudio erhält. Denkbar sind z. B. ein Logo auf den Trikots, Bandenwerbung, Hinweise in den Veröffentlichungen des Vereins u. Ä.*

Unternehmen setzen Sponsoring ein, um Zielgruppen zu erreichen, die sich über andere, traditionelle Werbeformen nicht erreichen lassen, oder um ein Absatz förderndes Image aufzubauen und zu verstärken.

Die Sponsoren des Festivals sind oben auf dem Banner aufgeführt.

Sponsoring kann nicht nur als Geldleistung erfolgen, ebenso sinnvoll können Sach- und Dienstleistungen sein. Produkte können bereitgestellt werden und kostenlose Dienstleistungen können beim Empfänger Ausgaben vermeiden. Idealerweise mündet Sponsoring in eine längerfristige Partnerschaft.

Sponsoring ist aus Sicht der geförderten Einrichtung ein echtes Finanzierungsinstrument, weil tatsächlich Einnahmen erzielt oder Ausgaben vermieden werden.

In Deutschland geben zwei Drittel der Unternehmen an, Sponsoring zu betreiben. Insgesamt werden ca. 2,7 Mrd. € für Sponsoring ausgegeben.

Das Sozial-Sponsoring ist bisher in Deutschland wegen des umfassenden und differenzierten Systems der sozialen Sicherung weniger entwickelt als in anderen Ländern, wird aber zunehmend wichtiger. Tatsächlich werden Sponsoringmittel hauptsächlich für Sport- und Kultursponsoring eingesetzt.

Innerhalb des Sozialmarketings gibt es einen klaren Schwerpunkt:

Kinder- und Jugendbetreuung	81,5 %
Gesundheit	48,7 %
Altenbetreuung	35,4 %
Arbeitslosigkeit	29,4 %
Soziale Randgruppen	22,6 %
Kriminalität	5,9 %

Stiftung

Vor dem Hintergrund eines stagnierenden Spendenmarktes und einer zunehmenden Anzahl von gemeinnützigen Organisationen, die Fundraising betreiben, sind innovative Konzepte geboten. In diesem Zusammenhang kann überlegt werden, ob und wie eine eigene Stiftung in die Fundraisingaktivitäten integriert werden kann.

Viele Einrichtungen gründen eine Stiftung, um beim Werben von Spenden eine bessere Position zu erreichen. Sie kann den sorgfältig geplanten und langfristig angelegten Einsatz der Mittel und die Kontrolle ihrer Verwendung garantieren. Stiftungen bürgerlichen Rechts genießen zudem Steuervorteile.

Eine Stiftung verfolgt die von einem Stifter festgelegten Zwecke. Dabei wird in der Regel das Vermögen auf Dauer erhalten, nur die Erträge werden zur Verfügung gestellt. Eine rechtsfähige Stiftung hat keine Mitglieder und unterliegt der staatlichen Stiftungsaufsicht.

Benefizveranstaltungen

Um ausreichende finanzielle Mittel für die erfolgreiche Verwirklichung von sozialen Projekten zu erhalten, können Benefizveranstaltungen durchgeführt werden. Die Erlöse aus Eintrittsgeldern oder Verkäufen können zu einer finanziellen Stabilisierung beitragen. Daneben ist aber auch – bei einem Erfolg der Veranstaltung – der nachhaltige gute Eindruck nicht zu vernachlässigen, mit dem positive Emotionen hervorgerufen und eine längerfristige Bindung angestoßen werden kann. Wichtig dabei ist, dass die Veranstaltung und das Bemühen des Veranstalters glaubwürdig sind.

Beispiele für Erfolg versprechende Benefizveranstaltungen sind:

- Flohmärkte
- Fußballturniere
- Filmvorführungen
- (Kunst-)Ausstellungen
- Theateraufführungen
- Autogrammstunden
- Zirkusvorführungen
- Kabarett
- Weihnachtsmärkte
- Radtouren
- Konzerte aller Art
- Lesungen
- Opern- und Ballettabende
- Führungen
- Versteigerungen

Die Aufmerksamkeit für solche Veranstaltungen kann gesteigert werden, wenn es gelingt, Prominente für die Teilnahme oder Unterstützung zu gewinnen. Das Interesse der potenziellen Besucher wird dann höher und die Berichterstattung in der Presse umfangreicher sein.

Erfolg versprechend ist auch die Zusammenarbeit mit Organisationen, die ihre Aufgabe allgemein in sozialem Engagement sehen, z. B. Rotary International oder Lions Clubs.

Schließlich führt auch die Einbindung in größere Events wie Stadtfeste, Straßenfeste u. Ä. zu erhöhter Aufmerksamkeit und verstärktem Publikumszuspruch. Wenn dann noch die Vermarktung des Events professionell durchgeführt wird, kann auch ein finanzieller Erfolg erhofft werden.

Benefizveranstaltungen führen im Allgemeinen nicht zu einem regelmäßigen, kalkulierbaren Mittelzufluss. So attraktiv auch das mögliche Ergebnis ist, so wenig ist es planbar. Deshalb sollten die Einnahmen als erfreuliche zusätzliche finanzielle Gestaltungsmöglichkeit verstanden, aber nicht als Teil einer grundlegenden Finanzierung angesehen werden.

Merchandising

Unter Merchandising werden der Vertrieb und die Werbung für Artikel verstanden, die das gleiche Logo oder die gleiche Botschaft transportieren wie ein bereits bekanntes Produkt. Insbesondere soll auf diese Weise ein positives ideelles Markenimage auf eine Vielzahl von Gegenständen übertragen werden.

Soziale Einrichtungen mit positivem Image und attraktiven Merchandising-Ideen können so – wenn auch in der Regel in eher bescheidenem Ausmaß – den Zugang zu zusätzlichen finanziellen Mitteln erschließen.

Bußgelder

Ein Bußgeld ist eine verwaltungsrechtliche Sanktion bei Ordnungswidrigkeiten. Es kann bei weniger gravierenden Verstößen verhängt werden, wenn das Strafrecht – noch – nicht greift. Grundlage dafür ist das Ordnungswidrigkeitengesetz (OWiG).

Im Gerichtsbeschluss wird festgelegt, ob die Geldbuße an die Staatskasse oder an eine gemeinnützige Organisation fließen soll. Die Richter können dazu auf eine Liste gemeinnütziger Organisationen zurückgreifen.

Die Aufnahme in die Bußgeldliste garantiert allerdings noch nicht, dass tatsächlich auch Bußgelder zugeteilt werden. Richter entscheiden selbstverständlich unabhängig und können theoretisch auch anderen Einrichtungen, die nicht in die Liste eingetragen sind, Bußgelder zusprechen.

Lotteriemittel

Lotteriemittel sind eine weitere Möglichkeit, die Finanzierung von sozialen Einrichtungen und Projekten zu ergänzen. Lotterierecht ist in Deutschland Landesrecht, jedes Bundesland hat ein eigenes Lotteriewesen und ein eigenes Lotteriegesetz. Dort wird auch geregelt, zu welchen Anteilen und in welcher Form gemeinnützige Organisationen aus dem Gewinn der Lotteriegesellschaften gefördert werden. Abhängig vom jeweiligen Bundesland werden oft nicht unerhebliche Beträge zur Verfügung gestellt.

Die Erfahrung zeigt, dass kleinere Einrichtungen und Vorhaben nicht zu den Förderschwerpunkten gehören, über Zusammenschlüsse wie die Bundesorganisationen der freien Wohlfahrtspflege sind Lotteriegelder aber trotzdem nicht unerreichbar.

Aktion Mensch AKTION MENSCH DAS WIR GEWINNT	Förderbereiche der „Aktion Mensch" (1964 entstanden als „Aktion Sorgenkind") sind u.a. die Unterstützung von Menschen mit Behinderung, Kindern und Jugendlichen sowie sozial benachteiligten Menschen. Sie fördert mit den Einnahmen der Lotterie jeden Monat bis zu 1.000 soziale Projekte.
Deutsches Hilfswerk EIN PLATZ AN DER SONNE	Die Stiftung Deutsches Hilfswerk verwendet die Mittel, die durch die ARD-Fernsehlotterie »Ein Platz an der Sonne« erwirtschaftet werden. Förderschwerpunkte sind die Jugend-, Alten- und Behindertenhilfe.
Deutsche Klassenlotterie STIFTUNG DEUTSCHE KLASSENLOTTERIE BERLIN	Die Stiftung Deutsche Klassenlotterie Berlin verwaltet die Mittel aus einer Zweckabgabe der Deutschen Klassenlotterie Berlin. Soziale, karitative, dem Umweltschutz dienliche, kulturelle, staatsbürgerliche, jugendfördernde und sportliche Vorhaben können unterstützt werden.
Glücksspirale GlücksSpirale VON LOTTO	Aus den Erlösen der Glücksspirale erhalten der Deutsche Olympische Sportbund (DOSB), die Bundesarbeitsgemeinschaft der Freien Wohlfahrtspflege (BAGFW) und die Deutsche Stiftung Denkmalschutz (DSD) von den Lottogesellschaften je einen Anteil von 25% der Fördermittel. Mit dem vierten Viertel werden regionale Organisationen des Umweltschutzes, kirchliche und sportliche Projekte unterstützt.

Vermächtnisse

Durch ein Vermächtnis erhält der Bedachte einen Anspruch auf Herausgabe des bezeichneten Gegenstandes oder auf die genannte Geldsumme aus einem Nachlass. Die Festlegung kann vom Erblasser in einem Testament oder einem Erbvertrag getroffen werden. Der Bedachte wird dabei nicht Erbe, sondern hat lediglich eine Forderung gegen den Erben. Er kann das Vermächtnis auch ausschlagen.

Durch ein Vermächtnis kann ein Erblasser einen Vermögensvorteil zuwenden, ohne ihn als Erben einzusetzen.

Folgende Vermächtnisformen kommen in Betracht:

Geldvermächtnis	Eine festgelegte Geldsumme wird vermacht.
Sachvermächtnis	Ein bestimmter Gegenstand (Haus, Pkw) wird vermacht.
Wahlvermächtnis	Es besteht eine Auswahlmöglichkeit aus den beschriebenen Gegenständen („ erhält einen meiner drei Pkw").

Forderungsvermächtnis	Eine bestehende Forderung wird vermacht.
Beschaffungsvermächtnis	Der Erbe wird dazu verpflichtet, einen nicht in der Erbmasse befindlichen Gegenstand zu seinen Lasten zu erwerben und dem Vermächtnisnehmer zu überstellen.

Im Rahmen einer aktiven Finanzierungspolitik ist diese Finanzierungsart für soziale Einrichtungen wohl besonders heikel. Trotzdem gewinnt die Finanzierung durch Vermächtnisse zunehmend an Bedeutung.

Gemeinnützige und mildtätige Einrichtungen sind von der Schenkungs- und Erbschaftsteuer befreit.

5.4.3 Selbstfinanzierung

Die Selbstfinanzierung ist für Sozialeinrichtungen die wichtigste Form der Innenfinanzierung, bei der Finanzmittel aus dem eigenen Betriebs- und Umsatzprozess beschafft werden. Das Potenzial für eine Innenfinanzierung einer Organisation wird häufig als Maßstab verwandt für die Beurteilung ihrer finanziellen Leistungsfähigkeit insgesamt.

Thesaurierung

Teile des erwirtschafteten Jahresüberschusses werden nicht an die Eigentümer ausgeschüttet, sondern einbehalten. Diese erwirtschafteten finanziellen Mittel stehen dann für beliebige Verwendungen zur Verfügung.

Umsatzerlöse	
Jahresüberschuss	Aufwand

ausge-schüttet	einbehalten
	Selbst-finanzierung

Beispiel: Ein Reha-Institut, das in der Rechtsform einer GmbH geführt wird, erzielt einen Jahresüberschuss i.H.v. 30.000 €. Die Gesellschafterversammlung, die über die Gewinnverwendung entscheidet, beschließt, nur 10.000 € davon an die Gesellschafter auszuschütten. 20.000 € verbleiben in dem Unternehmen und stehen für Investitionen zur Verfügung, z. B. für die Anschaffung neuer Geräte.

Vorteile der Selbstfinanzierung

- Es entstehen keine Abhängigkeiten von Gläubigern.

- Die Eigenkapitalbasis wird gestärkt, die Kreditwürdigkeit dadurch verbessert.

- Es fallen keine Zins- und Tilgungszahlungen an und deshalb entsteht keine Liquiditätsbelastung.

- Es sind keine Kreditsicherungen erforderlich.

Verkauf von Sachvermögen

Bei dieser Finanzierungsform werden Vermögensgegenstände verkauft, um zusätzliche Gelder für beliebige andere Zwecke zur Verfügung zu haben.

Beispiel: In einer Sozialeinrichtung mit mehreren Seniorenheimen einigt man sich auf eine fachliche Spezialisierung. In diesem Zusammenhang wird eine Pflegeabteilung aufgelöst. Die nicht mehr benötigten Gegenstände können verkauft werden, der Erlös kann z. B. für die verbesserte Ausstattung der verbleibenden Abteilungen verwandt werden.

Die beiden Bilanzen zeigen die Auswirkungen:

Bilanz vor Verkauf

Aktiva		Passiva	
Übrige Vermögensgegenstände	1.400.000	Eigenkapital	1.200.000
Ausstattung Pflegeabteilung	350.000	Fremdkapital	580.000
Liquide Mittel	30.000		
	1.780.000		1.780.000

Bilanz nach Verkauf			
Aktiva		**Passiva**	
Übrige Vermögensgegenstände	1.400.000	Eigenkapital	1.200.000
Ausstattung Pflegeabteilung	0	Fremdkapital	580.000
Liquide Mittel	**380.000**		
	1.780.000		1.780.000

Die liquiden Mittel können für beliebige Zwecke eingesetzt werden.

Verringerung der Kapitalbindung

Durch eine Verringerung der Lagervorräte ist eine Freisetzung von finanziellen Mitteln möglich. Waren, die gekauft und gegebenenfalls verarbeitet worden sind, aber noch nicht verkauft werden konnten, binden finanzielle Mittel. Die Zinskosten können ermittelt werden mit der Formel:

$$\frac{\text{Lagerbestand x marktüblicher Zinssatz x Lagerdauer}}{100 \times 360}$$

Beispiel: *In einem Krankenhaus bestehen durchschnittlich Lagerbestände in Höhe von 12 Mio. €. Bei einer durchschnittlichen Lagerdauer von 45 Tagen beträgt der Wert der Lagervorräte:*

$$\frac{45 \text{ Tage x 12 Mio. €}}{360 \text{ Tage}} = 1{,}5 \text{ Mio. €}$$

Kann die Lagerdauer unter sonst gleichen Annahmen auf z. B. nur noch 30 Tage verkürzt werden, ergibt sich ein Wert der Lagerbestände in Höhe von:

$$\frac{30 \text{ Tage x 12 Mio. €}}{360 \text{ Tage}} = 1 \text{ Mio. €}$$

Bei einem Zinssatz von z. B. 3 % verringern sich die Zinskosten von:

$$\frac{1{,}5 \text{ Mio. x 3 x 45}}{100 \times 360} = 5.625 \text{ € } auf \frac{1{,}5 \text{ Mio. x 3 x 30}}{100 \times 360} = 3.750 \text{ €}$$

Der Differenzbetrag steht für andere Zwecke zur Verfügung.

Abbau von Forderungen

Forderungen sind Ansprüche, die gegenüber Geschäftspartnern bestehen. Solange die geforderten Beträge nicht eingegangen sind, kann über sie nicht verfügt werden. Durch ein effektives Forderungsmanagement kann erreicht werden, dass die Kunden und andere Schuldner früher zahlen und der Forderungsbestand zurückgeht. Erst dann können die Gelder für andere Zwecke eingesetzt werden.

Beispiel: *In einem Kindergarten müssen monatlich 12.000 € Elternbeiträge geleistet werden. Wenn ein Teil der Eltern nicht zahlt, können die Gelder nicht für Gehaltszahlungen, die Anschaffung von Spielmaterial u. Ä. ausgegeben werden.*

Der Verkauf von Forderungen wird **Factoring** (siehe S. 72) genannt.

5.5 Auswahl der geeigneten Finanzierungsform

Angesichts der zahlreichen Finanzierungsmöglichkeiten muss jede Organisation diejenigen für sich auswählen, die ihren Anforderungen und Zielsetzungen am ehesten entsprechen. Wichtigen Einfluss auf die Entscheidungen haben

- die Ziele der Organisation
- die Höhe und der Zeitpunkt des Kapitalbedarfes
- die Fristigkeit des notwendigen Kapitals
- die Rechte und Pflichten der Kapitalgeber
- die Höhe der Finanzierungskosten
- eventuelle Fördermöglichkeiten
- steuerliche Auswirkungen
- die Abhängigkeiten von Banken und anderen Kapitalgebern
- der Einfluss auf das Image der Organisation
- der Einfluss auf die Bilanzstruktur

5.5.1 Finanzierungskosten

In sozialen Einrichtungen fallen Finanzierungskosten hauptsächlich durch die Aufnahme von Fremdkapital an. Üblicherweise sind Zinsen zu zahlen, dazu sind nicht selten zusätzliche Zahlungen zu leisten wie z. B. ein Disagio, Bearbeitungs- und Bereitstellungsgebühren. Der tatsächliche „effektive" Zinssatz wird dadurch höher als der im Darlehensvertrag vereinbarte „nominale" Zins.

> *Der Zins ist der Preis für die zeitliche Überlassung von Kapital. Er wird als Prozentsatz der geliehenen Geldsumme pro Zeiteinheit (Jahreszinssatz) angegeben.*

Zinsermittlung

Aus Sicht der **Kreditgeber** setzen sich die Kosten für die Gewährung eines Darlehens zusammen aus

	Risikokosten	(abhängig von der ermittelten Bonität)
+	Verwaltungskosten	(Kosten der Kreditbearbeitung)
+	Eigenkapitalbindungskosten	(Renditeanspruch der Eigenkapitalgeber)
=	Darlehenskosten	

Diese Darlehenskosten stellen die Untergrenze für den Preis (Zins) dar, der für die zeitliche Überlassung von Kapital gezahlt werden muss.

Aus Sicht der **Darlehensnehmer** sind die Zinsen Kosten.

Für die folgenden Überlegungen gilt:

K_0 = Anfangskapital $\qquad\qquad\qquad$ n = Anzahl der Jahre
K_n = Endkapital nach n Jahren $\qquad$ i = Zinssatz

Einfache Zinsrechnung

Wenn man davon ausgeht, dass der Betrag, auf den sich die Zinsberechnungen beziehen, konstant bleibt, d. h. die Zinsen nicht in die Berechnung für die folgenden Jahre einbezogen werden, lassen sich die Zinskosten recht einfach darstellen: Nach einer Laufzeit von einem Jahr hat der Kapitalgeber einen Anspruch in Höhe von

$$K_1 = K_0 + (K_0 \times i).$$

Bei einer Laufzeit von mehr als einem Jahr entsprechen die Zinsen eines jeden Jahres denen aus dem ersten Jahr, denn der Zinssatz bezieht sich weiterhin auf das Anfangskapital K_0.

Für ein beliebiges Jahr ist zu rechnen

$$K_n = K_0 + n\,(K_0 \times i).$$

Beispiel:

Ein privater Kindergarten nimmt ein Darlehen in Höhe von 15.000 € auf, um neues Mobiliar kaufen zu können. Bei einer Laufzeit von fünf Jahren verlangt eine Bank eine garantierte Verzinsung von 6 %, wenn die Zinsen jährlich gezahlt werden.

Die Zinsen betragen pro Jahr

$$K_0 \times i = 15.000\,€ \times 6\,\% = 900\,€$$

Bei einer Laufzeit des Darlehens von 5 Jahren müssen also insgesamt zurückgezahlt werden

$$K_5 = K_0 + 5\,(K_0 \times 6\,\%) = 15.000\,€ + 5\,(15.000\,€ \times 6\,\%) = 19.500\,€$$

Zinseszinsrechnung

Wenn Zinsen nicht an jedem Jahresende gezahlt, sondern am Ende der gesamten Laufzeit zu dem Darlehensbetrag addiert werden, erhöht sich der jährliche Zinsbetrag mit zunehmender Laufzeit des Darlehens, weil der Zinsbetrag jeder Periode in den jeweils folgenden Jahren mitverzinst wird.

Die Formel für die Berechnung für beliebige Laufzeiten lautet

$$K_n = K_0\,(1 + i)^n.$$

$(1 + i)^n$ wird als Aufzinsungsfaktor bezeichnet.

Beispiel:

Ein privater Kindergarten nimmt ein Darlehen in Höhe von 15.000 € auf, um neues Mobiliar kaufen zu können. Bei einer Laufzeit von fünf Jahren verlangt eine Bank eine garantierte Verzinsung von 6 %, die mit der Rückzahlung am Ende der Laufzeit zu zahlen ist.

$K_5 = K_0 (1 + i)^5$
$K_5 = 15.000 € (1 + 6 \%)^5$
$K_5 = 15.000 € \times 1,338$
$K_5 = 20.073 €$

Am Ende des fünften Jahres muss der Darlehensbetrag zuzüglich 5.073 € Zinsen, insgesamt 20.073 €, an die Bank gezahlt werden.

Unterjährige Zinsrechnung

Die bisherigen Zinsberechnungen beziehen sich auf ein Jahr. Wenn Zinsen unterjährig, d. h. im Laufe eines Jahres verrechnet werden müssen, besteht die einfachste Methode darin, das Jahr in Zinsperioden zu unterteilen, die jeweils einen Teil des Jahres umfassen. Denkbar sind z. B. Unterteilungen von $\frac{1}{360}$ Jahr oder $\frac{1}{365}$ Jahr für einen Tag oder $\frac{1}{12}$ Jahr für einen Monat.

Am einfachsten ist die analoge Anwendung der jährlichen Zinsrechnung. An die Stelle des Jahres tritt dann die kürzere Zinsperiode, die Laufzeit wird dementsprechend in Zinsperioden angegeben.

Beispiel:

Ein privater Kindergarten nimmt einen Kredit in Höhe von 5.000 € auf, um neues Mobiliar kaufen zu können. Bei einer Laufzeit von fünf Jahren und drei Monaten verlangt eine Bank eine garantierte Verzinsung von 2 % vierteljährlich.

$$K_n = K_0 (1 + i \times n)$$
$$K_n = 5.000 (1 + 0,02 \times 21 \text{ Quartale}) = 5.000 \times 1,42 = 7.100 €$$

In diesem Falle müssen 2.100 € Zinsen gezahlt werden.

Effektivzinsberechnung

Bei unterschiedlichen Konditionen für Darlehen ist ein Vergleich der tatsächlichen Kosten schwierig. Zu den Einflussfaktoren gehören

- der tatsächliche Auszahlungskurs unter Berücksichtigung eines eventuellen Disagios

    Als Disagio wird der Abschlag zwischen Nennbetrag und Auszahlungsbetrag bezeichnet.

Beispiel: *Wenn ein Betrag in Höhe von 100.000 € erforderlich ist, muss in diesem Fall ein Darlehen in Höhe von 100.000/95 x 100 = 105.263,15 € aufgenommen werden.*

Nennbetrag eines Darlehens	100.000 €
Auszahlungsbetrag	95.000 €
Disagio absolut	5.000 €
Disagio in Prozent	5 %
Rückzahlungsbetrag	100.000 €

- die Anzahl der Tilgungszahlungen
- tilgungsfreie Zeiten
- der Zahlungsrhythmus
- die Bereitstellungszinsen
- die Schätzgebühren
- die Teilauszahlungszuschläge
- die Kontoführungsgebühren
- weitere Entgelte

Der Effektivzins zeigt einerseits dem Schuldner das wirkliche Leistungsentgelt für ein Darlehen und ist andererseits zugleich Ausdruck der Rendite des Kreditgebers. Er bietet einen einheitlichen Vergleichsmaßstab für verschiedene Darlehen durch Angabe der prozentualen Gesamtbelastung pro Jahr.

Die Berechnungsmethode ist kompliziert, deshalb werden vereinfachte Formeln benutzt, mit deren Hilfe man den Effektivzins näherungsweise ermitteln kann. Das ist vertretbar, wenn die relativen Darlehenskosten interessant sind, wenn also geprüft werden soll, ob ein Darlehen im Vergleich zu einem anderen „günstiger" oder „teurer" ist.

Zwei unterschiedliche Berechnungsmethoden haben sich dabei bewährt:

$$\text{Effektivzins} = \frac{\text{Nominalzins x 100}}{\text{Auszahlungskurs}} + \frac{\text{Disagio}}{\text{Laufzeit}}$$

und

$$\text{Effektivzins} = \frac{(\text{Nominalzins} + \dfrac{\text{Disagio}}{\text{Laufzeit}} \times 100)}{\text{Auszahlungskurs}}$$

Beispiel:

Von einem Seniorenzentrum wird ein Fälligkeitsdarlehen in Höhe von 50.000 € aufgenommen, um die Kücheneinrichtung modernisieren zu können. Bei einem Nominalzinssatz von 5 % und einem Disagio von 8 % beträgt die Laufzeit fünf Jahre.
Die Berechnung nach den beiden Formeln ergibt

$$Effektivzins = \frac{5 \times 100}{100 - 8} + \frac{8}{5} = 7{,}035 \ \%$$

bzw.

$$Effektivzins = \frac{(5 + \frac{8}{5} \times 100)}{92} = 7{,}173 \ \%$$

Schon die abweichenden Ergebnisse zeigen, dass die Berechnungen nur Näherungswerte ergeben.

5.5.2 Finanzcontrolling

Das Finanzcontrolling hat sicherzustellen, dass die Organisation jederzeit und kosten-optimal über die notwendige Liquidität verfügt, ohne das Renditeziel (Rentabilität) zu vernachlässigen.

> *Liquidität bedeutet, jederzeit die fälligen Zahlungsverpflichtungen uneinge-schränkt erfüllen zu können.*

> *Rentabilität bezeichnet den jährlichen Ertrag eines Kapitaleinsatzes. Sie wird in Prozent angegeben.*

Zur Finanzkontrolle werden **Kennzahlen** eingesetzt, die komplexe Zusammenhänge auf relativ einfache Weise darstellen sollen, um einen möglichst schnellen und doch umfas-senden Überblick zu ermöglichen. Sie liefern quantitative Informationen über die techni-sche, organisatorische und wirtschaftliche Leistungsfähigkeit der Organisation.

> *Kennzahlen sind Maßgrößen, die in konzentrierter Form Auskunft geben über quantitativ erfassbare Sachverhalte. Es handelt sich um Managementinstrumente, die grundsätzlich in allen Organisationsformen eingesetzt werden können, wenn auch mit unterschiedlicher Zielrichtung und Detaillierungstiefe.*

Da Kennzahlen isoliert betrachtet nur eine sehr begrenzte Aussagefähigkeit haben kön-nen, erfolgt ihre Bewertung in der Regel durch einen chronologischen oder branchenbe-zogenen Vergleich.

Finanzierungsregeln

Anhaltspunkte für finanzpolitische Entscheidungen bieten Finanzierungsregeln, die sich nicht mit der absoluten Höhe des Kapitals und des Vermögens beschäftigen, sondern mit den Relationen von Eigen- und Fremdkapital einerseits und Anlage- und Umlaufvermögen andererseits.

Vertikale Finanzierungsregeln beschreiben das Verhältnis von Eigen- und Fremdkapital.

Die wichtigste vertikale Finanzierungskennzahl ist die Eigenkapitalquote. Sie stellt den Anteil des Eigenkapitals am Gesamtkapital dar.

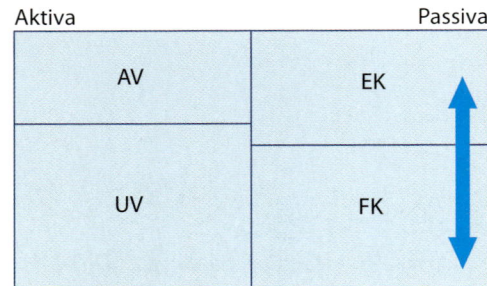

$$\text{Eigenkapitalquote} = \frac{\text{Eigenkapital}}{\text{Gesamtkapital}} \times 100$$

Eine hohe Eigenkapitalquote bedeutet einen größeren Finanzierungsspielraum und führt zu einem finanziellen Puffer zur Überbrückung schwieriger Engpässe.

Horizontale Finanzierungsregeln betreffen sowohl Positionen der Aktiv- als auch der Passivseite der Bilanz.

Sie beruhen auf der Vorstellung von Fristenkongruenz, dass nämlich Vermögensgegenstände, die langfristig zur Verfügung stehen müssen, auch langfristig finanziert sein sollten. Gegenstände des Umlaufvermögens dagegen, die definitionsgemäß nicht dauerhaft zur Verfügung stehen sollen, können kurzfristig finanziert sein. Alle Vermögensteile sollen also entsprechend der Dauer ihres Verbleibs mit mindestens gleich fristigem Kapital gedeckt sein.

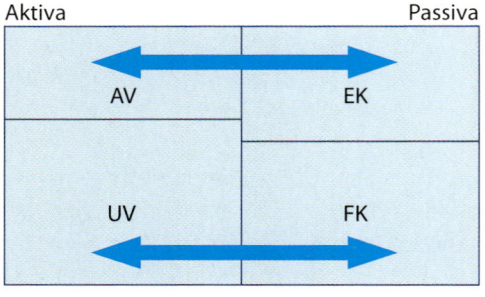

Daraus werden die horizontalen Finanzierungsregeln entwickelt:

Nach der „Goldene Bilanzregel" soll das gesamte Anlagevermögen, weil es der Organisation langfristig dient, durch Eigenkapital gedeckt sein, das ebenfalls langfristig gebunden ist.

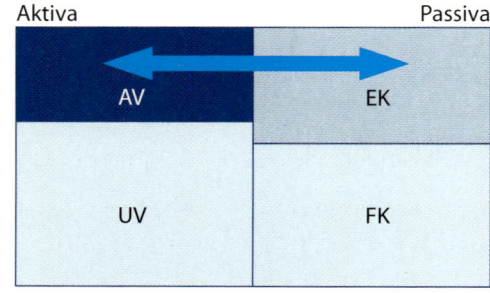

$$\frac{\text{EK}}{\text{AV}} \geq 1 \text{ bzw. } \frac{\text{EK}}{\text{AV}} \times 100 \geq 100\,\%$$

Varianten ergeben sich aus der Einbeziehung des langfristigen Fremdkapitals und des langfristig gebundenen Umlaufvermögens („Eiserner Bestand"):

$$\frac{EK + \text{langfristiges FK}}{AV} \geq 1$$

$$\frac{EK + \text{langfristiges FK}}{AV + \text{Eiserner Bestand im UV}} \geq 1$$

Beispiel:

Die Gegenüberstellung von Vermögen und Schulden in der Bilanz der „Rheinblick GmbH" ergibt folgendes Bild:

Bilanz			
Aktiva		**Passiva**	
AV	80	EK	60
UV		FK	
eiserner Bestand	20	langfristig	50
Vorräte	40	mittelfristig	30
Kasse, Bank	30	kurzfristig	30
	170		170

Daraus ergeben sich als horizontale Kennzahlen:

$$\frac{EK}{AV} \geq 1 = \frac{60}{80} = 0{,}75 \rightarrow \text{Bedingung nicht erfüllt}$$

$$\frac{EK + \text{langfristiges FK}}{AV} \geq 1 = \frac{60 + 50}{80} = 1{,}38 \rightarrow \text{Bedingung erfüllt}$$

$$\frac{EK + \text{langfristiges FK}}{AV + \text{Eiserner Bestand}} \geq 1 = \frac{60 + 50}{80 + 20} = 1{,}1 \rightarrow \text{Bedingung erfüllt}$$

Diese Finanzierungsregeln können allerdings nur Hinweise und Anhaltspunkte sein, weil ihre Erfüllung allein keineswegs die Zahlungsfähigkeit garantiert.

Liquidität

Laufende Verpflichtungen und eingehende Rechnungen müssen jederzeit beglichen werden können. Die dazu notwendigen „liquiden Mittel" sind Kassenbestände und Guthaben auf Girokonten. Andere Vermögensgegenstände können in kürzerer oder längerer Frist in liquide Mittel umgewandelt werden.

Wenn Zahlungen durch eine zu niedrige Liquidität nicht oder nur verspätet geleistet werden können, wirkt sich das negativ auf die Reputation aus. Dauerhaft fehlende Liquidität hat Zahlungsunfähigkeit zur Folge. Andererseits ist eine hohe Liquiditätsreserve unproduktiv angelegtes Vermögen.

Beispiel:

Eine „Essen auf Rädern"-Einrichtung kauft regelmäßig die Lebensmittel bei den gleichen Händlern auf dem Großmarkt.

a) Mangelndes Liquiditätsmanagement führt dazu, dass die Rechnungen nicht pünktlich bezahlt werden können. Auf Dauer werden die Händler Vorkasse verlangen, neue Lieferanten werden nicht zu finden sein, die Kreditauskünfte werden belastet.

b) Die gleiche Einrichtung hat hohe Liquiditätszuflüsse durch den Verkauf der Essen, die sich auf dem Geschäftskonto ansammeln. Diese überhöhte Liquidität könnte z. B. in eine verbesserte Geschäftsausstattung mit höherer Kapazität oder in verzinsliche Finanzanlagen investiert werden.

Liquiditätsregeln beschreiben das Verhältnis zwischen Teilen des Umlaufvermögens und den kurzfristigen Verbindlichkeiten.

Welche Teile des Umlaufvermögens (flüssige Mittel, Forderungen, Vorräte u. a. m.) und der kurzfristigen Schulden (Lieferantenverbindlichkeiten, sonstige Verbindlichkeiten u. a. m.) dabei aufeinander bezogen werden, ist abhängig von dem konkreten Erkenntnisinteresse.

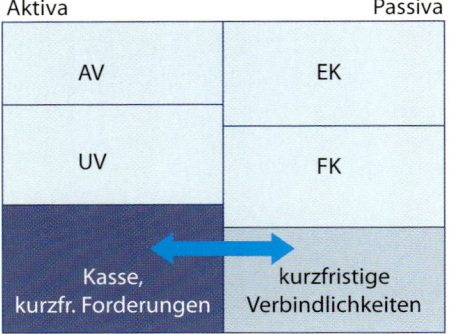

Beispiel:

Eine Diätberaterin macht am Ende eines Geschäftsjahres folgende Bilanz auf:

Aktiva		Passiva	
Anlagevermögen	1.500	Eigenkapital	1.000
Vorräte	200	Rücklagen	200
Forderungen aus Beratung	1.700	Darlehen 5 Jahre	1.000
Kasse und Bank	100	kurzfr. Verbindlichkeiten	1.300
	3.500		3.500

Die Ermittlung der Liquiditätskennzahlen ergibt:

$$\frac{\text{kurzfristige liquide Mittel}}{\text{kurzfristige Verbindlichkeiten}} \rightarrow \frac{100}{1.300} = 0{,}077$$

Das Ziel ist deutlich verfehlt, die Liquidität muss als schlecht bezeichnet werden.

$$\frac{\text{kurzfristige liquide Mittel} + \text{kurzfristige Forderungen}}{\text{kurzfristige Verbindlichkeiten}} \rightarrow \frac{100 + 1.700}{1.300} = \frac{1.800}{1.300} = 1{,}38$$

Die Liquidität ist in diesem Falle zufriedenstellend.

$$\frac{\text{gesamtes Umlaufvermögen}}{\text{kurzfristige Verbindlichkeiten}} \rightarrow \frac{2.000}{1.300} = 1{,}54$$

Die Liquidität ist ebenfalls zufriedenstellend, die Aussagefähigkeit dieser Zahlen muss aber kritisch gesehen werden: Ob die Vorräte kurzfristig verkauft werden können, damit die Erlöse zur Bedienung der kurzfristigen Verbindlichkeiten zur Verfügung stehen, wird im Einzelfall festzustellen sein.

Rentabilität

Rentabilität ist das Verhältnis einer Erfolgsgröße (zum Beispiel Jahresüberschuss) zum eingesetzten Kapital. Sie ist eine wesentliche Grundlage für Entscheidungen der Organisationsleitung, der Anteilseigner und der Gläubiger. Bei nicht ausreichender Rentabilität sind die erwarteten Zahlungen an die Beteiligten nicht möglich, weiteres Wachstum nicht zu erreichen und die Existenz ist gefährdet.

> *Die Rentabilitätskennzahlen lassen erkennen, welcher Erfolg bzw. Misserfolg durch den Einsatz finanzieller Ressourcen erzielt worden ist.*

> *Da soziale Organisationen meistens nicht erwerbswirtschaftlich ausgerichtet sind, sondern normative Ziele verfolgen, können die Rentabilitätskennzahlen nur eines unter mehreren Entscheidungskriterien sein.*

Eigenkapitalrentabilität

> *Die Eigenkapitalrentabilität misst die Rentabilität des von den Eigentümern bereitgestellten Kapitals.*

Der Jahresüberschuss aus der Gewinn- und Verlustrechnung, der den Periodenerfolg angibt, wird dem durchschnittlich eingesetzten Eigenkapital gegenübergestellt:

$$R_{EK} = \frac{\text{Jahresüberschuss}}{\text{Ø Eigenkapital}} \times 100$$

Die Eigenkapitalrendite ist vor allem eine wichtige Entscheidungsgrundlage aus der der Sicht der Eigentümer. Je höher die Eigenkapitalrendite ist, desto positiver wird die Beurteilung ausfallen.

Gesamtkapitalrentabilität

Die Gesamtkapitalrentabilität bezieht das Periodenergebnis auf das insgesamt eingesetzte Eigen- und Fremdkapital. Die unterschiedlichen Kapitalstrukturen durch verschiedene Finanzierungskonzepte haben so bei einem Betriebs- oder Branchenvergleich keinen Einfluss auf die Ergebnisse. Die Gesamtkapitalrentabilität ist für die Beurteilung von größerer

Bedeutung, weil sie die Effizienz des gesamten eingesetzten Kapitals misst und so Vergleiche erst ermöglicht.

Da für das Fremdkapital Finanzierungskosten entstanden sind, die bei der Ermittlung des Jahresüberschusses berücksichtigt worden sind und zu einem niedrigeren Ausweis geführt haben, ist der Jahresüberschuss um die Fremdkapitalzinsen zu korrigieren. Diese Kennzahl gibt also die Rentabilität unter der Annahme an, es sei kein Fremdkapital aufgenommen worden.

$$R_{GK} = \frac{\text{Jahresüberschuss vor Ertragsteuern} + \text{Fremdkapitalzinsen}}{\varnothing \text{ Gesamtkapital}} \times 100$$

Umsatzrentabilität

Die Umsatzrentabilität zeigt, welcher prozentuale Anteil der Umsatzerlöse in der Organisation verbleibt. In manchen Fällen ist diese Kennzahl aussagefähiger als die Kapitalrentabilität. Die Berechnung erfolgt mit der Formel

$$R_U = \frac{\text{Jahresüberschuss}}{\text{Umsatzerlöse}} \times 100$$

5.6 Jahresabschluss

Der Jahresabschluss ist am Ende eines Geschäftsjahres als Abschluss der Buchführung aufzustellen. Er besteht aus der Bilanz und der Gewinn- und Verlustrechnung (GuV). Aktiengesellschaften und Gesellschaften mit beschränkter Haftung müssen ihn um einen Anhang ergänzen und – größenabhängig – auch einen Lagebericht veröffentlichen. Damit sich die externen Adressaten auf die Angaben verlassen können, zumindest aber wissen, wie sie zustande gekommen sind, müssen zahlreiche rechtliche Vorschriften (z. B. nach HGB und EStG) beachtet werden.

> **§ 242 HGB**
> (1) Der Kaufmann hat zu Beginn seines Handelsgewerbes und für den Schluss eines jeden Geschäftsjahres einen das Verhältnis seines Vermögens und seiner Schulden darstellenden Abschluss (...) aufzustellen ...
> (2) Er hat für den Schluß eines jeden Geschäftsjahres eine Gegenüberstellung der Aufwendungen und Erträge des Geschäftsjahres (Gewinn- und Verlustrechnung) aufzustellen.
> (3) Die Bilanz und die Gewinn- und Verlustrechnung bilden den Jahresabschluss.

Obwohl der Jahresabschluss das Ergebnis der Buchführung ist, ergeben sich in der Praxis durch Ansatz- und Bewertungswahlrechte erhebliche Gestaltungsmöglichkeiten. Ihre Anwendung orientiert sich an den Zielen, die mit der Veröffentlichung des Jahresabschlusses verfolgt werden. Sie können in zwei hauptsächliche Kategorien eingeteilt werden:

Die finanzpolitischen Ziele lassen sich in Geldgrößen ausdrücken, z. B. als Gewinn oder Umsatz. Die hauptsächliche Aufgabe der Rechnungslegung ist die Feststellung des Gewinns als Basis für die Besteuerung und für die mögliche Ausschüttung.

Steuerliche Aspekte spielen bei der Aufstellung des Jahresabschlusses eine wesentliche Rolle. Das führt zu einem Konflikt zwischen dem

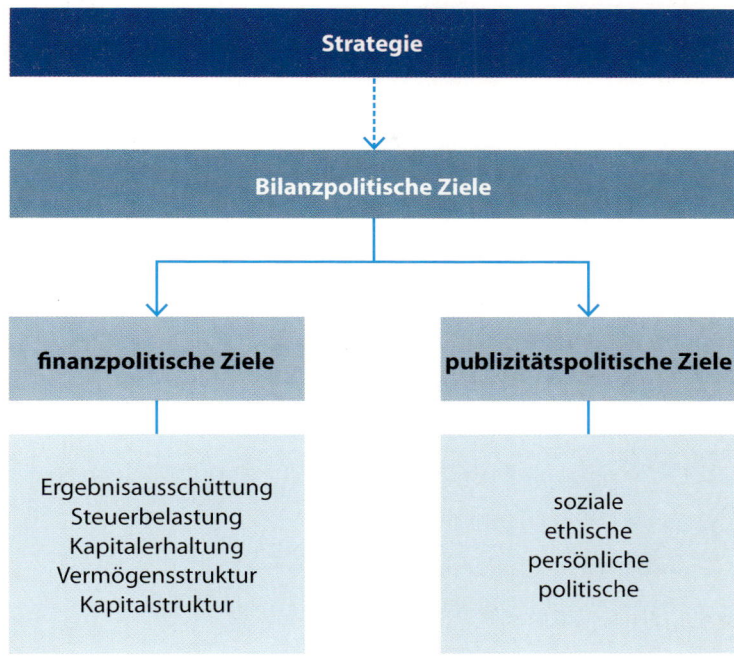

Ziel des Ausweises eines möglichst niedrigen Gewinns für steuerliche Zwecke und dem Ziel der Darstellung eines „den tatsächlichen Verhältnissen entsprechenden" Bildes.

5.6.1 Bilanz

Die Bilanz zeigt für einen bestimmten Stichtag in Kontoform auf der Aktivseite eine Übersicht über das betriebliche Vermögen, auf der Passivseite das Kapital. Die Aktivseite bezieht sich also auf die Verwendung, die Passivseite auf die Finanzierung. Beide Seiten weisen die gleichen Summen aus.

Die Bilanz zeigt auf der Aktivseite das Vermögen, auf der Passivseite die Verbindlichkeiten. Sie ist immer ausgeglichen.

Um die Aussagefähigkeit zu sichern und einen Vergleich mit anderen Einrichtungen zu ermöglichen, ist eine einheitliche Bilanzgliederung erforderlich. Für Kapitalgesellschaften ist eine Gliederung zwingend vorgeschrieben (§ 266 HGB). Wenn wenigstens eine natürliche Person mit ihrem Vermögen haftet, sind lediglich die Vermögenswerte nach der steigenden Liquidität und die Schulden nach ihrer Fälligkeit zu ordnen:

Bilanz	
Aktiva	**Passiva**
A. Anlagevermögen	A. Eigenkapital
I. Immaterielles Anlagevermögen	B. Rückstellungen
II. Sachanlagen	C. Verbindlichkeiten
III. Finanzanlagen	I. langfristig
B. Umlaufvermögen	II. kurzfristig
I. Vorräte	
II. Forderungen	
III. Wertpapiere	
IV. Geldkonten	
C. Rechnungsabgrenzungsposten	D. Rechnungsabgrenzungsposten
D. Aktive latente Steuern	E. Passive latente Steuern
E. Aktiver Unterschiedsbetrag aus Vermögensverrechnung	

5.6.2 Gewinn- und Verlustrechnung

In der Gewinn- und Verlustrechnung (GuV) werden alle in einem Geschäftsjahr angefallenen Erträge und Aufwendungen dargestellt.

> *Aufwand und Ertrag sind Größen aus der Finanzbuchhaltung. Als Aufwand wird der Wert sämtlicher in einem Geschäftsjahr verbrauchten Güter und Dienstleistungen bezeichnet. Erträge sind das Ergebnis des Leistungsprozesses und geben den Wert der erstellten Sach- und Dienstleistungen an.*

Die Differenz zwischen den Aufwendungen und den Erträgen ist der Jahresüberschuss bzw. der Jahresfehlbetrag. Die GuV berücksichtigt alle erfolgsrelevanten Daten einer Rechnungsperiode, sie zeigt also nach Art und Höhe, welcher Erfolg erreicht worden ist. Die §§ 275 ff. HGB regeln die Aufstellung der Gewinn- und Verlustrechnung.

Den buchhalterischen Zusammenhang zwischen GuV und Bilanz zeigt vereinfacht das Schaubild auf der nächsten Seite:

Bilanz		GuV

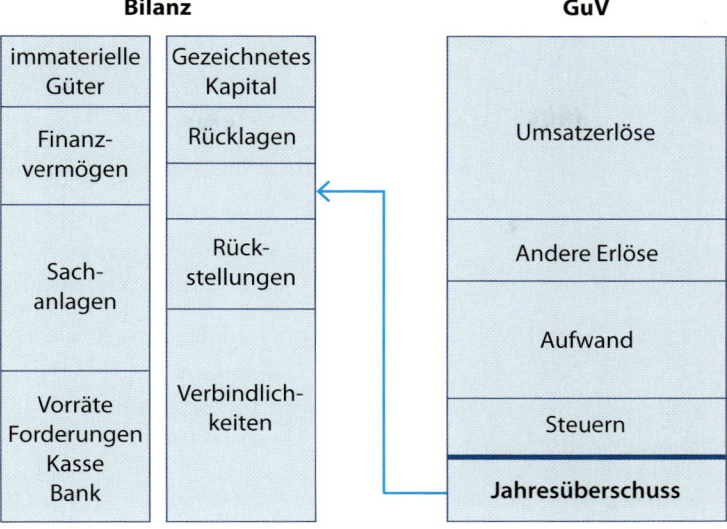

immaterielle Güter	Gezeichnetes Kapital
Finanz-vermögen	Rücklagen
Sach-anlagen	Rück-stellungen
Vorräte Forderungen Kasse Bank	Verbindlich-keiten

GuV
Umsatzerlöse
Andere Erlöse
Aufwand
Steuern
Jahresüberschuss

---

gelernt & nachgedacht

1. Der Kindergarten „Elfenland" muss einen Kredit über 20.000 € mit einer Laufzeit von fünf Jahren aufnehmen. Erläutern Sie der Leiterin die Unterschiede zwischen

   c) Ratendarlehen

   d) Fälligkeitsdarlehen

   e) Annuitätendarlehen

   Welche Darlehensform sollte gewählt werden, wenn die Liquiditätsbelastung in den kommenden beiden Jahren möglichst niedrig sein soll?

2. Die Kirchengemeinde St. Michael möchte auf ihrem Gelände einen Spielplatz einrichten. Sie müsste dazu ein endfälliges Darlehen mit zwei Jahren Laufzeit in Höhe von 20.000 € aufnehmen. Die Gemeinde erhält folgende Angebote:

   a) A-Bank: 3 % Nominalzins bei einem Disagio in Höhe von 5 %.

   b) B-Bank: 5,5 % Nominalzins.

   c) C-Bank: 2 % Nominalzins mit einem Disagio in Höhe von 8 %.

   Für welches Angebot sollte sich die Gemeinde entscheiden?

3. Die Leiterin eines Kindergartens möchte eine Renovierung durchführen und erhält folgende Angebote:

   a) Die Schreinerei „Holzwurm" verlangt 60.000 €, zahlbar sofort.

   b) „Renova" verlangt 10.000 € Anzahlung sofort und 52.000 € in genau einem Jahr.

c) „Klecks" würde auf eine Anzahlung verzichten und zwei gleiche Raten in einem und in zwei Jahren in Höhe von jeweils 32.000 € akzeptieren.

Welches Angebot sollte die Leiterin bevorzugen? Sie kalkuliert mit einem Zinssatz von 4 %.

4. In einer großen Seniorenresidenz soll ein Finanzplan für das erste Halbjahr entwickelt werden. Folgende Informationen liegen vor:

   a) Der Kassenbestand (einschließlich Bankguthaben) beträgt zum 31.12. des Vorjahres 100.000 €.

   b) Die monatlichen Einnahmen durch Mietvorauszahlungen betragen im 1. Quartal 500.000 €.

   c) Im April steigen die Nebenkosten, deshalb werden die monatlichen Mietvorauszahlungen angepasst und um 10 % erhöht.

   d) Im Februar wird ein gebrauchter Kleintransporter verkauft, Erlös 8.000 €.

   e) Die monatlichen Auszahlungen für Personalkosten betragen 200.000 €.

   f) Für Waren, insbesondere für Lebensmittel, werden monatlich 60.000 € gezahlt.

   g) Die Sachkosten belaufen sich auf monatlich 100.000 €.

   h) An jedem Quartalsende ist eine Darlehensrate (Annuität) von 80.000 € zu zahlen.

   i) Im März wird der verkaufte Kleintransporter durch einen neuen ersetzt. Der Barpreis beträgt 22.000 €.

   j) Im Mai wir das Dach am Hauptgebäude neu eingedeckt. Einschließlich aller Nebenarbeiten (Dachrinnen, Blitzableiter usw.) müssen dafür 85.000 € bezahlt werden.

   k) Im gleichen Monat wird ein Erweiterungsgebäude für 500.000 € erworben.

   l) Die Geschäftsleitung ist entschlossen, im Februar ein Darlehen mit einem Restwert von 240.000 € vollständig abzulösen.

   Entwickeln Sie den Finanzplan für die Monate Januar bis Juni.

5. Die Seniorenresidenz „Rheinblick" möchte eine neue Pflegestation mit modernsten Geräten einrichten. Um die notwendigen Investitionen finanzieren zu können, nimmt sie bei ihrer Hausbank ein Darlehen über 1.000.000 € zu folgenden Konditionen auf:

   Annuitätendarlehen
   Zinssatz: 6 % p. a.

Laufzeit: sechs Jahre
Auszahlung und Beginn der Kreditlaufzeit: 1.1.Jahr 01
Zins- und Tilgungsleistungen sind jährlich am Ende des jeweiligen Jahres zu leisten.

Drei Jahre lang zahlt die Seniorenresidenz die fälligen Verpflichtungen aus dem Darlehen einwandfrei, aber gegen Ende des dritten Jahres verschlechtert sich plötzlich die Bonität dramatisch. Als Bedingung für die Weiterführung des Kredits verlangt die Bank ab dem vierten Jahr einen Zinssatz von 10 %.

Berechnen Sie die Zins- und Tilgungszahlungen über die gesamte Laufzeit (sechs Jahre). Berechnete Ergebnisse sind kaufmännisch auf volle Euro zu runden.

6. *Für eine Reha-Klinik liegen für das Jahr 01 folgende Angaben vor:*

durchschnittliches Eigenkapital	1.400.000 €
durchschnittliches Gesamtkapital	3.625.000 €
Zinsaufwendungen pro Jahr	157.500 €
sonstige Aufwendungen pro Jahr	3.000.000 €
Erträge pro Jahr	3.350.000 €

Berechnen Sie anhand der vorliegenden Daten

- *die Eigenkapitalrentabilität*
- *den durchschnittlichen Zinssatz für das Fremdkapital*
- *die Gesamtkapitalrentabilität*

7. *Stellen Sie der Leitung des Jugendzentrums „Klingelhof" die Vor- und Nachteile einer Festbetragsfinanzierung und einer Anteilsfinanzierung dar.*

8. *Stellen Sie nach folgenden Angaben die Bilanz für das Seniorenheim „Rheinblick" auf:*

Technische Anlagen	350.000 €
Betriebs- und Geschäftsausstattung	1.220.000 €
Vorräte	80.000 €
Forderungen gegenüber Bewohnern	25.000 €
Kassenbestand	18.000 €
Bankguthaben	125.000 €
Darlehensschulden	450.000 €
Verbindlichkeiten aus Lieferungen und Leistungen	45.000 €
Pensionsrückstellungen	220.000 €

1. Ermitteln Sie an Ihrem Wohnort drei soziale Einrichtungen, die durch öffentliche Mittel gefördert werden.

2. Klären Sie mithilfe des Körperschaftsteuergesetzes, in welchen Rechtsformen soziale Einrichtungen Steuererleichterungen in Anspruch nehmen können.

3. Eine Kindertagesstätte für behinderte Kinder möchte einen Segeltörn auf dem Ijsselmeer organisieren. Stellen Sie fest, ob ein Antrag auf Unterstützung durch die „Aktion Mensch" aussichtsreich ist.

4. Es gibt eine große Zahl von Förderprogrammen, die zur Subventionsfinanzierung genutzt werden können.

   Stellen Sie im Internet fest, welche Programme eine Existenzgründerin in Anspruch nehmen könnte, die eine Praxis für Traumatherapie einrichten möchte.

5. Vergleichen Sie die Angaben in der Grafik mit einer anderen Ihnen bekannten Hilfsorganisation. Interpretieren Sie Ihr Ergebnis.

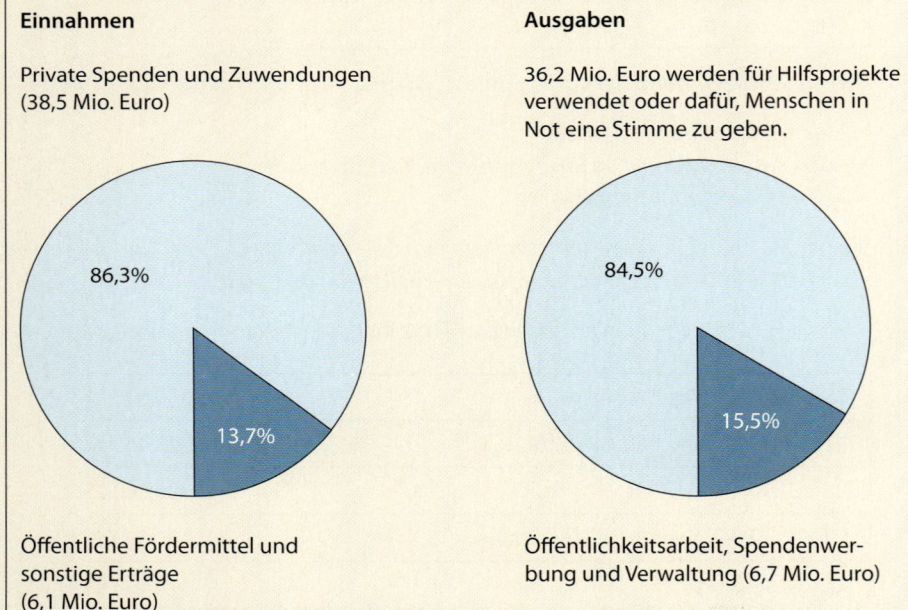

Einnahmen	Ausgaben
Private Spenden und Zuwendungen (38,5 Mio. Euro)	36,2 Mio. Euro werden für Hilfsprojekte verwendet oder dafür, Menschen in Not eine Stimme zu geben.
86,3%	84,5%
13,7%	15,5%
Öffentliche Fördermittel und sonstige Erträge (6,1 Mio. Euro)	Öffentlichkeitsarbeit, Spendenwerbung und Verwaltung (6,7 Mio. Euro)

Einnahmen und Ausgaben von „Ärzte ohne Grenzen Deutschland" (Zahlen aus dem Jahr 2009)

6 Personalentwicklung

Als Personalentwicklung werden alle Maßnahmen bezeichnet, die Lernprozesse bei den Mitarbeitern veranlassen sollen. Personen, aber auch Teams sollen befähigt werden, ihre Aufgaben erfolgreicher zu bewältigen, um sich neuen Anforderungen stellen zu können. Weil sie von langfristiger Bedeutung ist, ist die Personalentwicklung konsequent vom Management zu initiieren, zu fördern und zu überwachen.

Die Gründe für eine aktive Personalentwicklung liegen nicht allein in einer Organisation selbst, mehr noch ergeben sie sich aus den Veränderungen des Umfeldes. Typische Anlässe sind:

- Neue fachliche Erkenntnisse stellen die Mitarbeiter vor neue Herausforderungen.
- Neue Angebote verlangen erweiterte Fachkenntnisse.
- Neue Mitarbeiter verfügen nicht über die erwarteten Qualifikationen.
- Ein zunehmend schnellerer Wissenszuwachs muss umgesetzt werden.
- Der Trend zur Spezialisierung macht vertiefte Kenntnisse notwendig.
- Die Einstellung der Kunden gegenüber sozialen Leistungen ändert sich.
- Konflikte zwischen Mitarbeitern müssen gelöst werden.

Der Anstoß zu einer Personalentwicklungsmaßnahme kann von der Organisation oder dem Mitarbeiter selbst ausgehen.

Grundlage für die Durchführung von Personalentwicklungsmaßnahmen ist eine Bedarfsanalyse, die Laufbahn- und Nachfolgeplanungen, Beurteilungen, Wünsche und Interessen berücksichtigt. Die geforderten Qualifikationen und Kompetenzen werden den bereits vorhandenen gegenüber gestellt und auf diese Weise der Schulungs- und Entwicklungsbedarf ermittelt.

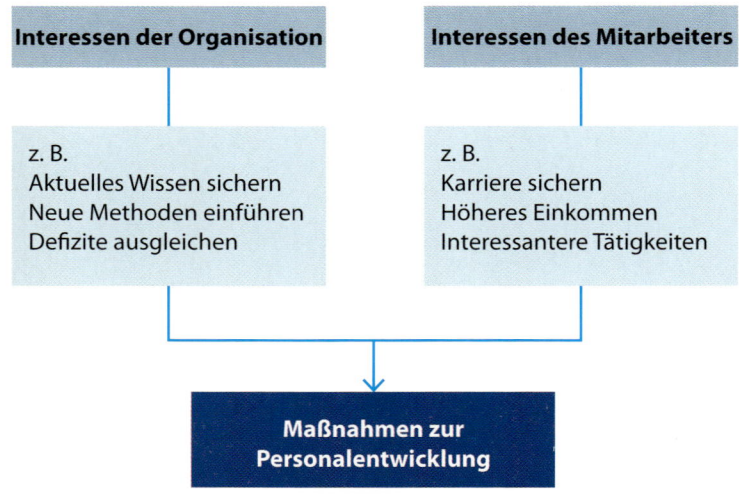

Beispiele:

Die Kindergärtnerin K. ist überzeugt, dass ihr nur Aufstiegsmöglichkeiten geboten werden, wenn sie sich zusätzliche Fachkenntnisse zum Spracherwerb aneignet und eine entsprechende Prüfung ablegt.

Die Stadtverwaltung stellt fest, dass den angestellten Erzieherinnen die Fachkenntnisse fehlen, um sprachliche Defizite bei den betreuten Kindern zu erkennen.

6.1 Personal als Erfolgsfaktor in sozialen Organisationen

Soziale Arbeit ist Arbeit von Menschen mit Menschen. Für das Sozialmanagement besteht deshalb die besondere Herausforderung darin, die Mitarbeiter nicht allein nach ihren fachlichen Kenntnissen, sondern auch nach ihrer Sozialkompetenz auszuwählen und zu arbeitsfähigen Gruppen zusammenzustellen.

Durch eine langfristig orientierte Personalarbeit kann die Leistungsfähigkeit der Mitarbeiter erhöht und damit das Arbeitsergebnis verbessert werden.

In sozialen Einrichtungen ergibt sich eine besondere Herausforderung durch die differenzierten Personalstrukturen. Die Zusammenarbeit von hauptamtlichen und ehrenamtlichen Mitarbeitern stellt erhöhte Anforderungen an das Sozialmanagement.

| Hauptamtliche Mitarbeiter | ← Weisungsbefugnis | **Mitarbeiterführung** | Überzeugung → | Ehrenamtliche Mitarbeiter |

Hauptamtliche Mitarbeiter

Hauptamtliche Mitarbeiter sind zeitlich befristet oder unbefristet angestellt, sie übernehmen aufgrund ihrer Ausbildung oder Erfahrung Aufgaben gegen Entgelt. Dabei sind sie

- in eine Arbeitsorganisation eingegliedert und
- an Weisungen ihrer Vorgesetzten gebunden.

Für die Einhaltung der qualitativen Anforderungen an ihrem Arbeitsplatz sind sie selbst verantwortlich.

Durch eine langfristige Beschäftigung wird die Kontinuität der Kompetenzen in einer Organisation gewährleistet. Jede Veränderung führt – auch bei sorgfältiger Übergabe und Dokumentation – zu einem Verlust von Wissen.

Für die Vertragskräfte und die ehrenamtlichen Mitarbeiter sind die Hauptamtlichen Ansprechpartner und Koordinatoren bei der Arbeit an dem gemeinsamen Ziel.

Vertragskräfte

Vertragskräfte arbeiten im Auftrag der Organisation, ohne Arbeitnehmer zu sein. Sie schließen einen Vertrag über eine bestimmte Arbeitsleistung. In der Sozialen Arbeit werden sie oft als „Honorarkräfte" bezeichnet.

Beispiel: In einem Jugendzentrum soll ein Wochenende „Gesunde Ernährung" angeboten werden. Da das Fachwissen bei den hauptamtlichen Mitarbeitern nicht ausreicht, wird ein Honorarvertrag mit einer Ernährungsberaterin geschlossen. Sie führt die Veranstaltung durch.

Ehrenamtliche Mitarbeiter

> *Ehrenamtliche Tätigkeit ist freiwilliges, nicht auf Entgelt ausgerichtetes und außerberufliches Engagement, das am Gemeinwohl orientiert ist.*

Ehrenamtliche Mitarbeiter

- arbeiten aus freier Überzeugung und auf eigenen Wunsch.
- engagieren sich in einem bestehenden institutionellen Rahmen.
- erwarten keine Entlohnung.
- wünschen einen erkennbaren Nutzen ihrer Tätigkeit.

In Deutschland haben rund 23 Millionen Bürger – mehr als jeder Dritte ab 14 Jahren – längerfristig ein Ehrenamt übernommen. Viele soziale Organisationen könnten die notwendige Qualität ihrer Angebote nicht gewährleisten, wenn sie nicht auf ehrenamtliche Mitarbeiter zurückgreifen könnten.

„Für die Freie Wohlfahrtspflege ist die Freiwilligentätigkeit ein unersetzlicher Bestandteil. Das reicht von Vorlesepaten in Kindergärten bis zur Sterbebegleitung in Hospizen. Überall leisten Ehrenamtliche eine hervorragende Arbeit ohne die unser Gemeinwesen ärmer und kälter wäre", so die Präsidentin der BAGFW, Freifrau Schenck zu Schweinsberg.

(Bundesarbeitsgemeinschaft der Freien Wohlfahrtspflege, 2011 – Europäisches Jahr der Freiwilligentätigkeit)

Das Ehrenamt zeigt sich in vielfältigen Formen:

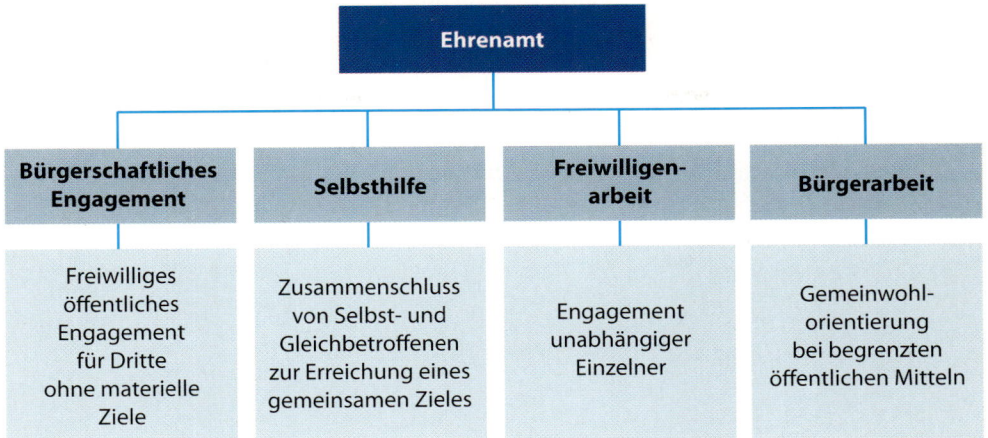

Ehrenamt			
Bürgerschaftliches Engagement	**Selbsthilfe**	**Freiwilligen- arbeit**	**Bürgerarbeit**
Freiwilliges öffentliches Engagement für Dritte ohne materielle Ziele	Zusammenschluss von Selbst- und Gleichbetroffenen zur Erreichung eines gemeinsamen Zieles	Engagement unabhängiger Einzelner	Gemeinwohl- orientierung bei begrenzten öffentlichen Mitteln

Aus Sicht der Einrichtungen ist ehrenamtliche Tätigkeit keineswegs kostenlos. Die verantwortliche Einbeziehung in die Organisation erfordert qualitätvolle Rahmenbedingungen mit Anleitung und Fortbildung. Erst die Bereitstellung einer geeigneten Infrastruktur, von organisatorischem Know-how und von finanziellen Mitteln sichert die Qualität der ehrenamtlichen Mitarbeit.

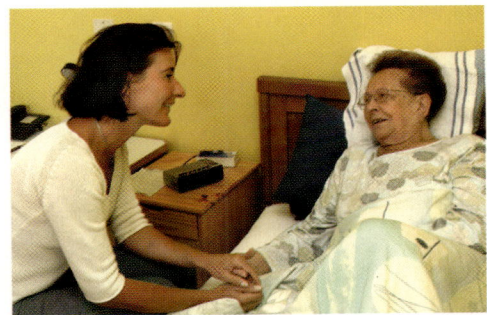

Ehrenamtliche Seniorenbetreuung

Erforderlich ist ein Sozialmanagement, das Strukturen, Informationsstränge und Aufgaben so gestaltet, dass die internen Voraussetzungen für Akzeptanz und erfolgreiche Zusammenarbeit gegeben sind.

Ehrenamtliche Mitarbeiter gibt es nicht umsonst!

Die Gestaltung der Zusammenarbeit mit Ehrenamtlichen stellt eine Herausforderung für das Sozialmanagement dar:

- Sie sollen über einen längeren Zeitraum an die Einrichtung gebunden werden.
- Ihre Kompetenzen und Interessen müssen gezielt eingesetzt und genutzt werden.
- Ihre zeitliche Belastbarkeit darf nicht überstrapaziert werden.
- Absprachen müssen klar formuliert sein. Ihre Einhaltung muss überprüft werden, ohne dass der Eindruck einer permanenten Kontrolle entsteht.
- Überforderungen müssen erkannt und abgestellt werden.
- Verwaltungsaufgaben sollen in der Verantwortung der Hauptamtlichen bleiben.

Erforderlich ist ein Management, das Strukturen, Informationsstränge und die Aufgaben so gestaltet, dass die internen Voraussetzungen für Akzeptanz und erfolgreiche Zusammenarbeit gegeben sind.

Die notwendige persönliche Anerkennung des Engagements kann z. B. durch Vermittlung eines Gefühls der Dazugehörigkeit, durch das Aussprechen von Lob, durch Dankschreiben, Vertrauensbeweise, Einladungen oder die Teilnahme an Fortbildungsangeboten erfolgen.

> *Aufwandsentschädigungen für ehrenamtliche Vormünder, ehrenamtliche rechtliche Betreuer und ehrenamtliche Pflegschaften sind bis 2.100 € steuerbefreit (§ 3 Nr. 26 b EStG).*
> *Unabhängig davon kann der Übungsleiterfreibetrag (§ 3 Nr. 26 EStG) bzw. der Ehrenamtsfreibetrag (§ 3 Nr. 26a EStG) in Anspruch genommen werden.*

6.2 Personalbedarfsermittlung

Zur Ermittlung des quantitativen Bedarfs an Mitarbeitern stehen verschiedene Methoden zur Verfügung:

Methode	Grundlage	Beispiele
Schätzverfahren	Erfahrungswerte	Eine Jugendeinrichtung mit weniger als drei Mitarbeitern ist nicht funktionsfähig.
Globale Bedarfsprognose	Ableitung aus Größen aus der Vergangenheit	Umsatz, Besucherzahl, Zahl der Betten
Kennzahlenmethode	Verhältniszahlen, die sich in der Vergangenheit stabil gezeigt haben.	$\frac{\text{Umsatz p.a.}}{\text{Anzahl der Mitarbeiter}}$ Eine Erzieherin kann 14 Kinder betreuen.
Arbeitswissenschaftliche Verfahren	Ermittelt wird der Zeitbedarf pro Arbeitseinheit	Arbeitsanalysen Zeitmessungen Tätigkeitsvergleiche Quervergleiche (MTM, REFA)

Die Bestimmung des Personalbedarfs ist besonders schwierig, wenn neue, bisher nicht durchgeführte Leistungen angeboten werden sollen. Die sozialen Kompetenzen zeigen sich erst in der praktischen Arbeit.

6.3 Auswahl und Einstellung

Die Personalauswahl ist meistens das Ergebnis der Bewertung ganz unterschiedlicher Informationsquellen über eine Person. Ihre Auswahl und Gewichtung richtet sich nach den Anforderungen der Stelle und nach den Interessen und Erfahrungen der Entscheider.

Anforderungsprofil

Ein Anforderungsprofil bestimmt die Erwartungen an Bewerber oder Mitarbeiter bezüglich der vorgesehenen Arbeitsbereiche. In einer Tabelle kann die Bedeutung jedes einzelnen Anforderungsmerkmals für bestimmte Tätigkeiten gewichtet werden.

Das gewünschte Anforderungsprofil stimmt in den meisten Fällen nicht mit dem im Auswahlverfahren ermittelten Profil von Bewerbern überein. Es ist dann eine stellenspezifische Abwägung der erwarteten und vorhandenen Stärken und Schwächen erforderlich.

Leiterin Kindergarten	1	2	3	4	5	6
Gewünschtes Profil						
Profil Bewerberin						
Abschluss als Erzieherin						
Führungsfähigkeit						
Motivationsgeschick						
Kreativität						
Verwaltungserfahrung						
Kaufmännische Kenntnisse						
Bereitschaft zu ungewöhnlichen Arbeitszeiten						
Fremdsprachenkenntnisse						

Bewerbungsunterlagen

Die eingereichten Unterlagen sind das wichtigste Element bei einer Bewerbung, weil sie einen ersten Eindruck von der Arbeitsweise und der Persönlichkeit des Bewerbers vermitteln. Sie sollen das Interesse der Personalverantwortlichen wecken und von den persönlichen und fachlichen Eignungen des Bewerbers überzeugen.

Für unterschiedliche Berufsfelder bestehen unterschiedliche Erwartungen, üblicherweise werden aber vorgelegt:

- Bewerbungsanschreiben
- Lebenslauf
- Bewerbungsfoto
- Zeugniskopien
- Nachweise über Weiterbildungen und besondere Qualifikationen
- tätigkeitsbezogene Unterlagen wie z. B. ein polizeiliches Führungszeugnis

Bewerbungsgespräch

Nach der Analyse der Bewerbungsunterlagen bietet das Bewerbungsgespräch die Möglichkeit, einen persönlichen Eindruck von den Interessenten zu gewinnen. Teilnehmer auf Arbeitgeberseite sind im Regelfall entweder der Personalleiter selbst oder ein Mitarbeiter der Personalabteilung sowie der zukünftige unmittelbare Vorgesetzte.

Im Vorstellungsgespräch wird nochmals die fachliche Eignung des Bewerbers geprüft. Wichtiger ist aber, sich ein Bild von seiner Persönlichkeit zu machen.

Im persönlichen Gespräch sollen die Einstellungen, Motive und Verhaltensweisen sowie die Interessen, Erwartungen, Ziele und Wünsche der Bewerber festgestellt werden.

Der Bewerber darf nicht alles gefragt werden, was gegebenenfalls für das Unternehmen von Interesse ist. Die Tabelle zeigt wichtige Einschränkungen:

Frage nach ...	Erlaubt, wenn ...
... früherer Gehaltshöhe	... das frühere Gehalt eine Bedeutung für das künftige Gehalt hat.
... chronischen Krankheiten	... an der Kenntnis ein Interesse besteht, • weil die Fähigkeit zur vorgesehenen Tätigkeit dadurch evtl. eingeschränkt wird. • weil eine Gefährdung von Kollegen oder Geschäftspartnern bestehen könnte.
... Schwangerschaft	... eine Schwangere die vereinbarte Tätigkeit nicht erbringen kann, z. B. als Sportlehrerin oder Mannequin.
... Vermögensverhältnissen	... ein besonderes Vertrauensverhältnis zum Arbeitgeber nötig ist.
... Vorstrafen	... sie etwas mit der künftigen Arbeit zu tun haben und wenn ein berechtigtes Interesse des Arbeitgebers vorliegt.
... politischer Zugehörigkeit	... der Arbeitgeber politisch gebunden ist.
... religiöser Zugehörigkeit	... der Arbeitgeber konfessionell gebunden ist.

Auf zulässige Fragen muss der Bewerber wahrheitsgemäß antworten. Falsche Antworten gelten als arglistige Täuschung, der Vertrag kann fristlos gekündigt werden.

Bei bestimmten Fragen hat der Bewerber eine Offenbarungspflicht, d. h. er muss, auch ohne danach gefragt zu werden, selbst darauf aufmerksam machen, wenn er die vereinbarte Arbeitsleistung nicht oder nicht zum vereinbarten Zeitpunkt erbringen kann.

Weitere Beurteilungsinstrumente

Für die Entscheidung über die Einstellung eines Bewerbers können weitere Instrumente herangezogen werden, z. B.

- Arbeitsproben
- Referenzen
- Schriftanalysen
- Tests

Ein informatives, aber teures Testverfahren ist das **Assessment-Center**, mit dem Sozialkompetenz, systematisches Denken und Handeln, Aktivität und Ausdrucksmöglichkeiten festgestellt werden sollen.

Mehrere Bewerber (i. d. R. zwischen acht und zwölf) werden meist für ein oder zwei Tage eingeladen. In realitätsnahen Simulationen konfrontiert man sie mit Situationen und Problemen, die sie allein oder in Gruppenarbeit bewältigen müssen. Weil die Kandidaten dabei unter enormem Zeitdruck stehen, können sich die Beobachter ein Bild davon machen, wie die potenziellen Mitarbeiter unter Stress agieren. Aus der Arbeit in Gruppen ist neben der Problemlösungs- und Entscheidungsfähigkeit insbesondere das Führungs- und Sozialverhalten der Bewerber erkennbar.

6.4 Arbeitsvertrag

Die Einstellung eines Bewerbers erfolgt durch den Abschluss eines Arbeitsvertrages.

> *Ein Arbeitsvertrag ist ein Dienstvertrag gem. § 611 ff. BGB, mit dem sich ein Partner verpflichtet, eine bestimmte Leistung zu erbringen, und der andere, dafür die vereinbarten Vergütung zu zahlen.*

Der Arbeitnehmer ist verpflichtet, die vereinbarte Arbeitsleistung persönlich zu erbringen. Er ist in die Arbeitsorganisation eingegliedert und unterliegt bezüglich Arbeitsinhalt, Art der Durchführung, Zeit und Ort der Tätigkeit den Weisungen des Arbeitgebers.

Ein Arbeitsvertrag kann formfrei, also auch mündlich oder stillschweigend geschlossen werden. Die inhaltliche Ausgestaltung von Arbeitsverträgen ist nicht an Vorgaben gebunden, der gesetzliche Mindeststandard darf aber nicht unterschritten werden. Lohn, Urlaubsregelungen, Arbeitszeit und Arbeitsort können grundsätzlich frei bestimmt werden, allerdings bestehen zahlreiche Einschränkungen durch Gesetze, Tarifverträge und Richterrecht.

Seit 1995 bestimmt das Nachweisgesetz (NachwG), dass der Arbeitgeber die wesentlichen Bedingungen schriftlich niederlegen, unterzeichnen und aushändigen muss. Bei einer Befristung eines Arbeitsvertrages ist die Schriftform im Teilzeit- und Befristungsgesetz (TzBfG § 14, Abs. 4) gesetzlich vorgeschrieben.

6.5 Einführung neuer Mitarbeiter

Bei Antritt einer neuen Stelle haben Mitarbeiter gewöhnlich hohe Erwartungen an ihre berufliche Zukunft, sind aber nicht sicher, ob sie die Anforderungen an Leistung und Verhalten auch erfüllen können. Der Einführung kommt deshalb eine besondere Bedeutung zu.

Durch die **Begrüßung** wird die Atmosphäre wesentlich bestimmt. Zu einer freundlichen Aufnahme gehören selbstverständlich die Vorbereitung eines angemessenen Arbeitsplatzes und die Vorstellung der neuen Kollegen.

Im anschließenden **Einführungsgespräch** werden gegenseitig die Fragen beantwortet, die im Bewerbungsgespräch nicht abschließend geklärt werden konnten. Dazu können die Zeiterfassung und Urlaubsabsprachen gehören, aber auch Hinweise auf die Poststelle, Materialausgabe, wichtige Ansprechpartner u. Ä.

Mithilfe eines **Einarbeitungsplanes** kann sich der neue Mitarbeiter innerhalb kurzer Zeit einen Überblick über das Arbeitsfeld verschaffen.

Dabei kann ein **Einführungspate** hilfreich sein. Er gibt Hinweise und steht in der ersten Zeit für Fragen zur Verfügung. Dazu muss er teilweise – zuerst mehr, dann in geringerem Umfang – freigestellt werden.

6.6 Personalförderung

Als Personalförderung werden Maßnahmen bezeichnet, durch die systematisch die berufliche Handlungskompetenz und Qualifikation der Mitarbeiter verbessert werden soll. Häufig dient sie dazu, das berufliche Fortkommen durch neue fachliche und soziale Herausforderungen zu erleichtern.

6.6.1 Ausbildung

Die Berufsausbildung ist geregelt im Berufsbildungsgesetz (BBiG) und in der Handwerksordnung (HwO), für einige Berufe existieren besondere Regelungen. Die Ausbildung selbst ist in den Ausbildungsordnungen geregelt. Für die Aufnahme einer Ausbildung gibt es keine formalen Voraussetzungen, ein Schulabschluss oder vergleichbare Qualifikationen werden aber erwartet. Die Ausbildung dauert je nach Beruf und persönlichen Voraussetzungen zwei bis dreieinhalb Jahre.

Die Berufsausbildung erfolgt im **dualen System**: In der Berufsschule sollen die Allgemeinbildung und das fachtheoretische Wissen vermittelt werden, die fachpraktischen Kenntnisse sollen am Arbeitsplatz oder in überbetrieblichen Ausbildungsstätten erworben werden.

Die Ausbildung am Arbeitsplatz und in der Berufsschule wird als „Duales System" bezeichnet.

Nach erfolgreicher Prüfung wird der Abschluss der Berufsausbildung mit einem Abschlusszeugnis bestätigt. Im Handwerk wird es traditionell „Gesellenbrief" genannt, in den kaufmännischen Berufen „Kaufmannsgehilfenbrief" und in den technischen Berufen der Industrie „Facharbeiterbrief".

Universitäten und Fachhochschulen haben neben der Forschung den Auftrag, Studenten mit den aktuellen Erkenntnissen der Wissenschaft bekannt zu machen. Verstärkt werden dazu auch Lehrveranstaltungen zum „Sozialmanagement" angeboten.

6.6.2 Fort- und Weiterbildung

Die Qualifizierung der vorhandenen Mitarbeiter gehört zu den Aufgaben des Personalmanagements. Sie leistet einen wichtigen Beitrag zur Motivation der Mitarbeiter und damit auch zur Entwicklung der Organisationskultur.

Fortbildung	Weiterbildung	
Erweiterung und Ergänzung von Qualifikationen, die schon in einem Ausbildungsberuf erworben wurden (§ 1 BBiG)	Erwerb zusätzlicher, bisher nicht oder nicht in ausreichendem Maße vorhandener Fähigkeiten	
Fort- und Weiterbildung beziehen sich auf die Entwicklung von Können, Wissen und Verhalten.		
Können	**Wissen**	**Verhalten**
Bezeichnet die fachlichen Fähigkeiten	Bezeichnet gespeicherte und abrufbare Informationen	Beschreibt den sozialen und psychologischen Bereich der Zusammenarbeit

Für die Durchführung von Qualifikationsmaßnahmen kommen unterschiedliche Formen in Betracht:

* Bei einem **Vortrag** kann eine große Zahl von Teilnehmern erreicht werden. Rückfragen oder Diskussionen sind aber nicht möglich.

* Bei einem **Lehrgespräch** werden die Teilnehmer in die Erarbeitung der Inhalte einbezogen. Dazu müssen die Gruppen klein sein, damit eine erfolgreiche Kommunikation möglich ist.

* Die **Fallstudie** konfrontiert die Teilnehmer mit einem komplexen, aber überschaubaren branchentypischen Problem, das von den Teilnehmern bearbeitet werden muss.

- Im **Rollenspiel** übernehmen die Teilnehmer fiktive Rollen. Sie lernen dadurch bisher unbekannte Denk- und Handlungsmuster kennen.

- Beim Computer Based Training (**CBT**) wird Lernsoftware eingesetzt. Praktisch an jedem Ort und zu jeder gewünschten Zeit kann sehr kostengünstig gelernt werden. Der soziale Aspekt des Lernens geht dabei allerdings verloren.

- Mit dem Web Based Training (**WBT**) können die Möglichkeiten des Internets genutzt werden. Die Lerneinheiten werden von einem Webserver abgerufen. Dadurch entstehen umfangreiche Kommunikationsmöglichkeiten sowohl für die Lernenden untereinander als auch mit einem Tutor.

6.6.3 Umschulung

Umschulung setzt voraus, dass bereits eine Ausbildung abgeschlossen worden ist oder eine entsprechende Berufserfahrung vorliegt. Sie führt – meistens in verkürzter Zeit – zu einer neuen Qualifikation oder zu einem Abschluss in einem neuen Beruf, wenn der alte – aus welchen Gründen auch immer – nicht mehr ausgeübt werden kann.

6.6.4 Personalförderung

Durch die Personalförderung soll die Qualifizierung der vorhandenen Mitarbeiter erweitert werden, um die optimale Bewältigung der aktuellen und der zukünftigen Aufgaben sicherzustellen. Individuelle Maßnahmen sollen gleichzeitig die Motivation fördern und zur Erreichung der wirtschaftlichen und sozialen Ziele der Organisation beitragen.

- **Training into the Job:** Hinführung zu einer neuen Tätigkeit, meistens durch Ausbildung, aber auch eine gezielte Einarbeitung und Trainee-Programme können diese Aufgabe erfüllen.

- **Training on the Job:** Übernahme zusätzlicher qualifikationsfördernder Aufgaben. Das kann durch direkte Unterweisung am Arbeitsplatz geschehen, aber auch durch Formulierung entsprechender Aufgaben, Projektarbeit und durch den Einsatz als Stellvertreter.

- **Training along the Job:** Dazu gehören Laufbahnpläne und Karrierepläne, in der Regel verbunden mit systematischem Wechsel des Arbeitsplatzes.

- **Training near the Job:** Arbeitsplatznahes Training wie Lernwerkstatt, Qualitätszirkel, Gremienarbeit.

- **Training off the Job:** Weiterbildung im engeren Sinne, also in einem bisher nicht bekannten Arbeitsbereich außerhalb des gewohnten Arbeitsumfeldes.

- **Training out of the Job:** Vorbereitung auf den Ruhestand.

- **Job rotation:** Systematischer Stellenwechsel, um Kenntnisse zu erweitern und zu vertiefen.

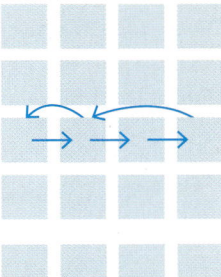

- **Job sharing:** Teilung einer Vollzeitstelle, die von zwei oder mehreren Teilzeitarbeitskräften ausgefüllt wird. Die Teilzeitkräfte stimmen ihre Arbeitszeit dabei meist untereinander ab.

- **Job enlargement:** Die Aufgaben der Mitarbeiter werden um zusätzliche Arbeitsbereiche erweitert. Dadurch können neue Qualifikationen erlangt werden.

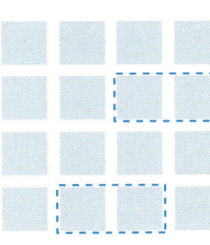

- **Job enrichment.** Entscheidungskompetenzen werden mit oder ohne Übertragung zusätzlicher vor- oder nachgelagerter Aufgaben erweitert.

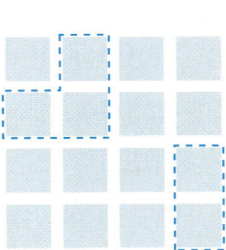

6.6.5 Mitarbeitermotivation

Die Personalführung hat zum Ziel, die Mitarbeiter entsprechend ihren Fähigkeiten und möglichst auch nach ihren Neigungen und Wünschen einzusetzen. Sie sollen sich mit ihrer Aufgabe und mit den normativen Zielen der Organisation identifizieren können.

Grundlagen der Motivation

Motivation ist die Begründung für ein bestimmtes Verhalten, innerhalb einer Organisation also für konkretes, zielgerichtetes Handeln.

Motivation ist eine soziale Einflussnahme auf die Entscheidung zwischen verschiedenen Handlungsalternativen. Sie bestimmt die Aktivierung, Ausdauer und Richtung des Handelns.

Die Anreize für menschliches Verhalten können in einer Handlung selbst (Primärmotivation) oder in der Belohnung des Handlungsergebnisses (Sekundärmotivation) bestehen. Darauf bezieht sich die Unterscheidung in intrinsische und extrinsische Motivation:

Intrinsische Motivation ergibt sich aus den Grundbedürfnissen des Menschen, Handeln und Auffassung stimmen dabei überein. Sie benötigen keine externen Anstöße wie Belohnungen, Bestrafungen, Versprechen oder Drohungen.

Beispiele: Neugier, Spontaneität, politisches Gestaltungsinteresse

Extrinsische Motivation entsteht durch äußere Anreize, insbesondere durch positive Bekräftigungen. Sie tritt in der Regel nicht spontan auf und führt zu gezielten Handlungen, um Lob und Anerkennung zu erreichen und Kritik und Sanktionen zu vermeiden.

Beispiele: Noten, Beurteilungen, Gehaltserhöhungen

Maslow

Nach Abraham Maslow bauen die menschlichen Bedürfnisse wie die „Stufen" einer Pyramide aufeinander auf. Zuerst müssen die Bedürfnisse der unteren Stufen befriedigt sein, ehe eine Motivation besteht, die höheren Stufen erreichen zu wollen.

Stufe	Beispiele
Transzendenz	Suche nach Gott
Selbstverwirklichung	Individualität
Individualbedürfnisse	Status, Erfolge, Anerkennung, Wohlstand
Sozialbedürfnisse	Familie, Freundschaften, Kommunikation
Sicherheit	Schutz vor Gefahren, festes Einkommen
Existenzbedürfnisse	Nahrung, Wohnraum, Kleidung, Sexualität, Schlaf

Die Kritik an der Bedürfnishierarchie nach Maslow bezieht sich vor allem auf das Menschenbild einer von Statusdenken und Individualismus geprägten Gesellschaft.

Herzberg

Frederick Herzberg kommt aufgrund von empirischen Studien zu dem Schluss, dass es zwei Faktoren gibt, die Menschen bei der Arbeit zufrieden machen. Zufriedenheit und Unzufriedenheit werden dabei als zwei unabhängige Dimensionen verstanden, nicht als extreme Ausprägungen derselben Eigenschaft.

Hygienefaktoren	Motivatoren
Eine ausreichende Berücksichtigung dieser Einflussfaktoren vermeidet Unzufriedenheit, führt aber nicht zu Zufriedenheit. Sie werden oft gar nicht wahrgenommen oder als selbstverständlich betrachtet. Positive Hygienefaktoren machen also nicht glücklich, sondern lediglich nicht unglücklich. Sie beziehen sich auf interpersonelle Beziehungen, die äußeren Rahmenbedingungen und die Folgen der eigentlichen Arbeitstätigkeit.	Sie begründen die Motivation zur Arbeitsleistung aus dem Arbeitsinhalt und tragen zur Persönlichkeitsentfaltung bei. Die Beschäftigten werden motiviert, weil die Arbeit selbst als zufriedenstellend empfunden wird. Ihr Fehlen führt aber nicht notwendig zu Unzufriedenheit.
Beispiele	
• Entlohnung und Gehalt • Personalpolitik • Beziehungen zu Mitarbeitern und Vorgesetzten • Führungsstil • Arbeitsbedingungen • Sicherheit der Arbeitsstelle	• Leistung und Erfolg • Anerkennung • Arbeitsinhalte • Verantwortung • Aufstieg und Beförderung • Wachstum

Nach Herzberg können nur solche Faktoren zu einer höheren Motivation führen, die sich auf die Arbeitsinhalte und auf die Befriedigung persönlicher Motive beziehen. Einfach konzipierte Motivationsprogramme wie Incentive-Reisen, Prämien, Aktionspläne usw. bleiben danach im Hinblick auf eine Verbesserung der Arbeitsmotivation wirkungslos.

Zielsetzungstheorie

Die zentrale Annahme der Zielsetzungstheorie von Locke und Latham (Goal Setting Theory) bezieht sich auf die extrinsische Arbeitsmotivation. Bewusstes Verhalten soll danach einen konkreten Zweck erfüllen und ist deshalb von individuellen Zielen abhängig. Unterschiedliche Handlungsweisen beruhen folglich auf verschiedenen Zielsetzungen.

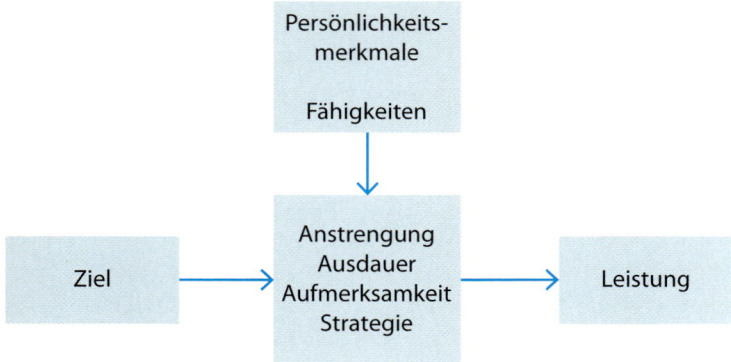

Ziele sind in diesem Sinne gewünschte zukünftige Zustände, die durch eigene Aktivitäten erreicht werden sollen. Dabei hängt die Motivation unmittelbar von der Art der Ziele ab.

Das Ausmaß, in dem sich Mitarbeiter verpflichtet fühlen, ein Ziel auch gegen Widerstände zu verfolgen, wird Zielbindung (Commitment) genannt. Je höher das Commitment ist, desto besser wird die Leistung sein. Sie kann zusätzlich erhöht werden, wenn Rückmeldungen (Feedback) über das Ausmaß der Zielerreichung vorliegen.

Gleichheitstheorie

Die Gleichheitstheorie von Adams (Equity Theory) geht davon aus, dass Mitarbeiter sich permanent mit ihren Kollegen vergleichen. Sie stellen die eigenen Leistungen den erhaltenen Äquivalenten (z. B. Gehalt, Sozialleistungen, Status) gegenüber und vergleichen sie mit den entsprechenden Werten anderer Mitarbeiter.

Die Arbeitsmotivation der Mitarbeiter wird dann besonders ausgeprägt sein, wenn sie sich im Vergleich mit Kollegen gerecht behandelt fühlen.

Eine faire Behandlung unter Berücksichtigung individueller Besonderheiten wird meist als gerecht empfunden, eine unbedingt absolute Gleichbehandlung ist dazu nicht erforderlich. Wenn sich dagegen dauerhaft die subjektive Wahrnehmung von Ungerechtigkeit einstellt, wird durch Verringerung der eigenen Leistung eine Situation herbeigeführt werden, die als gerecht empfunden wird.

Erwartungstheorie

Nach Vroom wird Motivation nur dann erreicht, wenn zwischen der eigenen Leistung und ihrem Ergebnis eine eindeutige Beziehung besteht. Die Einschätzung ergibt sich aus früheren Erfahrungen.

Beispiel: *Ein höheres Gehalt wird nur dann zu höherer Motivation führen, wenn eine eindeutige Beziehung zwischen Leistung und Entgelt besteht.*

Reaktionstheorie

Nach der Reaktionstheorie von Brehm wollen die Mitarbeiter ihr Umfeld so beeinflussen, dass für sie eine möglichst große individuelle Bedürfnisbefriedigung erreicht wird. Alle Motivationsanstrengungen bleiben wirkungslos, wenn sie keinen Zusammenhang herstellen zwischen den Aufgaben und den eigenen Zielen des Mitarbeiters. Konsequent sollten die Freiheiten der Mitarbeiter möglichst wenig eingeschränkt werden.

Mitarbeitergespräch

Für eine erfolgreiche Zusammenarbeit ist notwendig, dass Vorgesetzter und Mitarbeiter regelmäßig und bei Bedarf über die Ziele, Leistungsbeurteilungen, Entwicklungsmöglichkeiten und Formen der gemeinsamen Arbeit sprechen.

Das Mitarbeitergespräch stellt eines der wichtigsten Führungsinstrumente dar.

Mitarbeitergespräche werden genutzt, um die Zufriedenheit und Motivation der Mitarbeiter zu erhöhen. Sie sollen ein offener Dialog sein, in dem sich Vorgesetzte und Mitarbeiter über den Stand der Zusammenarbeit in fachlicher und zwischenmenschlicher Hinsicht austauschen. Sie verständigen sich über die Stärken und Schwächen der Zusammenarbeit, die Arbeitsbedingungen und die Perspektiven für die weitere Zusammenarbeit.

Das Mitarbeitergespräch findet unter vier Augen statt. Wenn die Mitarbeiter es wünschen, sollte aber die Teilnahme von Vertrauenspersonen, z. B. einem Betriebsratsmitglied, ermöglicht werden.

Zielvereinbarung

Mitarbeitergespräche enthalten auch Vereinbarungen zu Arbeitszielen und zu persönlichen Zielen. Die Mitarbeiter sollten dabei die Möglichkeit haben, sich aktiv an der Erarbeitung detaillierter Vorstellungen zu ihrem Aufgabenbereich zu beteiligen. Zusammen mit dem Vorgesetzten werden bindende Regelungen getroffen. So wird eigenverantwortliches Handeln im jeweiligen Zuständigkeitsbereich erleichtert.

Voraussetzung für eine Zielvereinbarung ist eine eindeutige Zielformulierung, gegebenenfalls ist die Festlegung von Zwischenzielen sinnvoll. Wie das Ziel erreicht werden soll, ist in der Regel nicht Gegenstand einer Zielvereinbarung, die Umsetzung bleibt dem Mitarbeiter überlassen.

*Zielvereinbarungen umfassen **Leistungsziele** und **Verhaltensziele**, die SMART sein müssen:*

S	*spezifisch*	*Ziele müssen präzise formuliert sein.*
M	*messbar*	*Ziele müssen nach klaren Kriterien überprüfbar sein.*
A	*angemessen*	*Ziele müssen herausfordernd und akzeptabel sein.*
R	*realistisch*	*Ziele müssen erreichbar sein.*
T	*terminiert*	*Ziele müssen bis zu einem bestimmten Zeitpunkt erreichbar sein.*

Beurteilung

In regelmäßigen Abständen müssen durch die Vorgesetzten die Leistung und das Verhalten ihrer Mitarbeiter bewertet werden. In einem persönlichen Gespräch werden die Stärken und Schwächen angesprochen und die Ziele für die weitere Zusammenarbeit vereinbart. Der Mitarbeiter erfährt, wie seine Arbeitsleistung und seine Position eingeschätzt werden. Seine Qualifikationen sollen so erweitert und sein Potenzial für weitere Aufgaben nutzbar gemacht werden.

Die Beurteilung muss so transparent wie möglich sein. Dazu gehört, dass sie gut vorbereitet und gut verständlich sein sollte. Sie bezieht sich in der Regel auf drei Bereiche:

- Die Leistungsziele werden überprüft und kontrolliert.
- Leistung und Verhalten des Mitarbeiters werden in einem Gesamtbild zusammengefasst.
- Maßnahmen zur Erreichung neuer Ziele werden vereinbart. Dazu zählen auch die Fort- und Weiterbildung.

Nach § 82 Abs. 2 BetrVG kann jeder Arbeitnehmer eine Bewertung seiner Leistungen verlangen.

Eine ausführliche Mitarbeiterbeurteilung erfordert fest definierte Leistungsstandards, die bei der Mitarbeiterbeurteilung zugrunde gelegt werden können. Die Aufstellung dieser allgemeinen Beurteilungsgrundsätze bedarf nach § 94 Abs. 2 BetrVG der Zustimmung des Betriebsrates. Eine Beurteilung zum Abschluss des Arbeitsverhältnisses wird Zeugnis genannt.

Zeugnis

Scheidet ein Arbeitnehmer aus, so hat er einen Anspruch auf ein qualifiziertes Zeugnis:

> **§ 630 BGB**
> Bei der Beendigung eines dauernden Dienstverhältnisses kann der Verpflichtete von dem anderen Teil ein schriftliches Zeugnis über das Dienstverhältnis und dessen Dauer fordern. Das Zeugnis ist auf Verlangen auf die Leistungen und die Führung im Dienst zu erstrecken.

Bei einem qualifizierten Zeugnis ergibt sich eine besondere Problematik, weil es eine wichtige Unterlage bei Bewerbungen darstellt. Es muss alle wesentlichen Tatsachen enthalten, an denen ein künftiger Arbeitgeber ein berechtigtes Interesse haben könnte. Andererseits soll ein Zeugnis kein Hindernis bei einer späteren Bewerbung darstellen.

Deshalb soll ein Zeugnis nach allgemeiner Rechtsauffassung sowohl „wahr" als auch „wohlwollend" sein. Um diesen Widerspruch – jedenfalls bei einem schlechten Zeugnis – zu umgehen, hat sich ein eigener „Code" für die Formulierung von Zeugnissen entwickelt. Mit wohlwollend klingenden Formulierungen sollen die Adressaten auch über negative Einschätzungen informiert werden.

Beispiel:

Wohlwollende Formulierung	Bedeutung
Ihre Tätigkeit erforderte Engagement.	Sehr geringe Arbeitsbereitschaft, kein Hinweis darauf, dass das Engagement auch vorhanden war.
Die Kassiererin erfüllte ihre Aufgaben sorgfältig und pünktlich.	Es fehlt „ehrlich", Hinweis auf Diebstahl.
Sein großer Eifer und seine Gewissenhaftigkeit erfüllten unsere Ansprüche.	Sehr schlechte Arbeitsergebnisse.
Er setzte sich auch außerhalb des Unternehmens für seine Kollegen ein.	Gewerkschaftliches Engagement, Aufruf zu Streik.
Er war bei den Mitarbeitern anerkannt und beliebt.	Schlechtes Sozialverhalten, umfangreiche private Unterhaltungen.
Er trug durch seine Geselligkeit zur Verbesserung des Betriebsklimas bei.	Auffällige Trinkgewohnheiten.
Sie gab klare Handlungsanweisungen und verstand sich durchzusetzen.	Mangelnde Führungsqualität.
Sie erledigte ihre Aufgaben zu unserer Zufriedenheit.	Sehr schlechtes Gesamturteil. Gut wäre: Sie erledigte alle übertragenen Aufgaben stets zu unserer vollsten Zufriedenheit.

6.6.6 Rechtliche Rahmenbedingungen

Tarifverträge

Tarifverträge sind Teil der Rahmenbedingungen, durch die jede Personalentwicklung bestimmt wird. Eingruppierungs- und Vergütungsregelungen, Teilzeit- und Altersteilzeitmodelle, Maßnahmen zur Weiterbildung und diskriminierungsfreie Beurteilungen sind wichtige Inhalte. Qualifizierungsfragen wurden erstmals 1988 in einem Tarifvertrag thematisiert.

Tarifverträge sind Kollektivverträge. Sie werden zwischen Gewerkschaften und Arbeitgeberverbänden oder einzelnen Arbeitgebern abgeschlossen. Sie regeln zwingend die Standards für die Beziehungen zwischen den Mitgliedern der Tarifparteien.

Nach Regelungsbereichen werden Tarifverträge unterschiedlich bezeichnet:

Bezeichnung	Regelungsbereich	Beispiele
Manteltarifverträge	Grundlegende Fragen des Arbeitsverhältnisses	Urlaub, Arbeitszeiten, Pausen Einstellungs- und Kündigungsbedingungen
Rahmentarifverträge	Lohngruppen	Grundsätze der Entlohnung Einstufung der Mitarbeiter in Entgeltgruppen
Vergütungstarifverträge Entgelt-, Lohn- und Gehaltstarifverträge	Höhe der Vergütungen für die Arbeitsleistung	Vergütung Ausbildungsvergütung Zuschläge und Zulagen Sonderzahlungen (Weihnachtsgeld, Urlaubsgeld)
Flächentarifvertrag Verbandstarifvertrag	Regional begrenztes Gebiet, oft für ein Bundesland bestimmter Wirtschaftszweig	Metallindustrie in Baden-Württemberg
Haustarifvertrag Unternehmenstarifvertrag	Ein Vertrag mit nur einem Arbeitgeber	VW, IBM, Lufthansa
Spartentarifverträge	Festgelegte Arbeitsfelder bei einem Arbeitgeber	Tarifvertrag für den öffentlichen Dienst (TvöD): Nahverkehr Krankenhäuser
Spezielle Tarifverträge	Breites Spektrum	Sozialtarifverträge Altersteilzeit Rationalisierungsschutz

Betriebsvereinbarungen

Betriebsvereinbarungen regeln die Rechte und Pflichten, die nicht durch Tarifverträge festgelegt sind. Dazu gehören z. B. Vereinbarungen über gleitende Arbeitszeit, soziale Leistungen und Vermögensbildung.

Betriebsvereinbarungen werden zwischen der Geschäftsleitung und dem Betriebs- bzw. Personalrat geschlossen.

Zur Personalentwicklung gibt es zahlreiche Beispiele für Qualifizierungsvereinbarungen auf betrieblicher Ebene.

Mitbestimmung

Die Teilhabe der Mitarbeiter an den Entscheidungen der Arbeitgeber gilt als wesentliches Merkmal der sozialen Marktwirtschaft. Betriebliche Mitbestimmung beruht auf der Überzeugung, dass Demokratie in allen gesellschaftlichen Bereichen gelten soll, auch am Arbeitsplatz. Wichtige gesetzliche Grundlagen sind

- das Betriebsverfassungsgesetz
- das Personalvertretungsgesetz
- das Montanmitbestimmungsgesetz
- das Mitbestimmungsgesetz

Die wichtigsten Mitwirkungsmöglichkeiten des Betriebsrates bei der Personalentwicklung nach dem BetrVG:

§ 92	Der Arbeitgeber muss über die Personalplanung umfassend unterrichten.
§ 92a	Der Betriebsrat kann dem Arbeitgeber Vorschläge zur Sicherung und Förderung der Beschäftigung machen.
§ 93	Der Betriebsrat kann verlangen, dass neu zu besetzende Arbeitsplätze vor ihrer Besetzung innerhalb des Betriebes ausgeschrieben werden.
§ 94	Der Betriebsrat muss Personalfragebögen zustimmen.
§ 95	Richtlinien über die personelle Auswahl bei Einstellungen, Versetzungen, Umgruppierungen und Kündigungen bedürfen der Zustimmung des Betriebsrats.
§§ 102 ff.	Mitbestimmung bei Kündigungen.
	Bei der Auswahl von Bewerbern hat der Betriebsrat zwar kein Mitbestimmungsrecht, er kann aber einer Einstellung innerhalb einer Woche schriftlich seine Zustimmung verweigern.

Die Religionsgemeinschaften und ihre karitativen und erzieherischen Einrichtungen unterliegen weder dem Betriebsverfassungsgesetz noch einem Personalvertretungsgesetz. **Mitarbeitervertretungen** (MAV) übernehmen die Interessenvertretungen der kirchlichen Mitarbeiter. Ihre Aufgaben sind vergleichbar mit denen von Betriebsräten und Personalräten.

6.6.7 Teamentwicklung

Der Prozess, der die individuell unterschiedlichen Kompetenzen in einer Gruppe entwickeln und koordinieren soll, wird als Teamentwicklung bezeichnet. Dadurch soll ein gemeinsam akzeptiertes übergeordnetes Arbeitsziel in gemeinsamer Verantwortung möglichst optimal erreicht werden. Die Aufgabe des Personalmanagements besteht darin, Teams aufgabenbezogen so zusammenzustellen, dass durch Zusammenwirken aller Ressourcen eine hohe Arbeitseffektivität entsteht. Zur Unterstützung des Prozesses kommen u. a. Coaching, Supervision und Workshops infrage.

Die Teambildung läuft in vier Phasen ab:

Orientierungsphase (*forming*)	In der Orientierungsphase müssen die Mitglieder ihre Rolle finden. Sie ist geprägt durch erstes Abtasten und Kennenlernen. Ein Vertrauensverhältnis muss erst aufgebaut werden. Primärer Bezugspunkt ist die Aufgabenstellung.
Konfrontationsphase (*storming*)	In der zweiten Phase entscheidet sich, ob das Team weiter bestehen kann oder ob unüberwindbare Konflikte eine Zusammenarbeit verhindern. Die Teammitglieder kämpfen um die informelle Führung. Danach stehen die Aufgabenrollen fest, ein Grundkonsens hat sich gebildet.

Kooperationsphase (*norming*)	In der folgenden Phase ist bereits ein Klima des Vertrauens entstanden. Alle Teammitglieder werden in die Arbeit einbezogen, eine solide Arbeitsebene ist gefunden und kann weiter ausgebaut werden.
Wachstumsphase (*performing*)	In der letzten Phase bringen alle Teammitglieder ihre gesamte Arbeitsenergie zur Aufgabenbewältigung ein. Der Zusammenhalt und die Zusammenarbeit in der Gruppe ermöglichen die angestrebten besonderen Leistungen.

gelernt & nachgedacht

1. Nehmen Sie Stellung zu der Behauptung „Ehrenamtliche Arbeit gibt es nicht umsonst".

2. „Der Unterschied zwischen dem einen und dem anderen Unternehmen besteht nur in der Menschenführung und in der Menschenauswahl." Diskutieren Sie die Meinung von Alfred P. Sloan, ehemaliger Präsident von General Motors.

3. Erstellen Sie ein Anforderungsprofil für die Leiterin oder den Leiter eines Jugendzentrums.

4. Beschreiben Sie jeweils eine Maßnahme zur Motivation eines Leiters einer Schuldenberatungsstelle nach
   - Maslow
   - Herzberg
   - der Erwartungstheorie
   - der Gleichheitstheorie
   - der Zielsetzungstheorie.

5. Suchen Sie ein Beispiel für einen Firmentarifvertrag, der nur von einem Unternehmen mit der Gewerkschaft abgeschlossen wird.

6. Stellen Sie in einer Grafik die Zusammensetzung der Aufsichtsräte dar,
   a) nach dem Mitbestimmungsgesetz,
   b) nach dem Betriebsverfassungsgesetz.

1. Recherchieren Sie, welche Möglichkeiten einer Mitarbeitervertretung es gibt:

    *   In einer privaten Reha-Klinik in der Rechtsform einer GmbH mit 149 Vollzeit-Beschäftigten.
    *   In einem städtischen Jugendzentrum mit drei Festangestellten und fünf Honorarkräften (Arbeitszeit jeweils zwei Stunden pro Woche).
    *   In einem Seniorenzentrum der katholischen Kirche mit 87 Vollzeit-Beschäftigten.
    *   In einer Drogenberatungsstelle mit 34 Vollzeit-Beschäftigten, die von einem Verein an vier Orten im Landkreis eingerichtet ist.

2. Ermitteln Sie in Ihrem persönlichen Umfeld, welche formalen Anforderungen an Bewerbungsunterlagen gestellt werden.

3. Erkundigen Sie sich, welcher Tarifvertrag in der Verwaltung Ihrer Gemeinde angewandt wird.

4. Stellen Sie dar, welche Auswirkungen die in dem folgenden Zeitungsartikel zusammengefassten Studienergebnisse für die Personalentwicklung und Personalförderung haben können.

Erzieherberuf unattraktiv

Viele Erzieher können nicht von ihrem Gehalt leben. Das ist das Ergebnis einer Studie, die die Gewerkschaft Erziehung und Wissenschaft (GEW) gestern in Berlin vorstellte. „Geringer Verdienst – oft auf Hartz-IV-Niveau – und schlechte Rahmenbedingungen prägen den Arbeitsalltag", kommentierte Norbert Hocke, Leiter des GEW-Vorstandsbereichs Jugendhilfe und Sozialarbeit, die Ergebnisse. Die Folge sei, dass viele den Beruf aufgeben oder unter chronischen Krankheiten leiden. Ein Drittel von ihnen und 40 Prozent der Männer wechselten den Beruf. Das Nettoeinkommen von Erzieherinnen liegt laut Studie 224 Euro unter dem Durchschnitt aller Erwerbstätigen. Bei den Kinderpflegerinnen beträgt der Abstand sogar 392 Euro. Fast 20 Prozent der Anfänger verdienen weniger als 786 Euro netto. „Mit so schlechtem Verdienst gewinnt man niemanden für diese Berufe", sagte Hocke. *(mm)*

(Kölner Stadtanzeiger vom 24.11.2010, S. 26)

7 Kommunikation und Konfliktmanagement

7.1 Betriebliche Kommunikation

Kommunikation bezeichnet die Übertragung von Informationen. Zwischen einem Produzenten (z. B. Sprecher, Schreiber) und einem Rezipienten (z. B. Hörer, Leser) werden Wissen, Erkenntnis oder Erfahrungen ausgetauscht.

Erfolgsorientierte Kommunikation will zu einem bestimmten Verhalten, Denken oder Handeln veranlassen. Ihre Ziele reichen von der Koordination über die Vermittlung relevanter Informationen bis zur Förderung von Engagement und Leistungsbereitschaft.

Kommunikation ist in sozialen Einrichtungen ein strategischer Erfolgsfaktor.

Jeder Nachricht können vier Aspekte zugeordnet werden, die Einfluss haben auf die Verständigung:

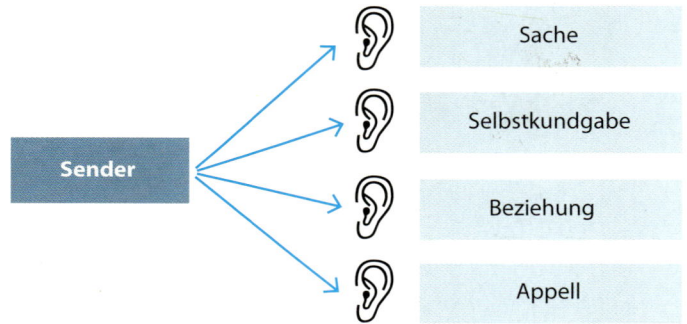

Sachseite	Daten und Fakten stehen im Vordergrund.	Was ist wahr, was unwahr? Was ist wichtig, was unwichtig?
Selbstkundgabeseite	Die Nachricht enthält Hinweise auf die Persönlichkeit.	Wie ist die Stimmung? Was geht in dem Sender vor?
Beziehungsseite	Hinweis auf die Beziehung durch Formulierung, Tonfall, Begleitmimik.	Wie fühle ich mich behandelt? Was hält der Sender von mir?
Appellseite	Angestrebte Wirkung steht im Vordergrund: Wünsche, Ratschläge, Anweisungen.	Was soll ich machen? Was soll ich denken?

Typische Kommunikationssituationen in sozialen Organisationen sind:

Besprechung	Geleitete Aussprachen, um zu gemeinsamen Schlüssen und Ergebnissen zu kommen.
Präsentation	Visuelle Vorstellung von Ideen und Ergebnissen zu einem bestimmten Thema.
Konfliktgespräch	Austausch von Informationen und Argumenten zu einem strittigen Thema.
Diskussion	Meinungs- und Gedankenaustausch, um mit anderen zu neuen Lösungsansätzen zu kommen.
Beratung	Entwicklung von Lösungen mithilfe eines Experten.
Unterhaltung	Spontane und informellen Gespräche.

7.2 Moderationstechniken

Die Moderation dient der Strukturierung und Visualisierung von Besprechungen in Projektteams, Diskussionen, Workshops u. Ä. Sie ermöglicht und erleichtert die Meinungs- bzw. Willensbildung innerhalb einer Gruppe. Eine erfolgreiche Moderation trägt entscheidend zur Arbeitsfähigkeit eines Teams bei.

> *Die Moderation wird eingesetzt, wenn sich mehrere Teilnehmer darum bemühen, zu einem zielführenden Konsens zu gelangen.*

Der Moderator ist kein Experte für die diskutierten Themen, sondern er verfügt über Techniken und Methoden, die eine Gruppe befähigen, effektiv zu arbeiten und das gesteckte Ziel zu erreichen. Er unterstützt die Arbeitsfähigkeit der Gruppe und leitet den Arbeitsprozess. Seine eigenen Meinungen, Ziele und Wertungen muss er zurückstellen und sich als methodischer Helfer verstehen.

7.2.1 Rolle des Moderators

Der Moderator ist verantwortlich für die Struktur der Sitzungen und für die Dokumentation der Ergebnisse.

Mit seinem Methodenrepertoire steuert er den Arbeitsprozess einer Gruppe, durch lenkende Fragen unterstützt er die Teilnehmer. Die Leitung und Führung der Diskussion ist dabei kein Selbstzweck, sondern immer auf das Arbeitsziel ausgerichtet. Der Moderator muss den fachlichen und emotionalen Prozess steuern können, um die Teilnehmer von der Ideensammlung bis zur Ergebnissicherung zu begleiten. Durch Zusammenfassungen, Pointierungen und Strukturierungen bringt er zunächst noch allgemeine und wenig exakte Formulierungen in eine nachvollziehbare und verwendbare Form. Alle Teilnehmer sollen möglichst gleichberechtigt die Möglichkeit haben, zur Problemlösung beizutragen. Fragen werden in die Gruppe eingebracht und sollen von ihr selbst beantwortet werden.

Der Moderator muss unbedingt inhaltliche Kommentare und Bewertungen der Teilnehmerbeiträge verhindern. Er bewahrt eine neutrale Haltung.

Die Kommunikation und Interaktion zwischen den Teilnehmern und dem Moderator kann zu Konflikten und Störungen führen. Schwierige Situationen entstehen durch unterschiedliche Meinungen der Teilnehmer oder durch Unzufriedenheit mit den Methoden, die der Moderator einsetzt. Typische Konfliktsituationen sind:

- Die Methode wird nicht akzeptiert.
- Teilnehmer fühlen sich nicht ernst genommen.
- Die Gruppe arbeitet nicht mit.

Es ist die Aufgabe des Moderators, die Gründe für schwierige Situationen zu finden und klärend und helfend zu intervenieren.

Die entscheidende Regel lautet „Störungen haben Vorrang", denn sie behindern den konstruktiven Arbeitsprozess.

Der wichtigste Erfolgsfaktor für eine Moderation liegt lange vor der Durchführung in einer eindeutigen Formulierung des Auftrags. Das angestrebte Ziel muss mithilfe einer Moderation erreichbar sein, der Moderationsauftrag muss durchführbar sein.

Je genauer die gegenseitigen Erwartungen bekannt sind, desto erfolgreicher kann die Moderation sein.

Der Ablauf und die Methoden der Moderation werden bereits im Vorfeld gründlich geplant. Das schafft Sicherheit und ermöglicht einen reibungslosen Arbeitsprozess. Der vorgesehene Ablauf darf jedoch nicht zu starr sein, um die nötige Flexibilität zu ermöglichen, die eine gute Moderation ausmacht. Die Vorbereitung der Moderation umfasst vier Bereiche:

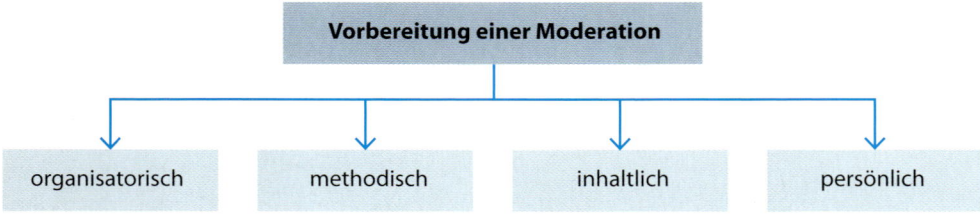

7.2.2 Moderationszyklus

Die Moderation folgt immer einem bestimmten „Fahrplan", der sich in verschiedene Phasen gliedert.

Um einen Moderationsplan zu erstellen, ordnet der Moderator jeder Phase im Moderationszyklus eine Methode, entsprechende Hilfsmittel und die benötigte Zeit zu.

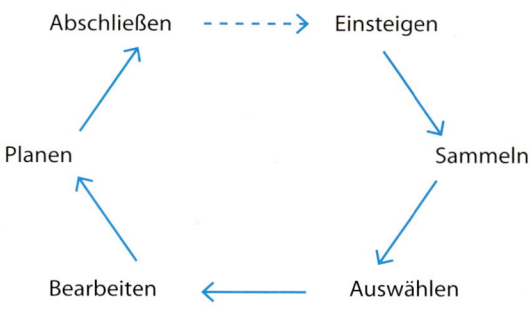

Beispiel:

Schritt	Ziel	Methode	Hilfsmittel	Zeit
gesamte Moderation	Maßnahmen planen zur Einführung eines neuen Angebotes		Moderationskoffer 5 Pinnwände 2 Flipcharts Vorbereitete Charts / Plakate	4 Std.
1. Einstieg	Eröffnung	Kennenlern-Matrix	Vorbereitetes Plakat	15 Min.
2. Sammeln	Inhaltliche Vorstellungen der Teilnehmer kennenlernen	Karten-Abfrage	Vorbereitetes Plakat Visualisierte Frage Rechteck-Karten Moderationsmarker	20 Min.
3. Auswählen	Thema festlegen, Prioritäten setzen	Mehr-Punkt-Abfrage	Vorbereitetes Plakat Themenspeicher Klebepunkte	15 Min.
4. Bearbeiten	Problemanalyse – Ansätze zur Problemlösung	Kleingruppenarbeit: 2-Felder-Schema Plenum: Ursache-Wirkungs-Diagramm	Vorbereitete Plakate	90 Min.
5. Planen	Katalog von Maßnahmen	Liste	Vorbereitetes Plakat	60 Min.
6. Abschluss	Abschluss der Gruppenarbeit	Blitzlicht	Visualisierte Abschlussfrage	20 Min.
Pausen				20 Min.

Aus dem Plan ist erkennbar, welche Arbeitsmaterialien (Flipcharts, Plakate usw.) noch vorbereitet werden müssen und welche Medien und Hilfsmittel besorgt werden müssen.

In der **Orientierungsphase** besteht für alle eine mehr oder weniger große Unsicherheit, wie die Sitzung ablaufen wird, jeder begibt sich zunächst einmal auf unsicheren Boden. Der Moderator versucht, den Teilnehmern den Einstieg und die Orientierung zu erleichtern und gegenseitiges Vertrauen und Sympathie zu fördern.

Um die Kommunikation zu erleichtern, können z.B. folgende Regeln aufgestellt werden:

- Störungen haben Vorrang!
- Sag „ich" – nicht „man"!
- Sprich nur für dich – nicht für andere!

Die Einstiegsphase wird dazu benutzt, ein positives Arbeitsklima zu schaffen. Dazu eröffnet der Moderator die Veranstaltung „offiziell" und klärt vorab organisatorische Fragen. Dann ermöglicht er ein gegenseitiges Kennenlernen, z. B. mit Hilfe einer Kennenlern-Matrix. Sie soll dazu beitragen, eine produktive Arbeitsatmosphäre zu schaffen. Wenn die Teilnehmer mehr übereinander wissen, wird die Arbeit in der Gruppe entspannter und daher produktiver sein. Die Matrix kann gut vorbereitet werden.

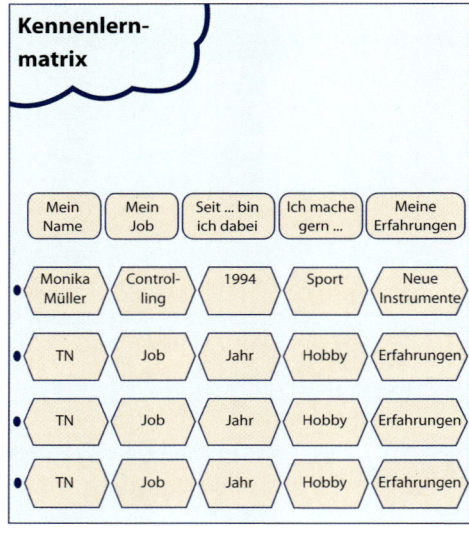

Wenn das Arbeitsklima gestört ist, wird die konstruktive Zusammenarbeit erschwert. Es ist die Aufgabe des Moderators, schwierige Situationen zu erkennen und eine Klärung herbeizuführen. Dabei können Feedback-Regeln hilfreich sein.

In der **Arbeitsphase** werden Themen gesammelt, ausgewählt und gemeinsam bearbeitet. Der Moderator leistet Kommunikations- und Interaktionshilfen, um den Arbeitsprozess voranzubringen.

Durch den Einsatz geeigneter Methoden wird den Teilnehmern eine möglichst effiziente Bearbeitung der Inhalte ermöglicht. Der Moderator ist dafür verantwortlich, die erarbeiteten Ergebnisse festzuhalten. Gemeinsam mit den Teilnehmern legt er Verantwortlichkeiten und Termine fest, um die Umsetzung festhalten und überprüfen zu können.

Feedback-Regeln

1. Beschreibend
2. Konkret
3. Angemessen
4. Zeitnah
5. Brauchbar
6. Genau

In der **Abschlussphase** wird festgestellt, ob alle Fragen beantwortet und die ausgewählten Themen abschließend bearbeitet worden sind. Der Moderator bespricht mit den Teilnehmern, welche der erarbeiteten Lösungsvorschläge weiterverfolgt werden sollen, welche konkreten Maßnahmen zu treffen sind und wer sie durchführen soll. Die Ziele und Aufgaben müssen dabei möglichst genau formuliert werden. Der zeitliche Rahmen, in dem die Aufgaben zu erledigen sind, wird festgelegt.

Ein „Maßnahmenplan" ermöglicht eine genaue Darstellung der erforderlichen Schritte und ihre zeitliche und personelle Zuordnung. Der Moderator achtet darauf, dass die Maßnahmen präzise formuliert werden und tatsächlich umsetzbar sind.

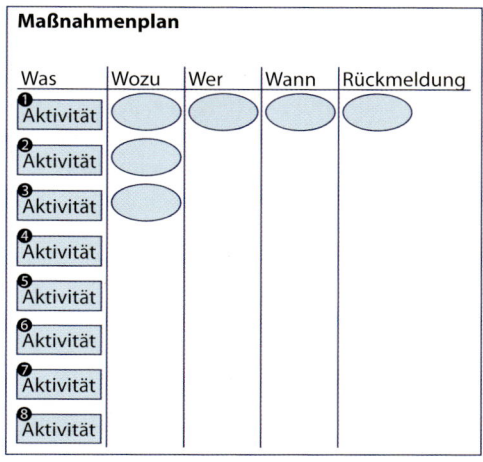

Gegebenenfalls wird festgelegt, wie mit den Themen umgegangen wird, die nicht besprochen werden konnten.

Der Arbeitsprozess wird abschließend mit den Teilnehmern reflektiert. Jeder bekommt die Möglichkeit, seine Meinung zu sagen und Vorschläge zum weiteren Vorgehen zu machen. Zum Schluss bedankt sich der Moderator bei der Gruppe für die Zusammenarbeit und verabschiedet sie.

7.2.3 Visualisierung

Visualisierungen können Missverständnissen bei Zusammenfassungen, Dokumentationen und Informationsweitergaben vorbeugen. Sie verdeutlichen Inhalte und veranschaulichen Sachverhalte, damit sie besser verständlich werden. Dazu stehen zahlreiche Gestaltungselemente zur Verfügung, z. B. Text, freie Grafiken, Symbole, Diagramme usw.

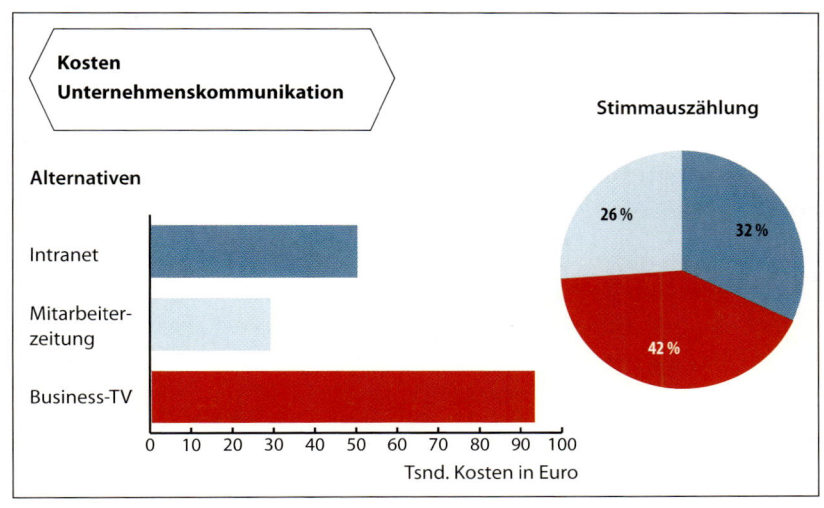

Neben den Inhalten wird auch der Prozessverlauf visualisiert, damit die Teilnehmer immer wissen, welchen Punkt der Agenda sie gerade bearbeiten und was noch folgt. Das schafft Transparenz und Orientierung im Arbeitsprozess. Bei gemeinsamer Erarbeitung der Darstellungen erfahren die Teilnehmer zudem, dass ihre Beiträge ernst genommen werden, was zusätzlich motiviert.

Dramaturgie				
	Schritt	Methode	Vorlage	Zeit
1	Anwärmen	„Wir über uns" Ein-Punkt-Frage Matrix Kartenfrage		⌐
2	Themen-orientierung	Zuruffrage Kartenfrage Themen- Themen- speicher bewertung	Plakat, Punkte	╲
3	Themen-bearbeitung	Kleingruppen- Arbeitsanweisung: bildung Papiermoderator Kleingruppen Empfehlungs- Szenario liste	Gruppe 1	⌐

Für die visuellen Darstellungen gilt: Weniger ist mehr!

Bei der Visualisierung sollte auf

- einfache Darstellungen (kurze Sätze, geläufige Wörter),
- klare Gliederung (Überschriften und Unterüberschriften verwenden, optische Blöcke bilden),
- kurze, prägnante Aussagen,
- zusätzliche Stimulanzien (Farben, Beispiele, Skizzen)

geachtet werden.

Flipchart

Ein Flipchart besteht aus einem Träger, der mit einem Ständer gut sichtbar aufgestellt werden kann und auf dem ein großformatiger Papierblock befestigt ist. Mit beliebigem Schreibgerät – meistens mit dicken Filzstiften – kann darauf geschrieben werden. Es gibt keine Möglichkeit zum Löschen, die Inhalte stehen dauerhaft zur Verfügung.

Flipcharts eignen sich gut für die Arbeit in Kleingruppen und dienen z. B. der Visualisierung der Arbeitsthemen. Sie können gut vorbereitet werden und sind dann in der Regel strukturierter und übersichtlicher, weil sie nicht unter Zeitdruck entstanden sind.

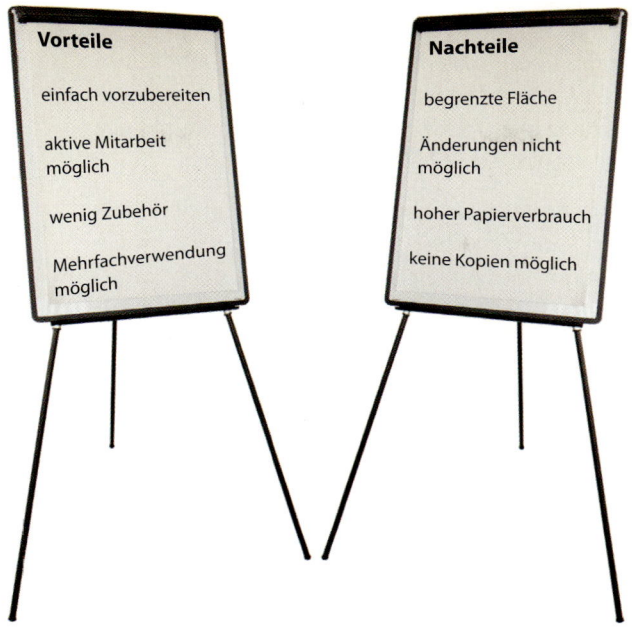

Pinnwand

Eine Pinnwand ist eine Tafel aus Kork oder Filz, an der einfach Papier, Moderationskarten, Fotos u. Ä. mit Nadeln angeheftet werden können.

Die Pinnwand lässt sich bevorzugt zur Sammlung von Informationen einsetzen, die spontan – z. B. als Arbeitsergebnisse – anfallen und geordnet werden. Mit Hilfe von Moderationskarten können die Beiträge der Teilnehmer sofort gebündelt bzw. zu einem späteren Zeitpunkt noch einmal neu sortiert werden. Der hauptsächliche Vorteil gegenüber dem Flipchart besteht darin, Informationen nachträglich ändern zu können.

Overheadprojektor

Tageslichtprojektoren (oder Overheadprojektoren) gehören zu den am meisten verwendeten Hilfsmitteln zur Präsentation. Transparente Folien mit ganz oder teilweise deckender Schrift und Grafik lassen sich vergrößert auf eine Leinwand projizieren.

Folien strukturieren den Arbeitsprozess. Sie reduzieren den Rede- und Schreibaufwand, die Arbeitsschritte bleiben besser im Gedächtnis und Wichtiges und Unwichtiges kann deutlich unterschieden werden.

Zur Präsentation von Büchern und kleineren Objekten, die nicht durchscheinend sind und deshalb nicht über einen Overheadprojektor gezeigt werden können, stehen „Sofortpresenter" mit anderer Technik zur Verfügung.

Abfrage auf Zuruf

Bei der Abfrage auf Zuruf stellt der Moderator eine präzise Frage und visualisiert sie als Überschrift auf einem Flipchart. Die Antworten der Teilnehmer schreibt er darunter. Auf diese Weise werden Themen, Ideen, Argumente usw. gesammelt. Die Abfrage auf Zuruf benötigt nur wenig Zeit und ist deshalb besonders gut für kurze Moderationsprozesse geeignet.

Kartenabfrage

Auch mithilfe der Kartenabfrage werden Themen, Argumente, Fragen, Lösungen usw. gesammelt. Der Moderator verteilt Karten an die Teilnehmer, damit sie ihre Meinungen schriftlich festhalten können. Die beschrifteten Karten werden an die Pinnwand geheftet, dabei können bereits Sinneinheiten gebildet werden. Zum Schluss bestimmt die Gruppe noch Überschriften für die so entstandenen Cluster.

Ein-Punkt-Abfrage

Einzelne Themen werden auf dem Flipchart oder an der Pinnwand festgehalten. Die Teilnehmer können mithilfe von Klebepunkten zeigen, welche Themen für sie besonders wichtig sind. So wird für alle sichtbar, in welcher Reihenfolge weiter gearbeitet werden soll. Der entstandene Themenspeicher dient dazu, auch die Themen festzuhalten, die in der aktuellen Arbeitsphase nicht bearbeitet werden können. Dies kann dann zu einem späteren Zeitpunkt nachgeholt werden.

Visualisierungsmethoden		Rang
Flipchart		2
Oberhead		4
Beamer		1
Whiteboard		3
Tafel		6
Pinnwand		4

Zwei-Felder-Schema/Vier-Felder-Schema

Das Zwei-Felder-Schema eignet sich zur Themenbearbeitung in Kleingruppen und zur Ergebnisdarstellung. Der Moderator bereitet eine entsprechende Grafik vor und arbeitet wie bei der Abfrage auf Zuruf. So entsteht eine klare Struktur, die Bearbeitung eines Themas wird unkompliziert möglich.

Mithilfe des Vier-Felder-Schemas kann ein Thema genauer unter verschiedenen Aspekten beleuchtet werden. So können konkretere Lösungsansätze entwickelt werden.

Zwei-Felder-Schema	
Problembeschreibung	Änderungsideen

Vier-Felder-Schema	
Problembeschreibung	Änderungsideen
Ursachen	Innovationen

Ursache-Wirkungs-Diagramm

Das Ursache-Wirkungs-Diagramm ermöglicht eine systematische Analyse der Ursachen eines Problems. Hierzu visualisiert der Moderator die Grobstruktur eines Flussdiagramms in Form eines Fischgrätmusters. Das Problem wird ans „Kopfende" geschrieben und die „Gräten" werden mit den möglichen Ursachen beschriftet. Durch diese Form der Vorstrukturierung wird die Aufmerksamkeit der Gruppe auf die vorgegebenen Kategorien konzentriert. Diese Darstellung wird auch als „Fishbone-Modell" oder nach seinem Erfinder als „Ishikawa-Modell" bezeichnet.

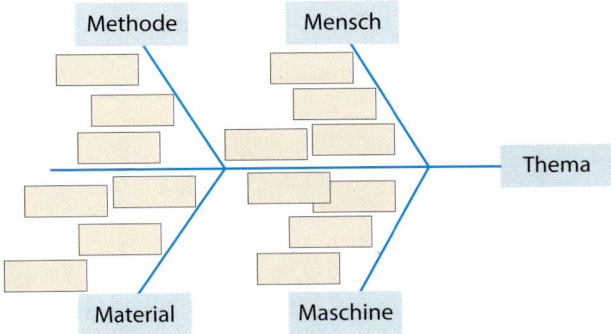

7.2.4 Fragetechniken

In der Moderation leiten Fragen die Gruppe zu ihrem angestrebten Ziel, jeder Moderator muss die unterschiedlichen Fragetypen kennen und gezielt einsetzen können.

Offene Fragen dienen dazu, Themen zu vertiefen, Meinungen zu erkunden, Denkanstöße zu geben oder eine Diskussion in Gang zu halten. Sie bilden den Kern jeder Moderation, weil sie die größtmögliche Freiheit bei der Formulierung der Antworten bieten. Die Teilnehmer werden aufgefordert, ihre Meinung ausführlich darzustellen. Offene Fragen werden auch als W-Fragen bezeichnet, weil sie mit einem Fragewort eingeleitet werden.

Beispiele:
„Welche Themen sollen im heutigen Team-Meeting besprochen werden?"
„Wo können wir die Ferienfreizeit durchführen?"
„Wie sind die Erfahrungen mit der neuen Therapie?"
„Was würden Sie dazu noch vorschlagen?"
„Wer übernimmt die Unterrichtung des Vorstandes?"

Geschlossene Fragen können nur mit „Ja" oder „Nein" beantwortet werden. Sie dienen in erster Linie der Strukturierung des Arbeitsprozesses. Durch geschlossene Fragen werden Themen eingegrenzt oder abgeschlossen.

Beispiele:
„Sollen wir jetzt eine Pause machen?"
„Können wir die Änderungsvorschläge so akzeptieren?"
„Möchten Sie noch etwas hinzufügen?"
„Haben wir alle Themen besprochen?"

Alternativfragen sollen eine Entscheidung zwischen zwei Alternativen herbeiführen.

Beispiele:
„Möchten Sie eine lange Mittagspause machen oder lieber mehrere kleine Pausen einlegen?"
„Sollen wir eine Mädchengruppe einrichten oder sollen wir uns an einem Fußballturnier beteiligen?"

Gegenfragen können dem Moderator in schwierigen Situationen Zeit verschaffen und den Druck nehmen, sofort eine Antwort geben zu müssen.

Beispiel:
„Wie lange wollen Sie dieses Thema noch diskutieren lassen?" – Gegenfrage: „Weshalb fragen Sie?"

Retour-Fragen bieten eine Möglichkeit, mit unliebsamen Fragen umzugehen, indem sie direkt an die gesamte Gruppe weitergeleitet werden.

Beispiel:
„Sollen wir wirklich noch mal über die Mädchengruppe sprechen? Das hält doch nur auf!" – Retour-Frage: „Was meinen die anderen dazu?"

In jedem Falle sollten die Fragen persönlich, aktivierend, konkret und kurz sein. Auf rhetorische und suggestive Fragen sollte unbedingt verzichtet werden, sie stellen eine inhaltliche Einmischung dar. Diese Fragen tragen nicht zu einem offenen Arbeitsklima bei.

Beispiele:

„Sind Sie nicht auch der Meinung, dass wir das Thema lange genug besprochen haben?"
„Wollen Sie dieses Thema nicht auch jetzt beenden?"

7.2.5 Nachbereitung

Zu jeder Moderation gehört eine Nachbereitung. Ein Protokoll stellt die Verbindlichkeit der Ergebnisse sicher. Selbst wenn kein konkretes Ergebnis vereinbart worden ist, muss dies protokolliert und der Stand der Diskussion festgehalten werden. Der Moderator trägt Sorge dafür, dass das Protokoll allen Teilnehmern zugänglich gemacht wird, damit sie Änderungen vorschlagen können.

Ein Ergebnisprotokoll soll einerseits kurz und knapp formuliert werden, muss aber andererseits so ausführlich sein, dass die einzelnen Punkte auch nach längerer Zeit noch nachvollziehbar sind. Mithilfe einer Digitalkamera können die Flipcharts und Pinnwände fotografiert und ein **„Fotoprotokoll"** per E-Mail an die Teilnehmer verschickt werden.

7.3 Mitarbeiterführung

7.3.1 Führungspersönlichkeit

Weil Führung zielgerichtete soziale Einflussnahme ist, setzt sie die verantwortungsvolle Ausübung von Macht voraus.

> *Macht bezeichnet die Fähigkeit, auf das Verhalten und Denken sozialer Gruppen oder Personen einzuwirken.*

Vier Machtgrundlagen werden als Voraussetzungen für erfolgreiche Personalführung unterschieden:

- **Bestrafungs- oder Zwangsmacht**: Durchsetzung durch Zwang bzw. Androhung von Strafen aufgrund von formalen Kompetenzen.

- **Experten- oder Informationsmacht**: Einfluss durch spezifisches Wissen oder besondere Fähigkeiten und Erfahrungen.

- **Identifikations- oder Referenzmacht**: Besondere Fähigkeiten, Überzeugungskraft, Glaubwürdigkeit, Charisma.

- **Belohnungsmacht**: Möglichkeit, Leistung oder Verhalten zu belohnen, materielle und finanzielle Einflussmöglichkeiten.

*Im Gegensatz zu Macht ist **Autorität** eine Einflussbeziehung, die auf Ansehen, Anerkennung und Freiwilligkeit beruht.*

Führung setzt Autorität voraus. Sie beruht auf vier Säulen:

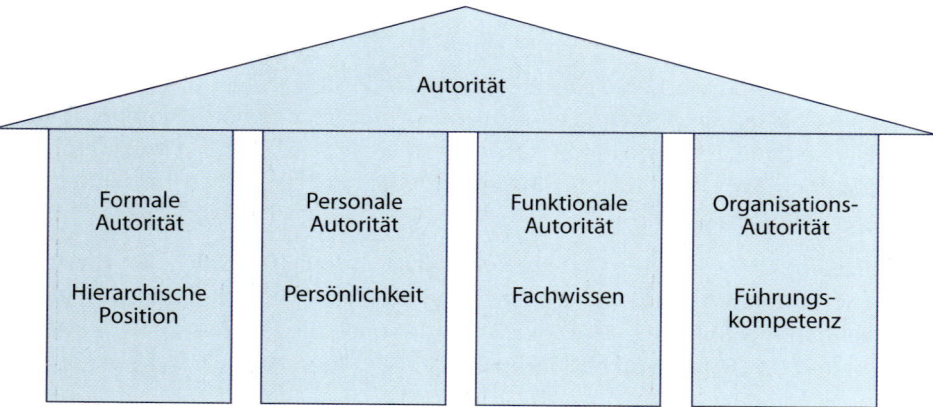

- Die **formale Autorität** (Amtsautorität) beruht auf der Anerkennung hierarchischer Ordnungen.

- **Personale Autorität** entsteht durch die Anerkennung und Wertschätzung von sozialen Eigenschaften. Die emotionalen Aspekte der Beziehung zwischen Vorgesetzten und Mitarbeitern spielen dabei eine wichtige Rolle.

- Die **funktionale Autorität** wird durch die Anerkennung von Fachwissen und Fertigkeiten einer Person begründet

- **Organisationsautorität** entsteht durch Kompetenz bei der Lenkung sozialer Prozesse.

Die unterschiedlichen Formen der Machtausübung schlagen sich im Führungsstil nieder.

7.3.2 Führungsstil

Unter Führungsstil versteht man ein über einen längeren Zeitraum stabiles Verhaltensmuster eines Vorgesetzten gegenüber den Mitarbeitern, das die persönliche Grundhaltung des Vorgesetzten ausdrückt.

Häufig herrscht in einer Organisation ein bestimmter Führungsstil vor, der von der Organisationsleitung vorgelebt und auch auf den nachgeordneten Ebenen umgesetzt wird.

Eigenschaftsansätze

Nach diesen Ansätzen liegt die Ursache für den Erfolg eines Vorgesetzten in seiner Person. Eigenschaften sind seine Persönlichkeitsmerkmale, die allgemein gelten, also unabhängig von der konkreten Situation. Häufig werden auch soziodemografische Merkmale wie Alter, Geschlecht, Größe, sozialer Status oder Erziehung einbezogen. Die Persönlichkeiten und das Verhalten der Mitarbeiter bleiben unberücksichtigt.

Empirische Untersuchungen zeigen, dass der Zusammenhang zwischen persönlichen Eigenschaften und Führungserfolgen eher gering ist.

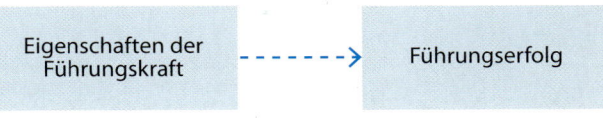

Verhaltensansätze

Das Verhalten der Vorgesetzten steht hier als Erfolgsfaktor im Vordergrund. Die klassische Einteilung der Führungsstile beruht auf diesen Ansätzen.

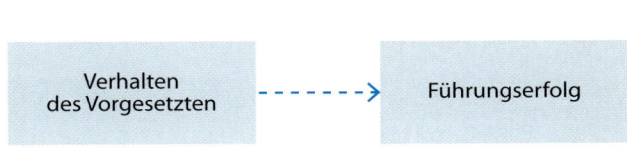

Beim **aufgabenorientierten Führungsstil** steht die Aufgabe im Mittelpunkt. Die Führungskraft will die Erreichung der vorgegebenen Ziele sicherstellen. Die Mitarbeiter werden dabei als Aufgabenträger gesehen.

Beim **personenorientierten Führungsstil** steht der Mitarbeiter mit seinen Bedürfnissen und Erwartungen im Mittelpunkt. Die Führungskraft fördert seine Motivation und bemüht sich, gute menschliche Beziehungen aufzubauen, auch zwischen den Mitarbeitern in der geführten Gruppe.

Nach dem Umfang der Teilnahme der Vorgesetzten und der Mitarbeiter an Entscheidungsprozessen werden folgende Führungsstile unterschieden:

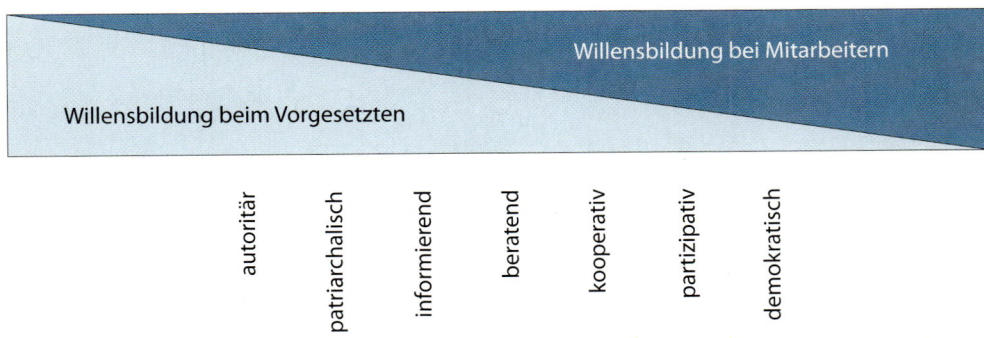

autoritär	Vorgesetzter entscheidet allein, setzt seine Vorstellungen notfalls mit Zwang durch.
patriarchalisch	Vorgesetzter entscheidet und setzt seine Interessen mit Manipulation durch.
informierend	Vorgesetzter entscheidet und setzt sich durch Überzeugung durch.
beratend	Vorgesetzter informiert und erwartet Meinungsäußerungen der Mitarbeiter.
kooperativ	Vorgesetzter wählt aus Vorschlägen aus, die von den Mitarbeitern gemacht werden.
partizipativ	Mitarbeiter entscheiden selbstständig im vereinbarten Rahmen.
demokratisch	Mitarbeiter entscheiden autonom, Vorgesetzter fungiert lediglich als Koordinator.

Beispiel: *Gegenüberstellung der Führungsstile „autoritär" und „kooperativ":*

Kriterium	autoritärer Führungsstil	kooperativer Führungsstil
Entwicklung und Festlegung von Zielsetzungen	Ziele werden mit nachgeordneten Stellen nicht beraten.	Ziele werden nach Rücksprache mit den Mitarbeitern festgelegt.
Entscheidungs-vorbereitung	Der Vorgesetzte trifft Entscheidungen allein, auch bei Routineentscheidungen. Eine Einbeziehung der Mitarbeiter findet nicht statt.	Entscheidungen werden nach Beratung mit den betroffenen Mitarbeitern gefällt.
Durchsetzung der Entscheidung	Entscheidungen haben den Charakter von Anweisungen.	Einwände gegen Entscheidungen können zu einer Änderung der Entscheidung führen.
Delegation von Aufgaben, Kompetenzen und Verantwortung	Die Aufgaben werden delegiert, aber keine Kompetenzen und Entscheidungsbefugnisse.	Auch Kompetenzen, Entscheidungsbefugnisse und Verantwortung werden übertragen.
Kontrolle	Kontrolle aller Details der Aufgabenausführung.	Kontrolliert wird primär das Ergebnis, nicht die Ausführung.
Motivation	Motiviert wird durch psychischen Druck wie Zwang oder Drohungen.	Das Bedürfnis nach Selbstverwirklichung wird durch die Übertragung von Aufgaben befriedigt. Drohungen o. Ä. gibt es nicht.
Information und Kommunikation	Mitarbeiter werden nur soweit informiert, wie es zur Aufgabenerfüllung notwendig ist.	Die Mitarbeiter werden umfassend informiert, da sie ja auch selbst Entscheidungen treffen sollen.

Weder in einem ganzen Unternehmen noch durch eine Einzelperson lässt sich ein in allen Situationen gleicher Führungsstil durchsetzen. Er wird im Einzelfall abhängig sein von der Persönlichkeit des Vorgesetzten, den Persönlichkeiten der Mitarbeiter und nicht zuletzt dem Entscheidungsgegenstand. Im Idealfall vereint eine Führungskraft die Orientierung an der Aufgabe mit der Orientierung an den unterstellten Personen.

Blake/Mouton haben die beiden Dimensionen „aufgabenorientiert" und „mitarbeiterorientiert" in neuer Form zusammengeführt. Das so genannte Verhaltensgitter („Managerial Grid") verbindet die beiden Führungsdimensionen:

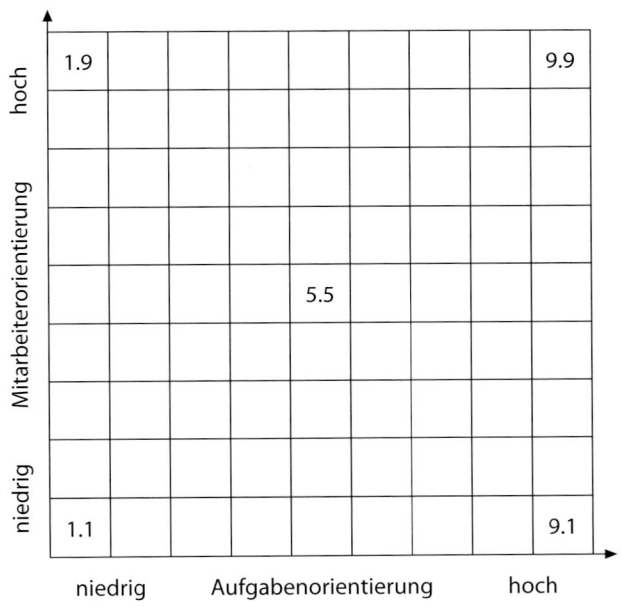

So lassen sich theoretisch 81 verschiedene Führungsstile beschreiben.

Beispiele:

1.1: Schwache Einflussnahme des Vorgesetzten, keine größere Einwirkung auf die Arbeitsleistung als unbedingt erforderlich, die Mitarbeiter bleiben sich weitgehend selbst überlassen.
1.9: Betonung der Bedürfnisse der Mitarbeiter. Pflege der zwischenmenschlichen Beziehungen steht im Vordergrund, auch auf Kosten der Ergebniserzielung.
5.5: Mittelweg zwischen Sach- und Personenorientierung.
9.1: Aufgabenorientierte Führung, fordert hohe Arbeitsleistung ohne Rücksicht auf die Interessen der Mitarbeiter.
9.9: Sach- und mitarbeiterorientiert. Gemeinsame Orientierung an übergeordneten Zielen, offene Kommunikation, Aufgabendelegation, gemeinsame Entscheidungsfindung, leistungsorientierte Einkommensgestaltung.

Situationsansätze

Die situativen Ansätze beschreiben einen Führungsstil, der in einer bestimmten Situation den größtmöglichen Führungserfolg sichert. Der Vorgesetzte übernimmt für die jeweilige Situation den seiner Meinung nach optimalen Stil.

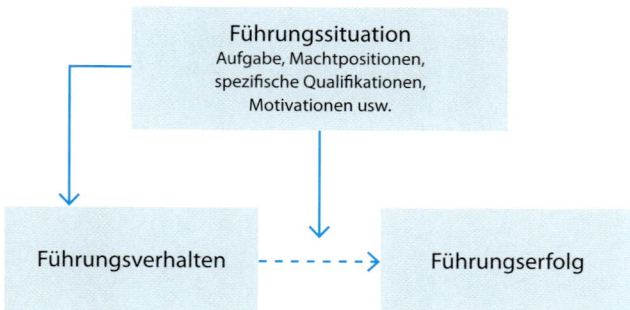

McGregor beschreibt extreme idealtypische Menschenbilder, die das natürliche Verhältnis von Menschen zu ihrer Arbeit darstellen sollen und die konsequent zu unterschiedlichem Führungsverhalten führen müssen:

Typologie		
Theorie X	**Theorie Y**	**Theorie Z**
Einstellung		
Menschen haben eine Abneigung gegen Arbeit	Menschen sind ehrgeizig und bereit, Leistung zu erbringen	Menschen streben danach, aktiv am Management mitzuwirken
Auswirkungen		
• wenig Ehrgeiz • Leistung nur bei Kontrolle und Sanktionen	• Streben nach Selbstverwirklichung und Selbstkontrolle • Kreative Initiativen • Eigenverantwortung • Identifikation	• Teamarbeit • Übernahme von Verantwortung.

Hersey/Blanchard schlagen vor, den Führungsstil am Entwicklungsstand der Mitarbeiter zu orientieren, der „Reifegrad" genannt wird.

Der Reifegrad beschreibt die Fähigkeit und Motivation zur Realisierung der übertragenen Aufgabe, also Fachwissen, Fertigkeiten und Erfahrung.

Bei geringen Fähigkeiten und geringer Motivation soll der Führungsstil anweisend sein. Wenn sich die Kompetenzen des Mitarbeiters erhöhen, sollen mehr Verantwortung und mehr Entscheidungskompetenz eingeräumt werden. Entsprechend muss der Führungsstil anpasst werden.

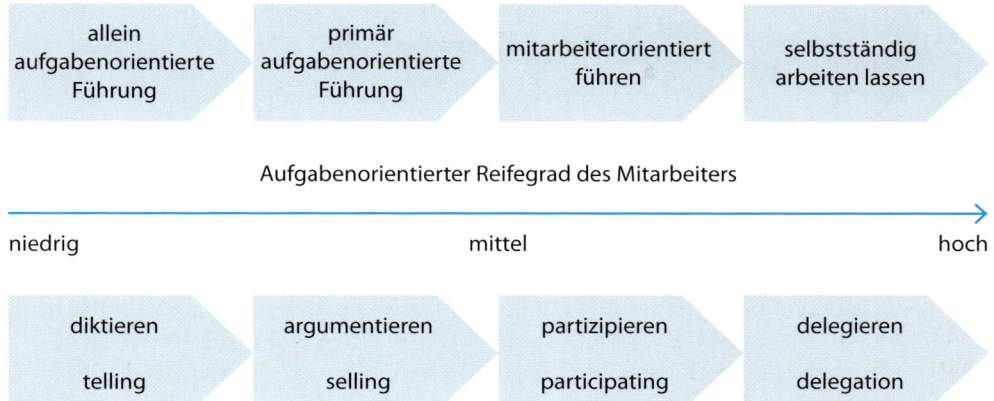

Die Entwicklung der Führungsstile in Abhängigkeit vom Reifegrad eines Mitarbeiters kann dann als Kurve dargestellt werden:

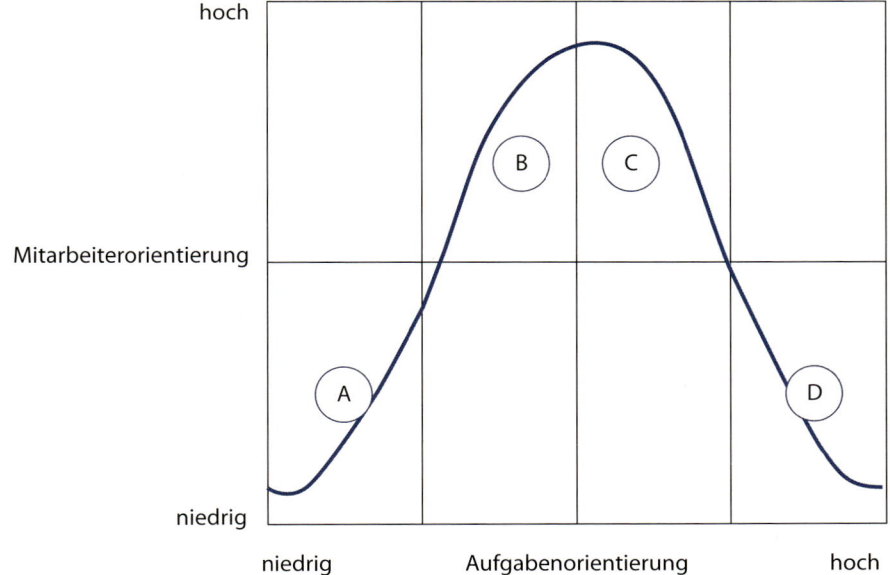

A Delegationsstil
B Partizipativer Führungsstil
C Integrierender Führungsstil
D Autoritärer Führungsstil

7.3.3 Führungstechniken

Führungsgrundsätze werden aus der Unternehmensphilosophie abgeleitet und spiegeln somit die Werte der Unternehmensleitung wider. Sie sind Leitsätze der Zusammenarbeit zwischen Vorgesetzten und Mitarbeitern. Ziel ist ein möglichst einheitliches Führungsverhalten, das unabhängig von der Persönlichkeitsstruktur der Führungskräfte und der Mitarbeiter in allen Unternehmensbereichen gültig sein soll.

Basierend auf den Führungsgrundsätzen lassen sich verschiedene Führungstechniken entwickeln, die konkreter festlegen, wie Mitarbeiter geführt werden sollen.

Management by Objectives (MbO)

Führung erfolgt durch gemeinsame Zielvereinbarungen zwischen Vorgesetzem und Mitarbeiter. Der Aufgabenbereich des Mitarbeiters, seine Kompetenzen und seine Verantwortung werden anhand des angestrebten Ergebnisses festgelegt; der Mitarbeiter kann (innerhalb eines festgelegten Rahmens) selbst entscheiden, auf welchem Wege er das gesetzte Ziel am besten erreicht.

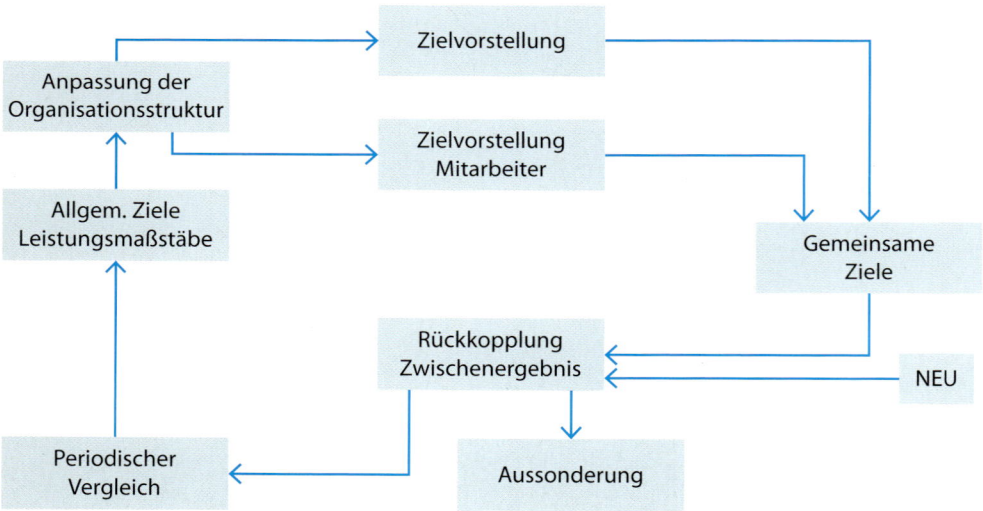

Voraussetzung für MbO ist eine klare und eindeutige Zielformulierung:

- Setzen von realistischen und erreichbaren Zielen.
- Vermeiden von Konflikten mit anderen Zielen.
- Zeitbezug: Bis wann soll ein Ziel erreicht sein?
- Zusätzliche Festlegung bestimmter Kontrollpunkte („Meilensteine").
- Quantifizierung der Ziele: Was/wie viel soll erreicht werden?

MbO ermöglicht eine objektive Beurteilung und eine leistungsgerechte Vergütung der Mitarbeiter unter der Voraussetzung, dass die Zurechenbarkeit des Ergebnisses auf einzelne Personen möglich ist.

Management by Delegation (MbD)

Beim Management by Delegation stehen die Aufgaben im Mittelpunkt, d. h. Führung erfolgt durch Aufgabenübertragung durch Vorgesetzte auf nachgeordnete Hierarchieebenen. In dem übertragenen Aufgabengebiet kann der Mitarbeiter selbstständig Entscheidungen treffen, ohne sich im Einzelfall mit seinem Vorgesetzten abstimmen zu müssen. Dazu müssen den Mitarbeitern auch die notwendigen Entscheidungs- und Weisungsbefugnisse übertragen werden.

Durch die Delegation entlastet sich der Vorgesetzte und muss sich nicht mehr um alle Details in seinem Verantwortungsbereich kümmern. Die weitgehende Entscheidungsfreiheit ermöglicht den Mitarbeitern schnelle Entscheidungen abseits langwieriger Abstimmungsprozesse.

Dieses Führungsmodell ist insbesondere für Tätigkeiten geeignet, bei denen quantifizierbare Zielvorgaben nur schwer bzw. gar nicht festlegbar sind. Dies ist in der Sozialen Arbeit überwiegend der Fall.

7.3.4 Supervision und Coaching

Die Reflexion der eigenen Entscheidungen ist besonders in der Sozialen Arbeit wichtig, wenn die Entscheidungen weit in den privaten Bereich anderer eingreifen. Als unterstützende Instrumente stehen die Supervision und das Coaching zur Verfügung, die sich in vielerlei Hinsicht ähneln.

Supervision umfasst die Beratung und Entwicklung von Personen, beruflichen Rollen und Organisationen. Ziel ist die Sicherung und Verbesserung der Arbeitsqualität.

Coaching ist die lösungs- und zielorientierte Begleitung von Personen im beruflichen Umfeld zur Förderung der Selbstreflexion.

	Supervision "Beratung für Berater"	Coaching "Beratung für Manager"
Zielgruppe	Beziehungsarbeiter z. B. Therapeuten, Sozialarbeiter	Führungskräfte z. B. Manager, Freiberufler
Personenzahl	Einzelne, Teams, Gruppen und Organisationen	Einzelpersonen
Beratungsbeziehung	freiwillig und gewünscht	
Inhalte	Verbesserung der Arbeitsqualität	Begleitung bei der Realisierung eines Anliegens

	Supervision „Beratung für Berater"	Coaching „Beratung für Manager"
Vermittlung wirtschaftlicher Kompetenzen	Kein Anspruch	Wird angestrebt
Ziel	Verbesserung der personalen, beruflichen oder ehrenamtlichen Lern- und Leistungsfähigkeit, Klärung von Haltungen und Verhaltensweisen, emotionale Entlastung	
Themen	Bearbeitung von Schwierigkeiten und Problemen, die sich aus der Arbeitspraxis, Rollen- und Beziehungsdynamik ergeben	
	Konfliktbesetzte Situationen, die verarbeitet oder vorbereitet werden	
Methoden	Individuelle unterstützende Problembewältigung durch persönliche Beratung und Begleitung, z. B. durch Psychodrama, Gruppendynamik, Gestalttherapie, Neurolinguistische Programmierung (NLP), Themenzentrierte Interaktion (TZI), systemische Therapie, Rollenspiel, Videoanalyse	
	Reflexives Verfahren, immer zielorientiert	
Settings	Einzelpersonen, Gruppen	Einzelpersonen

7.4 Konfliktgespräche

Konflikte existieren, wo Menschen miteinander arbeiten. In Organisationen entsteht ein Handlungs- und Lösungsdruck. Konfliktmanagement verhindert eine weitere Eskalation und strebt eine Lösung an.

Bei einem Konflikt stoßen zu einem bestimmten Zeitpunkt mindestens zwei Interessen, Ziele, Ansichten, Gefühle oder Wahrnehmungen aufeinander, die gegensätzlich und unvereinbar sind.

Konflikte unterscheiden sich von Problemen, weil sich die Beteiligten in der Bewältigung der Situation nicht einig sind und dabei negative Gefühle entstehen. Die Aktionsbereitschaft ist bei Konflikten höher.

7.4.1 Konfliktarten

Konflikte können zwischen Personen oder Teilsystemen der Organisation entstehen.

An einem **interpersonellen Konflikt** (sozialen Konflikt) sind immer mindestens zwei Parteien beteiligt, der Streitpunkt liegt zwischen den handelnden Personen oder Gruppen. Deren Interaktion ist durch einen Konflikt gestört, der auch von Gefühlen, Rollenverhalten und Einstellungen gegenüber anderen Personen beeinflusst wird.

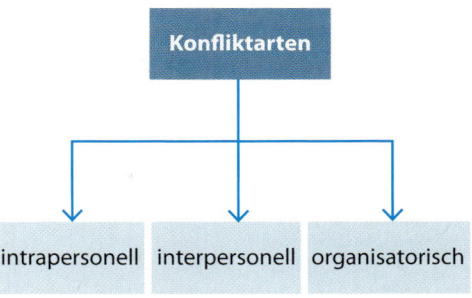

Beispiel: Die Leiterin eines Jugendzentrums und ihr Stellvertreter wollen gleichzeitig von Mitte April bis Mitte Mai in Urlaub gehen, obwohl die Besucherzahl dann erfahrungsgemäß besonders groß ist.

Interpersonelle Konflikte können dazu beitragen, unterschiedliche Positionen deutlich zu machen, die andernfalls nicht erkennbar wären. Sie können so helfen, Ursachen für Unzufriedenheit zu finden.

Der **intrapersonelle Konflikt** entsteht durch gegensätzliche Bestrebungen innerhalb einer Person.

Beispiel: Durch gekürzte öffentliche Zuschüsse ist eine Drogenberatungsstelle gezwungen, Einsparungen vorzunehmen. Die Leitung ist gezwungen, entweder die Qualität der Beratungen oder die Zahl der Betreuten zu senken. Beides ist nicht gewünscht.

Organisatorische Konflikte ergeben sich aus den Abläufen innerhalb einer Organisation. Sie können durch engen Kontakt zu Beratern oder sachkundigen Mitarbeitern gelöst werden.

Beispiel: Das Amt für Kinderinteressen geht davon aus, für die Spielplätze in der Gemeinde zuständig zu sein. Das Grünflächenamt sieht die Aufgabe in seinem Bereich.

7.4.2 Konfliktursachen

Um mit den Konflikten konstruktiv umgehen zu können, müssen die Konfliktursachen bekannt und bewusst sein. Konfliktarten sind nicht unabhängig voneinander, vielmehr spielen oft mehrere Aspekte eine Rolle, die sich gegenseitig bedingen und verstärken können.

Verteilungskonflikt

Bei dieser Auseinandersetzung geht es um „erringen" oder „abgeben", letztlich spielen „Sieg" oder „Niederlage" die entscheidende Rolle. Wenn begrenzte Mittel von mehreren Parteien zur Erreichung der jeweiligen Ziele beansprucht 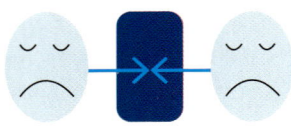 werden, wird das zu einem Konflikt über ihre Verfügbarkeit führen. Verteilungskonflikte werden typisch durch Eingreifen eines Vorgesetzten oder durch das „Aufgeben" eines der Beteiligten gelöst.

Beispiele:

- *Der Referatsleiter B. verlangt ein höheres Gehalt.*
- *Die Gruppenleiterin C. möchte ihren Zuständigkeitsbereich erweitern.*
- *Ein Dienstwagen wird gleichzeitig von mehreren Abteilungen beansprucht.*

Zielkonflikt

Wenn Ziele angestrebt werden, die sich widersprechen, entsteht ein Ziel-konflikt. Der Konflikt kann dann durch einen Kompromiss beseitigt wer-  den. Wenn dagegen Ziele formuliert werden, die unmöglich gleichzeitig erreicht werden können, lässt sich der Konflikt nicht lösen.

Beispiel: Mitarbeiter des Allgemeinen Sozialen Dienstes (ASD) sollen innovativ und kreativ arbei-ten, gleichzeitig aber sollen die gewohnten und erprobten Abläufe nicht verändert werden.

Rollenkonflikt

Mit der Übernahme einer Rolle werden Aufgaben und Zuständigkeiten über-tragen, mit denen Erwartungen, Rechte und Pflichten verbunden sind. Ein Rollenkonflikt entsteht, wenn die Anforderungen mit den Kompetenzen nicht übereinstimmen. Die angestrebten Ziele können nicht miteinander vereinbart werden, mindestens eines der Ziele kann nicht in gewünschter Weise erreicht werden.

Beispiele:

- *Eine Kollegin wird befördert und als Vorgesetzte von ihrem bisherigen Kollegenkreis nicht an-erkannt.*
- *Eine Erzieherin wird aufgrund ihrer überragenden Kenntnisse zur Fachleiterin in der Verwaltung befördert. Sie kann sich mit dieser Tätigkeit aber nicht identifizieren, weil sie ihre Stärken nicht in der Büroarbeit sieht.*
- *Ein Mitarbeiter des Jugendamtes wird von Eltern als Kontrolleur erlebt. Zunächst wehrt er sich gegen dieses Image, wächst dann aber schleichend in die Rolle hinein.*

Wahrnehmungskonflikt

Mehrere Personen können denselben Sachverhalt unter-schiedlich einschätzen. Ursache können verschiedene Cha-raktere, Erfahrungen, Kenntnisse, Interessen oder auch emo-

tionale Verbindungen sein. Solche Konflikte können durch eine offene Kommunikation gelöst werden.

Beispiel: *In einem Seniorenheim hat eine neue Pflegedienstleiterin ihre Arbeit begonnen. Einige Mitarbeiter erleben sie als fachlich kompetent und durchsetzungsstark, andere als besserwisserisch und oberlehrerhaft.*

Beziehungskonflikt

Dieser Konflikt ist nicht sachlich begründet, sondern die beteiligten Personen sind sich mehr oder weniger sympathisch und provozieren dadurch Zustimmung oder Ablehnung. Zur Klärung eines Beziehungskonflikts müssen beide Seiten bereit sein, ihre negativen Gefühle gegenüber der anderen Person offen zu legen. Beziehungskonflikte werden aber häufig unterschwellig ausgetragen, weshalb Vermeidungsstrategien aus Angst-, Schuld- oder Minderwertigkeitsgefühlen eine bedeutende Rolle spielen.

Beispiel: *Bei der Konstituierung von Projekten, bei denen sich die Projektteilnehmer erstmals treffen, hängt die schnelle Arbeitsfähigkeit auch davon ab, dass „die Chemie stimmt".*

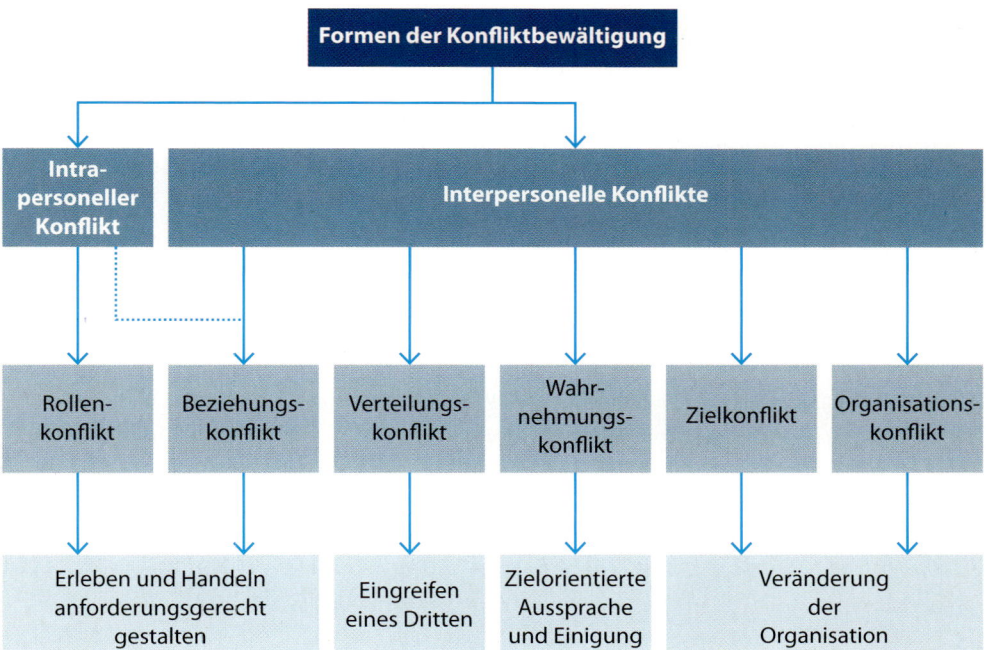

7.4.3 Lösungsstrategien

Eine Konfliktbewältigung kann nur gelingen, wenn beide Parteien ein Interesse daran haben. Andernfalls können alle Anstrengungen unterbleiben und das Fortbestehen des Konfliktes muss akzeptiert werden. Je nach Stärke der Kooperationsbereitschaft ergeben sich verschiedene Lösungsansätze:

	Niedriger Wille zur Mitarbeit	Großer Wille zur Mitarbeit
Hohes Durchsetzungsvermögen	**Zwang** Die Position wird gegen den Widerstand und auf Kosten anderer durchgesetzt. **Gewinner-Verlierer-Strategie**	**Zusammenarbeit** Beide Seiten machen Zugeständnisse und erarbeiten ein gemeinsames Ergebnis. **Gewinner-Gewinner-Strategie**
Niedriges Durchsetzungsvermögen	**Vermeidung** Der Konflikt wird ignoriert und besteht weiter. **Verlierer-Verlierer-Strategie**	**Nachgeben** Der Konflikt wird gelöst, aber einer der Beteiligten muss seine Position aufgeben. **Konflikt schwelt weiter**

Vorgehen zur Konfliktbewältigung

Die sinnvollen und Erfolg versprechenden Strategien zur Konfliktbewältigung lassen sich den wenig sinnvollen gegenüberstellen:

Wenig Erfolg versprechend	Erfolg versprechend
Druck ausüben	Zu überzeugen versuchen
Keine Rückzugsmöglichkeit eröffnen	Gesichtswahrung ermöglichen
Persönlicher Angriff	Problem in den Mittelpunkt stellen
Festgelegte Meinung	Offen für Argumente sein
Einseitigen Erfolg anstreben	Gemeinsame Lösung suchen
Festlegung auf „Entweder – Oder"	Mehrere Lösungsmöglichkeiten denkbar

Welche Verhaltensweisen durch die Konfliktparteien verfolgt werden, hängt von ihren vorherrschenden Einstellungsmustern ab. Die aber können sich im Laufe des Konflikts ändern, deshalb ist auch das Konfliktverhalten nicht unveränderbar.

Die Auswahl der Strategien hängt ab von der grundlegenden Einstellung, die gegenüber dem Problem und dem Konfliktpartner eingenommen wird.

Mediation ist ein freiwilliges, außergerichtliches und nicht öffentliches Verfahren, das zur Beilegung oder Vermeidung eines Konfliktes genutzt wird. Durch Unterstützung einer dritten Person soll eine einvernehmliche Regelung erreicht werden, die den Bedürfnissen und Interessen beider Konfliktparteien entspricht.

Der Mediator moderiert lediglich das Verfahren, er trifft keine Entscheidungen und macht keine Vorschläge zur Beilegung des Konfliktes.

gelernt & nachgedacht

1. *Diskutieren Sie die Behauptung von Paul Watzlawick „Man kann nicht nicht kommunizieren."*

2. *Erläutern Sie das Vier-Seiten-Modell der Kommunikation an folgendem Beispiel. Nutzen Sie dazu das Schema auf der nächsten Seite.*

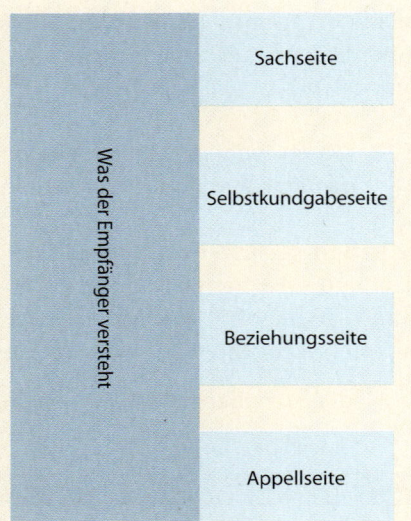

Sachseite			Sachseite
Selbstkundgabeseite	Was der Sender sagt	Was der Empfänger versteht	Selbstkundgabeseite
Beziehungsseite			Beziehungsseite
Appellseite			Appellseite

3. *In einer katholischen Kirchengemeinde wird kontrovers diskutiert, ob der Gemeindesaal regelmäßig freitagabends für eine Disco zur Verfügung gestellt werden soll. Beschreiben Sie die Rolle des Moderators bei dieser Auseinandersetzung und seine Aufgaben in den Phasen des Moderationsprozesses.*

4. *In der Vollversammlung eines Jugendzentrums wird diskutiert, welche Angebote im nächsten halben Jahr gemacht werden sollen. Begründen Sie, welche Visualisierungsmöglichkeiten während der Diskussion eingesetzt werden sollten.*

5. *Beschreiben Sie je einen wesentlichen Vor- und Nachteil des autoritären Führungsstils.*

6. *Diskutieren Sie zwei Nachteile des kooperativen Führungsstils.*

7. *Erläutern Sie die Vorteile des Verhaltensansatzes nach Blake/Mouton. Nennen Sie einen wesentlichen Nachteil.*

8. *In einer Großstadt wird eine neue Streetworkerin eingestellt. Beschreiben Sie, wie der zuständige Koordinator seinen Führungsstil nach Hersey/Blanchard anpassen sollte.*

1. Lassen Sie sich von Familienmitgliedern, die als Arbeitnehmer tätig sind, den Führungsstil in ihren Unternehmen schildern.

2. Fragen Sie

   a) eine Kindergärtnerin

   b) einen leitenden Angestellten

   c) einen Mitarbeiter in einer Kfz-Werkstatt

   d) einen Kellner

   e) einen Busfahrer,

   welchen Führungsstil er oder sie bevorzugen würde. Hinterfragen Sie die genannten Gründe.

3. Überlegen Sie, welchen Führungsstil Sie sich voraussichtlich wünschen werden. Machen Sie sich klar, von welchen Annahmen Sie dabei ausgehen.

4. Lassen Sie sich

   a) in Ihrer Stadtverwaltung

   b) in einem Seniorenheim

   c) in einer Seniorenresidenz

   d) in einer Schuldnerberatungsstelle

   e) in einem Kindergarten

   typische Konflikte schildern. Begründen Sie, um welche Konfliktart es sich jeweils handelt.

5. Weil ein Kollege Elternzeit in Anspruch nehmen will, beabsichtigt die Leitung eines Jugendzentrums, die Öffnungszeiten drastisch zu kürzen. Sowohl die zuständige Leitung des Jugendamtes als auch die Besucher sind strikt dagegen. Stellen Sie an diesem Beispiel mögliche Strategien zur Konfliktbewältigung dar.

8   Organisationsentwicklung

Die Organisationsform muss die strukturellen und prozessorientierten Voraussetzungen für eine qualifizierte Leistungserbringung schaffen. Organisationsstrategien sind Voraussetzung für eine erfolgreiche Zukunftsperspektive.

Die Organisationsleistung besteht darin, die notwendigen Ressourcen so zu kombinieren, dass das angestrebte Ergebnis möglichst wirtschaftlich erreicht werden kann.

Die Organisation wird in modernen Ansätzen als soziales System mit persönlichen und fachlichen Netzwerken, Beziehungs- und Kommunikationsprozessen, Interessenverflechtungen und wenig beeinflussbaren externen Beziehungen verstanden.

8.1 Begriff

Der Begriff „Organisation" wird in drei verschiedenen Bedeutungen verwandt:

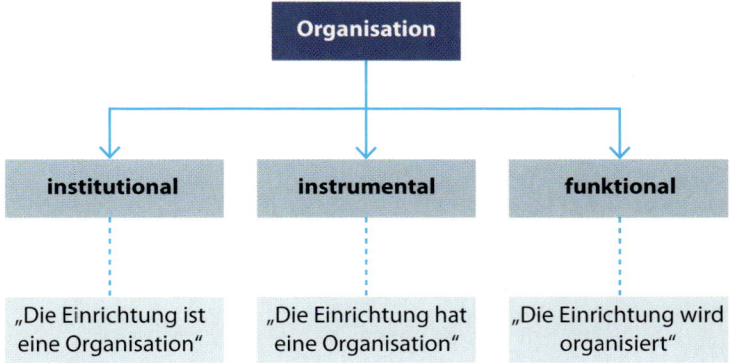

Institutionaler Organisationsbegriff
Die Gesamtaufgabe wird in koordinierte Teilbereiche aufgeteilt. Es muss Raum bleiben für ungeplante Prozesse und für die Veränderung von Strukturen.

Instrumentaler Organisationsbegriff
Die Gesamtheit aller generell gültigen und auf Dauer angelegten Regelungen, die sich auf die Abwicklung von Arbeitsprozessen und damit auf die Verteilung von Aufgaben und Kompetenzen beziehen, wird als Organisation verstanden.

Funktionaler Organisationsbegriff
Der Prozess der Gestaltung der Organisationsstruktur, durch den Aufgaben auf Organisationsmitglieder verteilt und zielgerichtet koordiniert werden, wird als Organisation bezeichnet.

8.2 Aufbauorganisation

Die Aufbauorganisation regelt die Verknüpfung von Stellen durch Leitungsbeziehungen. Sie legt die Weisungsbefugnisse der jeweils übergeordneten Instanz gegenüber untergeordneten organisatorischen Einheiten fest. Das entsprechende Schaubild wird als **Organigramm** bezeichnet.

Einlinien-Organisation

Die Einlinien-Organisation stellt die straffste Gliederungsform dar. Jede Organisationseinheit darf nur von einer übergeordneten Anweisungen erhalten. Die Weisungs- und Berichtswege sind eindeutig geregelt.

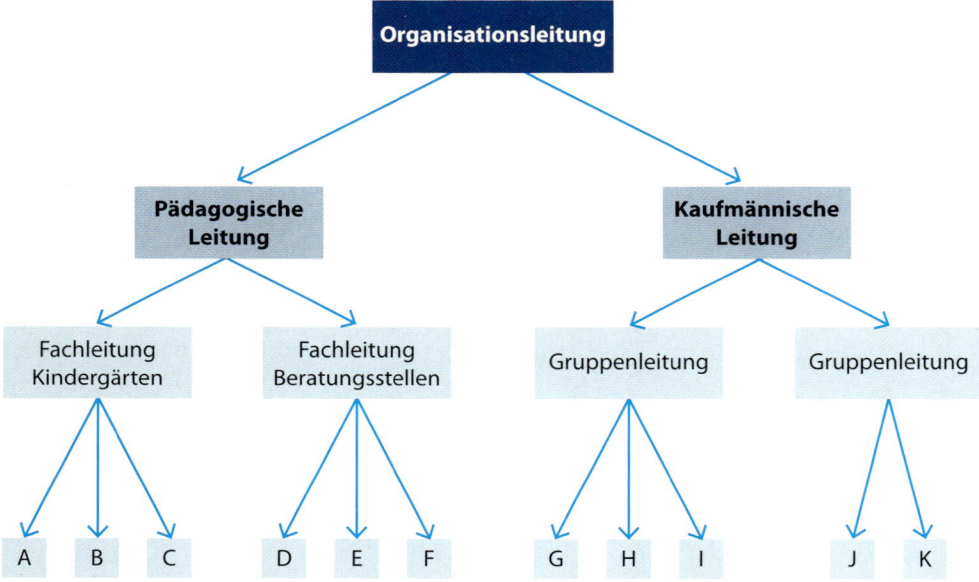

Die Einlinien-Organisation überzeugt durch ihre Klarheit und die daraus abgeleiteten Kontrollmöglichkeiten. Die einfache Gliederung erleichtert die Leitungsaufgaben, Missverständnisse werden vermieden. Allerdings bleibt auf den nachgeordneten Hierarchieebenen wenig Raum für Kreativität, durch die starren Regelungen kann das Potenzial der Beschäftigten kaum ausgeschöpft werden

Eine Variation der strengen Einlinien-Organisation stellt die so genannte **Fayolsche Brücke** dar. Organisationseinheiten der gleichen Hierarchiestufe dürfen dabei in Ausnahmefällen auch direkt miteinander kommunizieren.

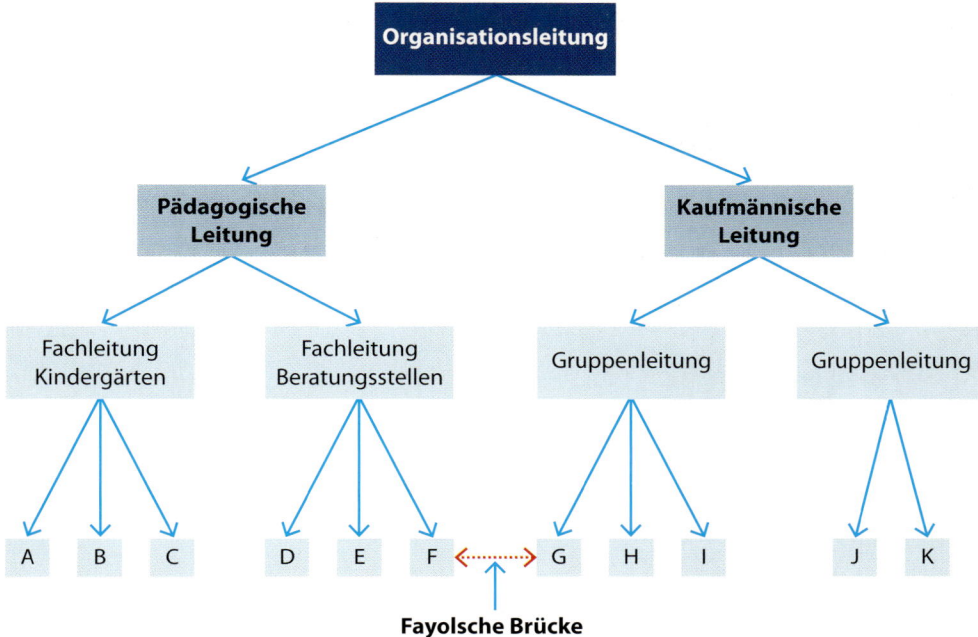

Fayolsche Brücke

Wenn Informationen fehlen oder wenn die Beschaffungswege zu lang und zu kompliziert sind, werden Fayolsche Brücken nicht selten von Mitarbeitern selbst installiert. Das kann darauf hindeuten, dass die Organisationsstruktur den tatsächlichen Arbeitsabläufen nicht entspricht.

Mehrlinien-Organisation

Beim Mehrliniensystem gibt es für bestimmte Organisationseinheiten mehrere Vorgesetzte. Es ermöglicht die Festlegung sachorientierter Weisungsbefugnisse.

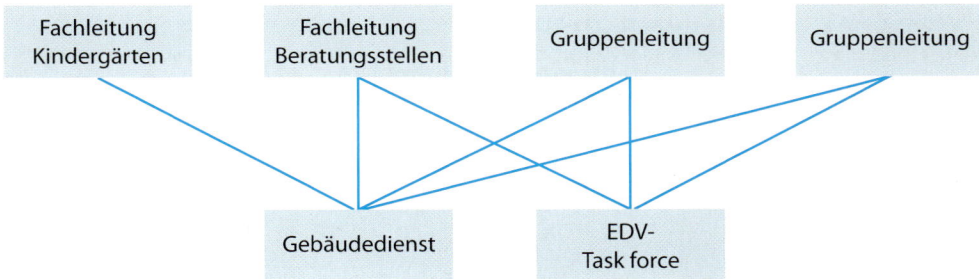

Die Vorteile dieser Organisationsform liegen in den kürzeren Weisungswegen und der **Spezialisierungsmöglichkeit** mit entsprechender Fachkompetenz. Dabei wird aber den nachgeordneten Einheiten die Entscheidung über die Dringlichkeit der Aufträge und die Reihenfolge ihrer Bearbeitung überlassen.

Stab-Linien-Organisation

Das Stab-Liniensystem stellt eine Variante des Einlinien-Systems dar. Seine Vorteile werden beibehalten, aber bestimmte Aufgaben ausgegliedert und Stabsstellen zugeordnet. Sie bereiten die Leitungsaufgaben vor und unterstützen die Entscheidungsträger. Sie haben keine Weisungsbefugnisse, sondern lediglich beratende Funktion. Typische Stabsstellen sind die Presseabteilung, die Rechtsabteilung und die Marktforschung.

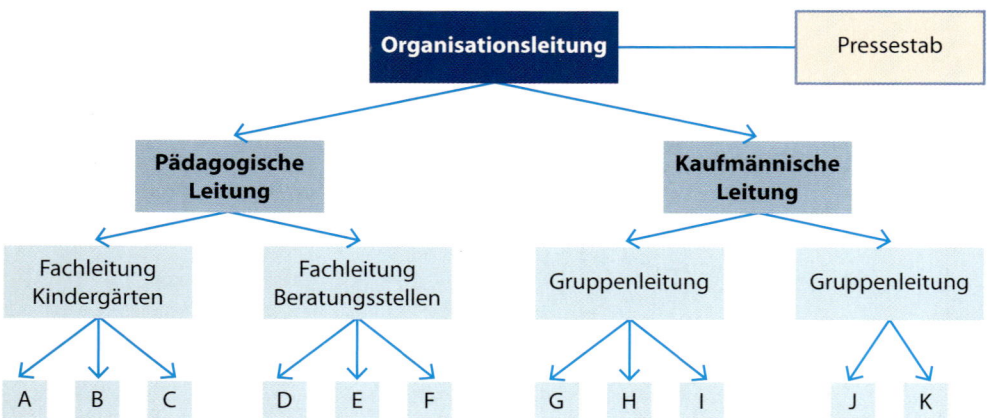

Spartenorganisation

Bei der Spartenorganisation werden homogene überschaubare Geschäftsbereiche gebildet, die in der Regel auch Ergebnisverantwortung haben. Die Bildung von Sparten (auch „Divisionen") erscheint besonders sinnvoll, wenn sehr unterschiedliche Geschäftsbereiche existieren, die sich jeweils an eigene Zielgruppen richten.

Notwendig sind eine eindeutige Kompetenzzuordnung und eine klare Zielformulierung für die Sparten, um Konflikte zu vermeiden. Der Nachteil dieser Organisationsform besteht vor allem darin, dass bestimmte Verwaltungseinheiten, z. B. Einkauf und Personalabteilung, für jede Sparte gesondert eingerichtet werden müssen.

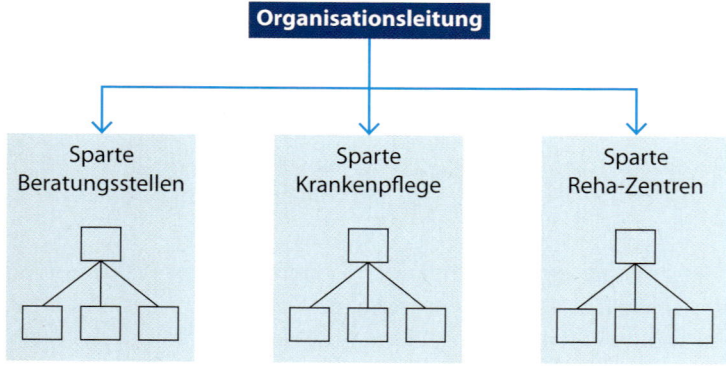

Matrixorganisation

Bei der Matrixorganisation wird auf eine hierarchische Gliederung weitgehend verzichtet. Die Skizze verdeutlicht das Prinzip:

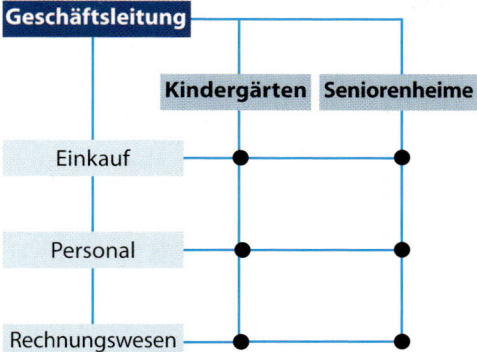

Die zielgruppenorientierten Organisationseinheiten müssen direkt mit den Funktionsbereichen in Kontakt treten, um gemeinsam Entscheidungen treffen zu können.

Beispiel: In den Kindergärten werden neue Spielgeräte benötigt, die durch die Einkaufsabteilung beschafft werden müssen. Die Leitungen der Kindergärten wollen aus ihrer Interessenlage heraus möglichst attraktive und daher teure Geräte anschaffen, die Einkaufsabteilung wird eher versuchen, eine preisgünstige Alternative zu finden. Beide Abteilungen müssen sich einigen.

Da alle beteiligten Abteilungen ihre eigenen Ziele verfolgen, wird es an den Schnittstellen zu Konflikten kommen, die im Interesse des gemeinsamen Organisationszieles gelöst werden müssen. Voraussetzung für das Funktionieren dieses Organisationssystems ist eine vertrauensvolle Zusammenarbeit, die das persönliche Streben nach Einfluss begrenzt. Die Mitarbeiter benötigen daher eine hohe kommunikative und soziale Kompetenz.

8.3   Ablauforganisation

Aufbauorganisation und Ablauforganisation stehen in einem Abhängigkeitsverhältnis zueinander, sie beschreiben gleiche Sachverhalte unter verschiedenen Aspekten: Die Aufbauorganisation regelt die sinnvolle Bildung von organisatorischen Einheiten, die Ablauforganisation beschreibt die dynamischen betrieblichen Prozesse, die als eine Reihe logisch zusammenhängender Aktivitäten verstanden werden. Wiederkehrende Arbeitsprozesse werden durch die Ablauforganisation unter Berücksichtigung von Raum, Zeit, Sachmitteln und Personen wirtschaftlich sinnvoll miteinander verbunden.

Konkret sind dabei folgende Probleme zu lösen:	
Betriebsmittel	Die zur Verfügung stehende Ausstattung muss von ihrer Art und von ihrer Leistungsfähigkeit her – auch in ihrem Zusammenwirken – auf den vorgesehenen Ablauf abgestimmt sein.
Personalausstattung	Zwischen den Qualifikationen der Mitarbeiter und den Anforderungen, die in einem bestimmten Arbeitsgang gefordert werden, dürfen keine Differenzen bestehen.
Räumliche Anordnung	Die Anordnung der Betriebsmittel muss den konkreten Abläufen entsprechen.
Reihenfolge	Die zeitliche und die räumliche Abfolge von Bearbeitungsschritten muss festgelegt werden.
Synchronisation	Personal und Betriebsmittel müssen in ihrer quantitativen und qualitativen Leistungsfähigkeit aufeinander abgestimmt werden, sonst entstehen Über- oder Unterkapazitäten.
Transport	Transportkosten und Transportzeiten müssen berücksichtigt werden.

Bei der Leitung eines Unternehmens wird die Gestaltung der Aufbau- und Ablauforganisation durch die zielorientierte Einbindung und Anleitung aller Mitarbeiter ergänzt.

Formen der Ablauforganisation

Verrichtungsprinzip

Bei der Anwendung des Verrichtungsprinzips werden gleiche Funktionen an einem Ort räumlich zusammengefasst. Nacheinander sind mehrere unterschiedliche Bereiche an der Erarbeitung des gewünschten Ergebnisses beteiligt.

Die Funktionsbereiche müssen vom Klienten aufgesucht werden, deshalb ist typischerweise eine große Anzahl von Terminen zu vereinbaren. In der Sozialarbeit ist man bemüht, die Wege möglichst kurz zu halten, um eventuelle Anlaufschwellen niedrig zu halten.

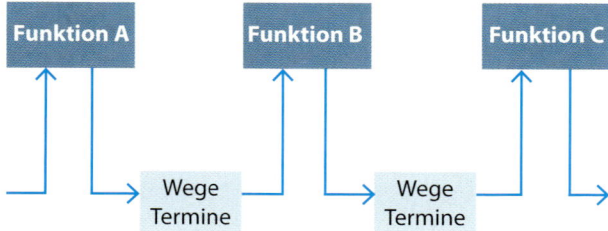

Beispiel: *Ein Arbeit suchender Jugendlicher benötigt Beratung und sucht verschiedene spezialisierte Einrichtungen auf:*

↓		
Jugendzentrum	Erste bekannte Anlaufstelle	Empfehlung: Aufsuchen einer Beratungsstelle
↓		
Bildungsberatung	Feststellen von Chancen und eventuellen Defiziten	Vermittlung in eine Qualifikationsmaßnahme
↓		
Maßnahmeträger	Vermittlung von Wissen und Fertigkeiten	Unterstützung: Leistung einer Arbeitsvermittlungsstelle in Anspruch nehmen
↓		
Jobbörse	Nachweis möglicher Beschäftigungen	Empfehlung: An Bewerbungstraining teilnehmen
↓		
Training	Bewerbungsunterlagen zusammenstellen, Vorbereitung auf Bewerbungsgespräch	Terminvereinbarung mit möglichem Arbeitgeber
↓		
Bewerbungsgespräch		

Objektprinzip

Bei der Organisation nach dem Objektprinzip werden die notwendigen Arbeitsschritte so angeordnet, dass eine kontinuierliche Weitergabe der Objekte möglich wird. Die Kapazitäten müssen dazu so aufeinander abgestimmt sein, dass eine Bearbeitung in einem gleichmäßigen Rhythmus erfolgen kann.

Beispiel: *Beim Durchlauf von Akten muss bei der Personalausstattung darauf geachtet werden, dass kein Stau durch unterschiedliche quantitative oder qualitative Kapazitäten entsteht.*

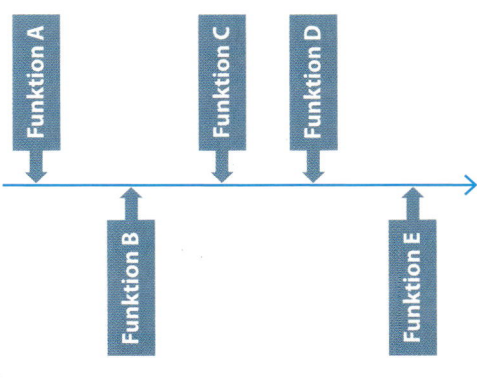

Lokalprinzip

Bei der aufsuchenden Sozialen Arbeit werden die sozialen Leistungen an einem Ort erbracht, nämlich da, wo sich der Klient befindet.

Beispiel: *Eine Familie wird vom ASD, der Schule, der Polizei und der Schuldnerberatung betreut. Die jeweiligen Berater kommen dazu in die Wohnung.*

Supply Chain Management

Das Supply Chain Management schafft durch eine systematische Vernetzung von Lieferanten, Produzenten und Klienten einen übergreifenden Wertschöpfungsprozess. Dabei ist die Zugehörigkeit zu einem Unternehmen bzw. einer Einrichtung unerheblich, weil die gesamten Prozesse optimiert werden sollen. Hochentwickelte

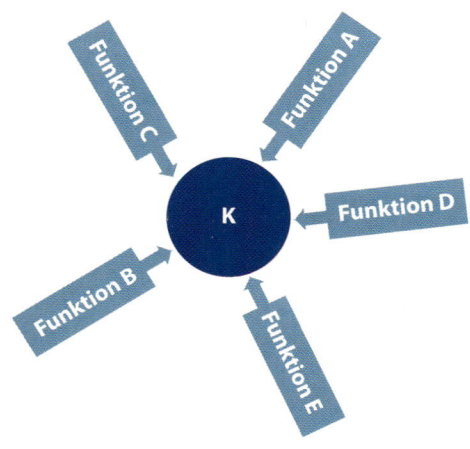

Informationstechnologien und das Internet ermöglichen den Austausch der notwendigen Informationen. Aus dem Zusammenwirken aller Elemente der Wertschöpfungskette ergibt sich eine neue Qualität des Gesamtsystems.

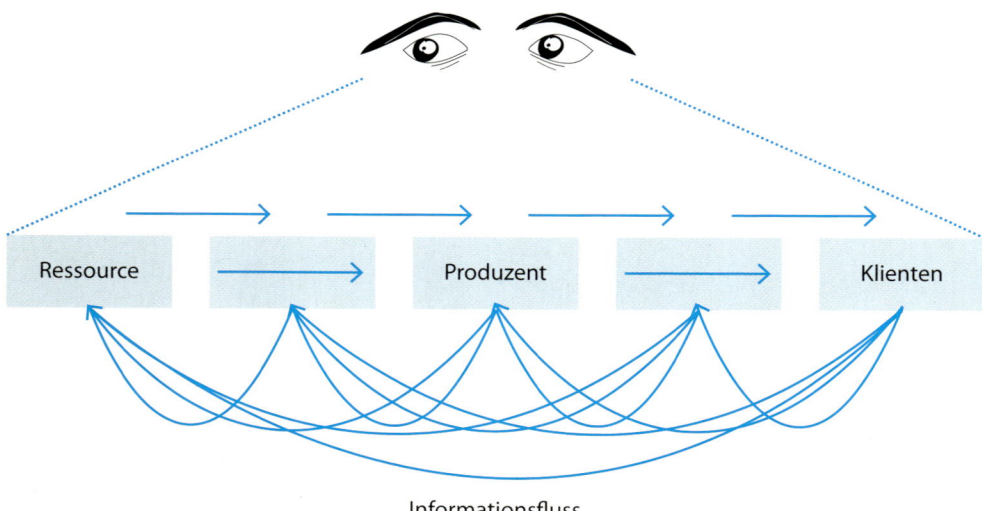

Informationsfluss

Beispiel: *Durch die „Vernetzung" von Schule, Sozialarbeit, Jugendzentrum und Arbeitsberatung wird die Beratung von jungen Erwachsenen auf ihrem Weg in das Berufsleben eine neue und bessere Qualität bekommen.*

8.4 Change Management

Die erfolgreiche Bewältigung von Veränderungs- und Erneuerungsprozessen zählt für das Sozialmanagement zu den anspruchsvollsten Aufgaben. Veränderungen der Klientenwünsche, neue fachliche Erkenntnisse und Erfahrungen, finanzielle Herausforderungen u. a. m. verlangen strategische Entscheidungen, um langfristig den Erfolg der Einrichtung sichern zu können. Um diesen komplexen Anforderungen gerecht zu werden, müssen in allen Bereichen Innovationen möglich sein.

> *Organisationsentwicklung ist ein geplanter Wandel, durch den ein organisationsweiter Veränderungsprozess eingeleitet und unterstützt wird. Er bezeichnet die strukturelle Anpassung einer Organisation an eine veränderte Umwelt.*

8.4.1 Prozess des Change Managements

Auslösefaktoren

Die Organisationsentwicklung beruht auf dem Wissen und Können der Mitarbeiter. Sie unterscheidet sich dadurch von den externen Organisationsuntersuchungen, bei denen Fachleute Veränderungsvorschläge entwickeln, die oft auf wenig Akzeptanz stoßen und deren Erfolg deshalb oft hinter den Erwartungen zurückbleibt. Die Anlässe für eine gezielte Organisationsentwicklung sind vielfältig:

- In Krisensituationen muss das Sozialmanagement prüfen, ob Gründe dafür in der Organisation liegen und gegebenenfalls entsprechend handeln.

- Bei Wachstum können sich die vorhandenen Strukturen als hinderlich erweisen. Eine Anpassung an die neue Größe ist dann notwendig.

- Neue Anforderungen durch Klienten und andere Stakeholder erfordern eine Anpassung der Organisationsstruktur.

- Wenn sich die Rahmenbedingungen für die Soziale Arbeit ändern, ist die Anpassung der Organisation an die neuen wirtschaftlichen, rechtlichen oder politischen Gegebenheiten notwendig.

- Je komplexer eine Organisation gestaltet ist, desto schwieriger ist sie zu leiten. Eine Zunahme der Komplexität macht deshalb Anpassungen erforderlich.

- Bei einer Änderung der Eigentumsverhältnisse muss auf die neuen Interessen reagiert werden.

- Aus der Neugestaltung der Informations- und Weisungswege kann sich ergeben, dass die bisherige Organisationsstruktur den neuen Anforderungen nicht mehr genügt.

In jedem Fall setzt eine Erfolg versprechende Organisationsentwicklung die Mitwirkung aller Beteiligten voraus. Die bewusste Steuerung eines solchen Veränderungsprozesses wird Change Management genannt.

Change Management umfasst die geplanten, gesteuerten, organisierten und kontrollierten Maßnahmen zur Organisationsentwicklung. Ziel ist eine dauerhafte Effizienzsteigerung.

Bei der Planung von Veränderungen werden vier Ansätze unterschieden (diese und nächste Seite):

Top-down-Ansatz
Der Veränderungsprozess wird vom Top-Management geplant. Die nachgeordneten Ebenen sollen die Veränderungspläne lediglich umsetzen, sie werden nicht in die Planung einbezogen.

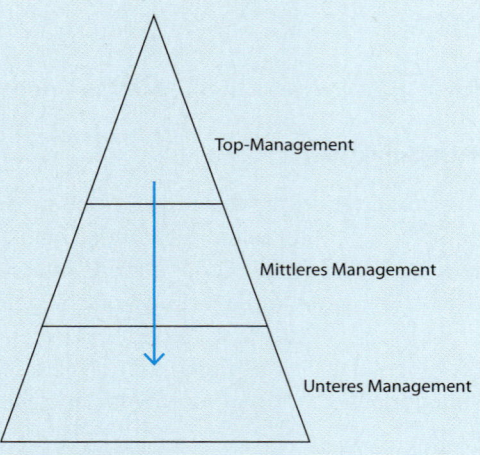

Bottom-up-Ansatz
Der Veränderungsprozess wird von der untersten Hierarchieebene initiiert. Die übergeordneten Ebenen müssen überzeugt werden.

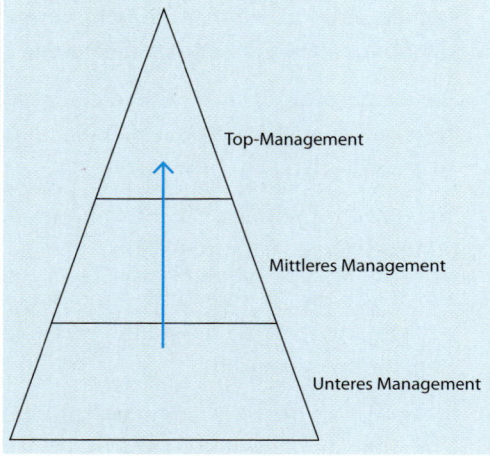

Both-directions-Ansatz

Das Gegenstromverfahren kombiniert den Top-down- mit dem Bottom-up-Ansatz. Die Vorzüge beider Verfahren können so miteinander verbunden werden.

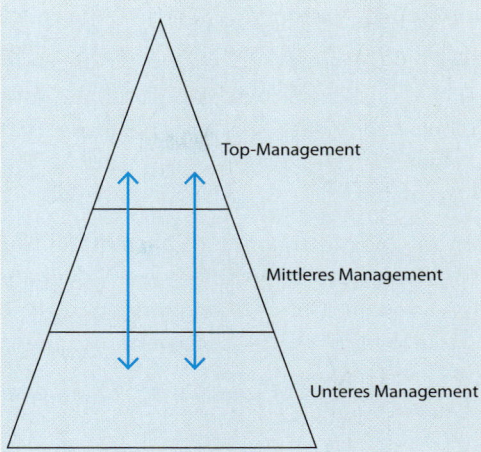

Multiple-nucleus-Ansatz

Veränderungen gehen von verschiedenen Ebenen aus und werden fortgesetzt, bis der Veränderungsprozess die gesamte Organisation umfasst. Er eignet sich besonders, wenn es keine ausgeprägten Hierarchien gibt

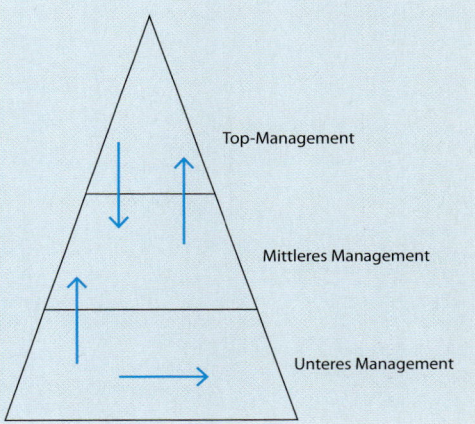

Phasen der Veränderung

Nach Lewin gibt es in jeder Organisation Mitarbeiter, die den Wandel vorantreiben ("driving forces") und solche, die ihn behindern ("restraining forces"). Um eine Veränderung erfolgreich durchführen zu können, müssen die "driving forces" gestärkt und die "restraining forces" eingedämmt werden. Die Mitarbeiter sind also ein entscheidender Faktor im Veränderungsprozess.

Bei der Veränderung von Organisationen werden drei Phasen durchlaufen:

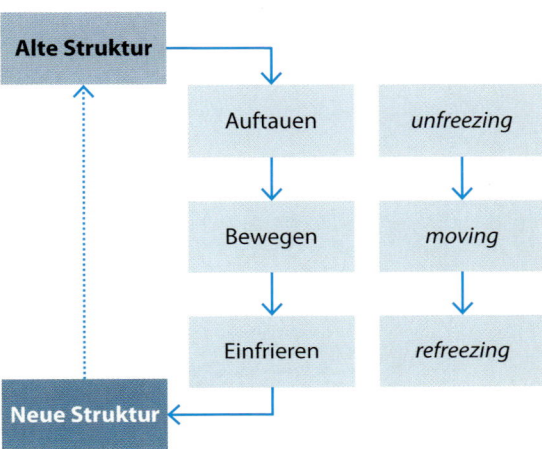

Auftauen

Diese Phase dient der Vorbereitung der beabsichtigten Veränderungen. Die Betroffenen werden in den Diskussionsprozess einbezogen, um ihnen ein Gefühl der Sicherheit zu verschaffen. Es sind rational begründete, aber auch politische und emotionale Widerstände zu erwarten, die überwunden werden müssen. Ursache sind diffuse Ängste vor unbekanntem Neuem, dessen Auswirkungen auf die beruflichen und persönlichen Perspektiven nicht eingeschätzt werden kann.

Für das Sozialmanagement besteht die Herausforderung darin, durch Personalentwicklungs- und Konfliktgespräche die Widerstände zu überwinden oder zumindest die Folgen zu begrenzen. Dafür sollte genügend Zeit eingeräumt werden, damit sich alle Beteiligten auf die Veränderungen vorbereiten können.

Der Veränderungsprozess bei den Mitarbeitern läuft dabei in sieben typischen Schritten ab:

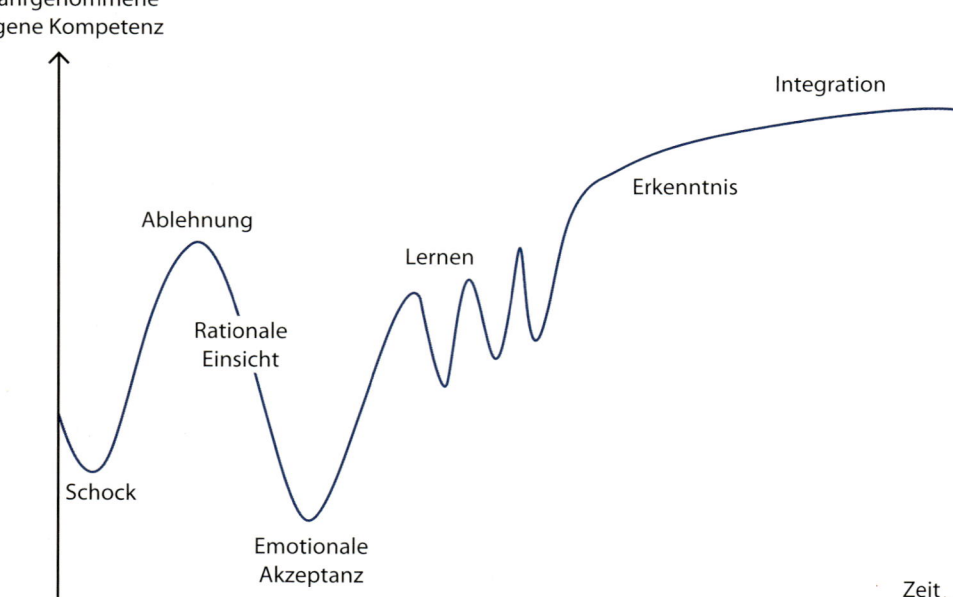

Die Reaktionen der Mitarbeiter sind dabei aber höchst unterschiedlich:

Visionäre und Missionare	Sie sind überzeugt, dass die Veränderungen notwendig sind und versuchen, die anderen Mitarbeiter aktiv in den Veränderungsprozess einzubinden.
Aktive Gläubige	Sie sind vom Erfolg der vorgesehenen Änderungen überzeugt und arbeiten aktiv daran mit.
Opportunisten	Sie wägen persönliche Vor- und Nachteile ab. Gegenüber Vorgesetzten äußern sie sich positiv, gegenüber Kollegen und Mitarbeitern dagegen eher skeptisch.

Abwartende und Gleichgültige	Sie zeigen nur eine sehr geringe Bereitschaft, sich an den Veränderungen aktiv zu beteiligen, bis der Veränderungsprozess spürbare Erfolge zeigt.
Untergrundkämpfer	Sie leisten verdeckten Widerstand und machen Stimmung gegen den Wandel.
Offene Gegner	Sie sind überzeugt, dass die vorgesehenen Änderungen falsch sind und nicht zum gewünschten Ziel führen. Die Kritik ist jedoch meist konstruktiv und kann positiv genutzt werden.
Emigranten	Sie tragen den Wandel nicht mit und verlassen die Organisation. Oft wird diese Entscheidung von Leistungsträgern getroffen, die für sich keine ausreichenden Perspektiven mehr sehen.

Bewegen

Die Veränderungen werden in der beabsichtigten Weise eingeführt. Die Umsetzung erfordert den Einsatz aller Verantwortlichen. Schulungen werden durchgeführt, die den Mitarbeitern die Anpassung an die veränderten Gegebenheiten erleichtern. Diese Phase bedarf einer ständigen Überwachung, um den langfristigen Erfolg zu sichern.

Einfrieren

Die abschließende Phase dient der Verfestigung der Neuerungen. Alle Beteiligten müssen die neue Situation akzeptieren und ihre veränderte Rolle finden. Durch weitere Beobachtung wird sichergestellt, dass die Veränderungen dauerhaft aufrechterhalten bleiben.

Kontrolle

Die Erfolgsmessung ist bei organisatorischen Veränderungen schwierig, weil ein Vergleichsmaßstab fehlt. Die Gegenüberstellung der Ergebnisse mit dem früheren Zustand kann aber die Wirksamkeit und den Erfolg belegen.

Durch die permanente Kontrolle von Qualität und Quantität kann entschieden werden, ob die aktuelle Organisationsentwicklung abgeschlossen werden kann oder fortgesetzt werden muss. Insofern ist die Einbettung in einen Rückkopplungsprozess unabdingbar. So wird eine Annäherung an die Vorstellung von einer **Lernenden Organisation** möglich, die einen ständigen Verbesserungsprozess bei der Struktur, den Steuerungspotenzialen, der Umweltanalyse, dem Wissensbestand und dem Verhalten bewirken soll.

Formen des Wandels

Bei einem **kontinuierlichen Verbesserungsprozess** (KVP) wird die Organisation in kleinen, aufeinander aufbauenden Schritten planvoll von einem bestehenden Zustand in eine angestrebte neue Situation überführt. Dabei wird auf die Belastungsfähigkeit der

Mitarbeiter Rücksicht genommen, damit diese den Prozess rational und emotional positiv erleben können.

Beim **Business-Reengineering** werden zwar die Erfahrungen der bisherigen Organisation berücksichtigt, aber eine vollständige Neugestaltung in einem Schritt durchgeführt. Dadurch wird eine neue Organisationsform erreicht, und zwar ohne Rücksicht auf bereits vorhandene Strukturen. Dieser Prozess muss entsprechend kurz sein und führt in der Regel zu schmerzhaften Einschnitten.

Auch eine Verbindung der beiden Grundprinzipien ist möglich. Dann wird das radikalere Business-Reengineering für die eigentliche Umstellung genutzt, die kontinuierliche Verbesserung dient der weiteren Optimierung.

8.4.2 Organisationales Lernen

Alle Organisationen müssen sich in einem kontinuierlichen Veränderungsprozess an die immer schnelleren und intensiveren ökonomischen, politischen und technologischen Veränderungen ihres Umfeldes anpassen. Um ihre Wettbewerbsfähigkeit durch qualitativ hochwertige Angebote aufrechterhalten zu können, sind sowohl antizipative wie reaktive Strategien erforderlich, um den neuen Herausforderungen zu begegnen.

Eine lernende Organisation aktualisiert und vergrößert permanent ihre Wissensbasis, entweder durch den Import neuen Wissens oder durch die Optimierung bereits vorhandenen Wissens.

> *Organisationales Lernen darf nicht mit der Summe des Lernens der einzelnen Organisationsmitglieder gleichgesetzt werden. Individuelles Wissen muss zusammengefasst, vernetzt und allgemein zugänglich gemacht werden.*

Voraussetzungen für organisationales Lernen sind folglich die Weitergabe des vorhandenen Wissens sowie seine Entwicklung und Pflege. Die Organisationsstruktur und Kommunikationskultur muss diese Prozesse nicht nur ermöglichen, sondern auch dazu beitragen, dass die Zufälligkeit des Lernens in einer Organisation vermieden wird.

Förderlich sind

- flache Hierarchien, die den erwünschten Wissensaustausch fördern.

- offene Kommunikationsstrukturen, die vorhandenes Wissen identifizieren und Defizite erkennbar machen.

- tolerante Einstellungen gegenüber individuellen Fehlern. Die Organisationsmitglieder müssen aus Fehlern lernen dürfen.

- Offenheit für Neues, überholtes Wissen muss verlernt werden dürfen.

Unter diesen Voraussetzungen kann ein bewusster Prozess gefördert werden. Die Skizze verdeutlicht den Ansatz:

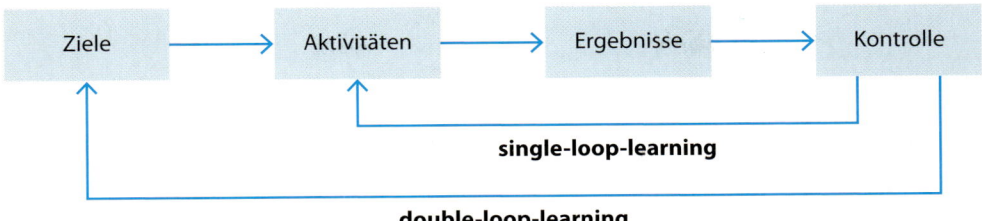

Erarbeitetes Wissen wird durch den single-loop konserviert. Abweichungen werden registriert und korrigiert, um einen gewünschten Zustand zu konservieren.

Durch den double-loop soll erarbeitetes Wissen so transferiert werden, dass es für neue Anforderungen zur Verfügung steht.

Exkurs: Die fünf Disziplinen nach Peter M. Senge

Senge erkennt sieben Hindernisse, die das Lernen von Organisationen verhindern:

- *Die Mitarbeiter sehen sich als Teil eines Systems, auf das sie wenig Einfluss haben. Sie fühlen sich folglich nicht verantwortlich für die Ergebnisse der Zusammenarbeit.*

- *Bei Schwierigkeiten wird immer außerhalb der Organisation nach einem Verantwortlichen gesucht.*

- *Der eigene Beitrag zu Problemen wird nicht erkannt.*

- *Wenn alle Prozesse Abfolgen von Ereignissen sind, die wiederum Reaktionen auf andere Ereignisse darstellen, sind Kreativität und eigene Gestaltung nicht möglich.*

- *Durch überzogene Aufmerksamkeit für das Schnelle und Dramatische geht der erforderliche Blick verloren für das wichtige Langsame und Subtile.*

- *Wir lernen zwar aus Erfahrung, aber die Auswirkungen der Entscheidungen werden nicht erkannt.*

- *Der Teamgeist geht durch Rivalitäten und Beschäftigung mit komplexen Problemen verloren.*

Um diese Hindernisse für die Entwicklung von Lernenden Organisationen zu überwinden, müssen vier Fertigkeiten beherrscht werden:

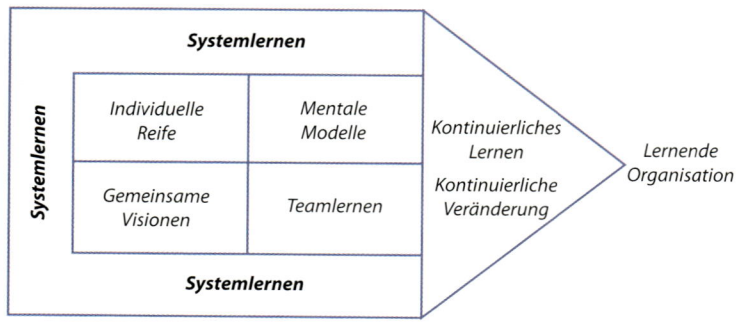

Die vier Basisfertigkeiten		
Personal Mastery (Individuelle Reife)	Bereitschaft der Mitarbeiter, eigenständig auf Ziele hinzuarbeiten, Situationen realistisch einzuschätzen, Gewohntes in Frage zu stellen. Klärung der eigenen Position in der Organisation. Individuelle Reife ist ein lebenslanger Entwicklungsprozess.	Die Organisation muss eine Umwelt schaffen, die alle Mitarbeiter ermutigt, ihre selbstbestimmten Ziele und Absichten zu verfolgen. Sie muss alle Mitarbeiter zum Lernen und zur eigenen Entwicklung motivieren.
Mental Models (Mentale Modelle)	Aus Erfahrung entstandene Vorstellungen und Meinungen prägen Wahrnehmungen und beeinflussen die Entscheidungen. Sie bilden das subjektive Weltbild der Mitarbeiter, das in der Regel konservativ ist, weil mentale Modelle sehr beharrlich sein können.	Die jeweils geltenden mentalen Modelle müssen analysiert und gegebenenfalls verändert werden. Andere Meinungen müssen respektiert, die Situation mit den Augen eines anderen betrachtet werden.
Shared Visioning (Gemeinsame Vision)	Ohne gemeinsame Ziele kann keine Organisation auf Dauer bestehen. Alle Mitarbeiter sollen die gemeinsamen Ziele verstehen und verinnerlichen. Die Vorstellungen von einer zukünftigen Realität sollen Orientierung geben und Identifikation fördern.	Das Engagement der Mitarbeiter wird gefördert durch die Entwicklung von Bildern der gemeinsam angestrebten Zukunft. Die gemeinsamen Visionen werden in einem Leitbild verankert.
Team Learning (Lernen im Team)	Lernen im Team ist die Kompetenz, gemeinsam zu arbeiten, zu handeln und systematisch zu lernen. Die Gruppe versteht sich dann als Einheit mit gemeinsamer Ausrichtung.	Die Arbeitsatmosphäre muss durch gemeinsam formulierte Ziele, offene Kommunikation und Vertrauen gekennzeichnet sein. So wird ein Synergieeffekt erreicht, weil dass das Wissen und Können in einem Team größer ist als die Summe der individuellen Beiträge.

Diese Basisfertigkeiten dürfen nicht isoliert betrachtet werden, die Abhängigkeiten und Wechselwirkungen innerhalb eines Systems sind immer gleichzeitig zu bedenken. Nach Senge ist zur Entwicklung einer Lernenden Organisation eine entscheidende **fünfte Disziplin** erforderlich, die es ermöglicht, die vier Basisdisziplinen im Zusammenhang zu sehen.

"Systems thinking is a discipline for seeing wholes. It is a framework for seeing interrelationships rather than things, for seeing patterns of change rather than static 'snapshots'. It is a set of general principles… And systems thinking is a sensibility – for the subtle interconnectedness that gives living systems their unique character."
(Senge, 1990, S. 68 ff.)

Beim Systemdenken werden die Kräfte und Wechselbeziehungen, die das Verhalten des Systems steuern, im Zusammenhang betrachtet. Wenn möglichst viele Einflussfaktoren berücksichtigt werden, können typische Verhaltensmuster erkannt, beschrieben und bearbeitet werden. Dann können die Abhängigkeiten, Interdependenzen und ganzheitlichen Strukturen erkannt und Ursache-Wirkungs-Ketten festgestellt werden.

Durch Einbeziehung der fünften Disziplin können z. B. erkannt werden:

fixes that fail	*Zielsetzungen, die nicht erfolgreich sein werden*
shifting the burden	*Probleme, die nur verschoben und nicht gelöst werden*
accidental adversaries	*ungewollte Gegnerschaften*
repairs that fail	*Reparaturversuche, die unabsichtlich misslingen*

Systemdenken ist die integrative Disziplin, die alle Basisdisziplinen miteinander verknüpft und sie zu einer ganzheitlichen Theorie und Praxis zusammenfügt und so verhindert, dass die Basisdisziplinen isoliert betrachtet werden. Vielmehr zeigt das Systemdenken, dass alle anderen Disziplinen gefördert werden, wenn erkannt wird, dass das Ganze mehr ist als die Summe seiner Teile.

Alle fünf Disziplinen sind erforderlich, um eine lernende Organisation zu entwickeln. Sie beeinflussen sich wechselseitig und verbessern sukzessive die Leistungsfähigkeit der Organisation.

gelernt & nachgedacht

1. *Diskutieren Sie das Gleichnis vom gekochten Frosch für das Verhalten in Organisationen: Setzt man einen Frosch in heißes Wasser, wird er mit allen Kräften versuchen, das Gefäß so schnell wie möglich zu verlassen. Taucht man ihn jedoch in kaltes Wasser, das langsam erhitzt wird, wird er sich nicht wehren und zu Tode kochen.*

2. *Diskutieren Sie die These „Motivation ist besser als Motivierung."*

3. *Im Zusammenhang mit der Teamentwicklung wird gerne das arabische Sprichwort „Wer alleine arbeitet, addiert; wer zusammen arbeitet, multipliziert." zitiert. Interpretieren Sie die Aussage in Bezug auf Sozialeinrichtungen.*

4. *Der folgende Fall wird von dem Kommunikationswissenschaftler Paul Watzlawick beschrieben: Ein Ehepaar streitet sich:*

   Sie: „Ich nörgle, weil du immer ins Gasthaus gehst"
   Er: „Ich gehe ins Gasthaus, weil du immer nur nörgelst"

   Überlegen Sie, welche Schlüsse das Sozialmanagement für die Organisationsentwicklung daraus ziehen kann.

5. *Erklären Sie den Kurvenverlauf während eines Veränderungsprozesses anhand der Skizze:*

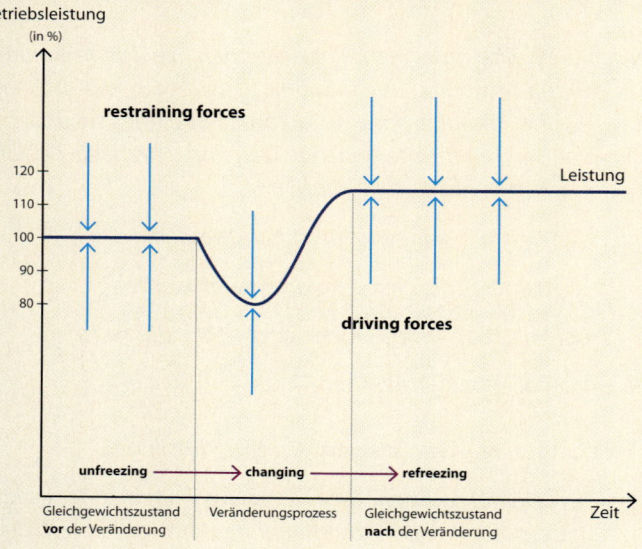

---

gelernt & nachgefragt

1. *Fragen Sie die Leitung eines Jugendzentrums, was dort unter „Organisationsentwicklung" verstanden wird.*

2. *Stellen Sie bei dieser Gelegenheit auch fest, wie das Jugendzentrum als Organisationseinheit in eine Aufbauorganisation integriert ist.*

3. *Stellen Sie in einer Skizze den Ablauf eines Antrages auf BAföG dar.*

4. *Fragen Sie in einer Drogenberatungsstelle, welche Rolle dort dem Change Management beigemessen wird.*

5. *Lassen Sie sich in einem Seniorenzentrum darlegen, wie die Aufgabe „Einkauf von Frühstückseiern" organisiert ist. Stellen Sie den Ablauf grafisch dar.*

9 Projektmanagement

Durch ein Projekt soll in vorgegebener Zeit und mit beschränktem Aufwand ein eindeutig definiertes Ziel erreicht werden.

> **DIN EN ISO 69901**
> Ein Projekt ist ein Vorhaben, das im Wesentlichen durch Einmaligkeit der Bedingungen in ihrer Gesamtheit gekennzeichnet ist, wie z. B.: Zielvorgabe, zeitliche, finanzielle, personelle oder andere Bedingungen, Abgrenzungen gegenüber anderen Vorhaben und projektspezifische Organisation.

Ein Projekt verfügt über folgende Merkmale:

- *Zielorientierung: Das Projektziel muss so exakt definiert sein, dass der Erfolg oder Misserfolg eindeutig festgestellt werden kann. Das Projektziel und die Unterziele müssen messbar formuliert sein.*

- *Zeitliche Begrenzung: Der vorgegebene Zeitraum ist bestimmt und begrenzt. Start- und Endzeitpunkt sind genau festgelegt.*

- *Einmaligkeit: Die Aufgabenstellung ist neuartig und einmalig.*

- *Komplexität: Mithilfe von Projekten werden Aufgaben gelöst, die mehrere Bereiche betreffen.*

- *Zusammenarbeit: Spezialisten verschiedener Organisationseinheiten arbeiten gemeinsam, um das Projektziel zu erreichen.*

- *Organisatorische Zuordnung: Die organisatorische Eingliederung des Projektes ist abhängig von der spezifischen Aufgabe und dem Ziel. Auch das zur Verfügung stehende Budget ist festgelegt.*

- *Bedeutung: Die Aufgabenstellung eines Projekts ist herausgehoben. Sie hat eine erhebliche Relevanz.*

- *Nach Abschluss des Projektes ermöglicht eine **Dokumentation** die Nutzung der Erfahrungen für die Konzeption und Durchführung zukünftiger Projekte.*

> **DIN EN ISO 69901**
> Projektmanagement ist die Gesamtheit der Organisationseinheiten und der aufbau- und ablauforganisatorischen Regelungen zur Abwicklung eines bestimmten Projektes.

Das Projektmanagement umfasst damit folgende Bereiche:

- Idee und **Aufgabe** des Projektes.

- **Projektmitglieder**: Sie bringen ihre Einstellungen, Fachkenntnisse, sozialen Kompetenzen, Fähigkeiten und Fertigkeiten und ihr persönliches Engagement ein.

- **Organisation**: Die Projektorganisation bestimmt die Vorgehensweise.

- **Steuerung**: Sie sichert die Einhaltung des Zeitplanes und bestimmt die Verwendung der finanziellen Mittel.

- **Arbeitsmethoden**: Geregelt werden der Informationsaustausch, Terminplanungstechniken, Kreativitätstechniken, Dokumentation.

- **Kontrolle**: Bei Abweichungen von den Soll-Daten müssen Gegenmaßnahmen zur Sicherung des Projektzieles eingeleitet werden.

> *Projektmanagement ist eine Koordinations- und Integrationsaufgabe. Die Berücksichtigung der Grundsätze zur Kommunikation, Teamführung und Motivation ist dabei unverzichtbare Voraussetzung.*

Das Sozialmanagement muss eine Balance finden zwischen den unterschiedlichen Erwartungen an die Projekte:

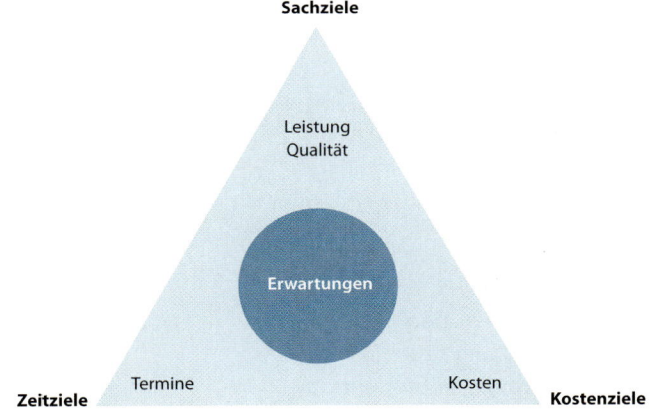

Die drei Größen werden von den Beteiligten oft unterschiedlich und möglicherweise widersprüchlich gesehen. Durch ihre gegenseitige Abhängigkeit führt die Veränderung bei einem Ziel auch zu Änderungen bei den anderen Zielen.

9.1   Projektplanung

Projektanalyse

Die Analyse dient vor allem der Feststellung der Probleme, die unter den gegebenen Be-dingungen zu bearbeiten sein werden. Zur eindeutigen Orientierung wird geklärt:

- Welcher Soll-Zustand soll von welchem Ist-Zustand aus erreicht werden?
- Welche Zwischenziele müssen von welchem Ist-Zustand aus erreicht werden?
- Welche Hindernisse werden dabei zu überwinden sein?

Bei der Projektplanung werden die Teilbe-reiche und -aufgaben aufeinander abge-stimmt und realistische Vorgaben für die zur Verfügung stehende Zeit, die Kosten und andere Ressourcen entwickelt. Sie be-zieht sich immer auf den konkreten Fall.

Ein Feedback ist vorgesehen, damit neue Erkenntnisse schnellstens in weitere Über-legungen einfließen und erforderliche Maß-nahmen eingeleitet werden können.

Projektauftrag

Mit dem Projektauftrag wird das Projekt for-mell bestätigt. Er wird zwischen dem Auf-traggeber und der Projektleitung geschlos-sen. Die meisten Projektaufträge enthalten:

- Bezeichnung des Projektes
- Auftraggeber
- Anfangs- und Enddatum
- Meilensteine (Zwischenziele)
- Pflichten- und Lastenheft
- Erwartete Ergebnisse
- Budget
- Projektbeteiligte

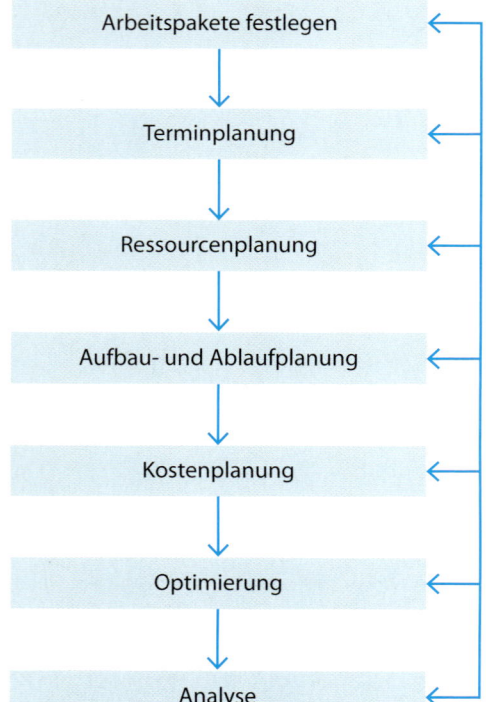

Projektauftrag

Projekttitel:	
Projektnummer:	
Projektart:	<z.B. Kundenprojekt, IT-Projekt, Produktentwicklungsprojekt, Innovationsprojekt, Veranstaltungsprojekt, Organisationsprojekt...>
Projektleiter/in:	
Projektauftraggeber/in:	<= interner Projektsponsor>
Projektkunde(n):	<optional>
Projektdauer:	Geplanter Beginn: Geplantes Ende:
Ausgangssituation/ Problembeschreibung:	<Probleme, relevanter Hintergrund, Anforderungen...>
Projektgesamtziel:	<kurze Beschreibung des Gesamtziels>

Projektteilziele und -ergebnisse:	Teilziele:	Ergebnisse:
		• <messbare Ergebnisse> • • •

Nicht-Ziele/Nicht-Inhalte:	<out of scope>

Meilensteine:	Meilensteine:	Datum:

Randbedingungen und -projekt-kontext:	<relevante Rahmenbedingungen, „constraints">

Projektklassifizierung:		
	Strategische Relevanz:	<0 = gering, 5 = sehr hoch>
	Komplexität:	<0 = gering, 5 = sehr hoch>
	Neuartigkeitsgrad:	<0 = gering, 5 = sehr hoch>
	Projektumfang:	<0 = gering, 5 = sehr hoch>
	Projektrisiko:	<0 = gering, 5 = sehr hoch>
	Projektdauer:	<0 = gering, 5 = sehr hoch>
	Projektbudget:	<0 = gering, 5 = sehr hoch>
	Wirtschaftliches Potenzial:	<0 = gering, 5 = sehr hoch>

Projektorganisation:	
	Kernteam: • <Name, Abteilung/Funktion> • • **Erweitertes Projektteam:** • <Name, Abteilung/Funktion> • • **Sonstige Projektbeteiligte:** • <z.B. Lieferanten, Partner...>

Projektressourcen:	Ressourcen:	Menge:
	<z.B. Personal> <z.B. Sachmittel> <z.B. Material>	

Projektbudget:	<in EUR - Summe aller notwendigen Ressourcen>
Wirtschaftlicher oder sonstiger Nutzen:	<Nutzen beschreiben und wenn möglich quantifizieren>
Projektrisiken und -unsicherheiten:	<Risiko - Bewertung - Gegenmaßnahme>

Projektentscheidung:	Freigabe:	Freigabe am:
	<Projektauftraggeber/in>	<Datum>
	<Projektmanager/in>	<Datum>
	<ggf. weitere Führungskräfte>	<Datum>
	<ggf. weitere Führungskräfte>	<Datum>

Sonstige relevante Informationen:	
Anlagen:	<Spezifikationen, Beschreibungen, Pläne etc.>

(Quelle: Hagen, unter: http://pm-blog.com, 2011)

9.2 Projektorganisation

Der Projektprozess wird bestimmt durch Arbeitsanweisungen und zeitliche, finanzielle und personelle Vorgaben. Welche Schritte – abhängig von den jeweiligen Zwischenergebnissen – während des Projektes aufeinanderfolgen dürfen, wird bereits zum Projektstart festgelegt. Die konkrete Vorgehensweise ergibt sich dann aus dem Projektfortschritt.

Projektbeteiligte

Die unterschiedlichen Aufgaben und Rollen in einem Projekt werden jeweils besonders geeigneten Mitarbeitern übertragen. Sie bringen ihre unterschiedlichen Kenntnisse, Vorstellungen und Interessen ein, um gemeinsam ein optimales Projektergebnis zu erarbeiten. In der Regel sind folgende Rollen zu besetzen:

- Projektentscheider
- Projektleiter
- Teilprojektleiter
- Projektmitarbeiter

Es kann sinnvoll sein, eine maßvolle Personalfluktuation zu planen und nach Bedarf weitere Personen neu in das Projekt zu integrieren. Durch kritisches Nachfragen werden sie die Projektidee noch weiter spezifizieren können und zu noch klareren Perspektiven beitragen.

Die Verbindung zwischen dem Auftraggeber und dem Projekt wird durch einen Lenkungsausschuss (auch Steuerungsausschuss, Steering Board o. Ä.) sichergestellt. Er besteht aus den Organisationsverantwortlichen des Auftraggebers und ist das oberste beschlussfassende Gremium. Seine Aufgabe ist die Überwachung der Projektergebnisse und die Ermittlung von Planabweichungen.

Projekte in der Aufbauorganisation

Die Kompetenzaufteilung zwischen der Projektleitung und den Linieninstanzen ist unterschiedlich. Vier Grundformen werden unterschieden:

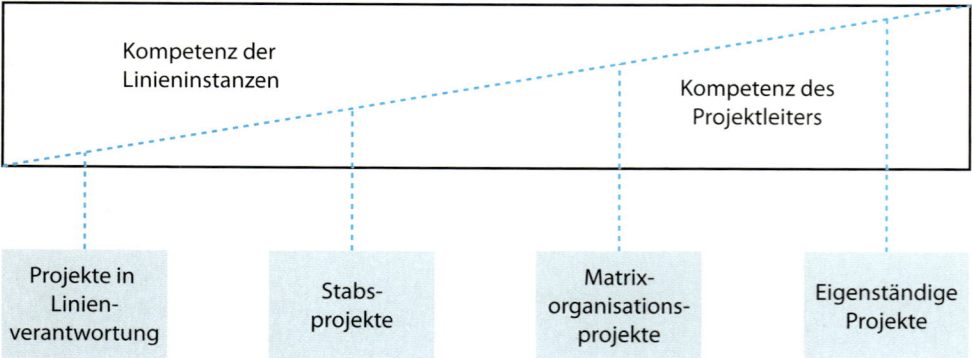

Projekte in Linienverantwortung

Mit den Projektaufgaben werden bestehende Stellen betraut. Die Linienorganisation wird nicht an die Anforderungen des Projekts angepasst. Es handelt sich nicht um eine „echte" Projektorganisation.

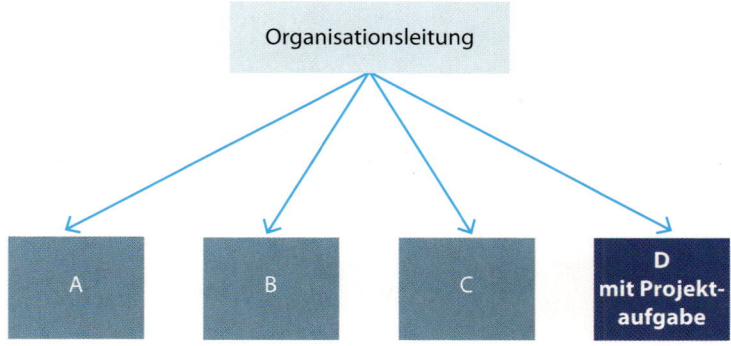

Stabsprojekte

Die hierarchische Organisationsstruktur bleibt praktisch unverändert, sie wird aber um eine Stabsstelle als koordinierende und lenkende Projektstelle erweitert. Gegenüber den Fachabteilungen hat sie kein Weisungs-, Entscheidungs- oder Mitspracherecht. Die Durchsetzung der Arbeitsergebnisse erfolgt durch die Organisationsleitung. Diese Organisationsform eignet sich besonders für kleine Projekte.

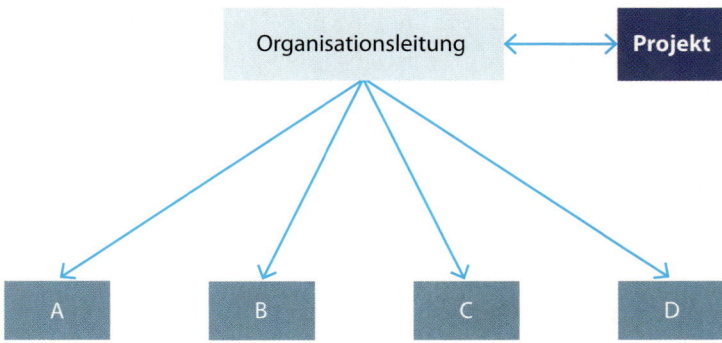

Vorteile von Stabsprojekten	Nachteile von Stabsprojekten
Die Organisationsstruktur bleibt unverändert	Hohe Führungs- und Durchsetzungsanforderungen an die Projektleitung
Hohe Flexibilität	Mögliche Interessenkonflikte zwischen Stab und Linie
Mitarbeiter können nach Bedarf in das Projekt integriert werden	Verantwortlichkeiten können nicht eindeutig zugeordnet werden

Matrixorganisationsprojekte

Diese Projektorganisation wird für kleinere Projekte gewählt, die gelegentlich Unterstützung durch Linienmitarbeiter benötigen. Die Linienorganisation wird für die Projektdauer um eine zusätzliche Dimension erweitert. Die Projektmitarbeiter unterstehen weiterhin ihren Vorgesetzten und gleichzeitig dem Projektleiter.

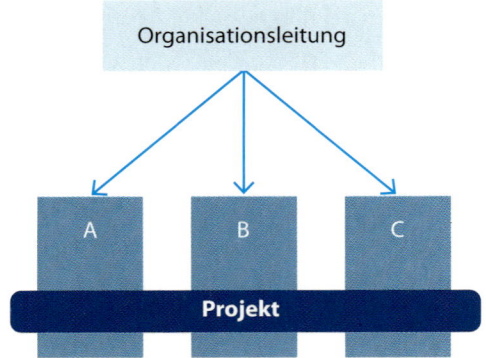

Vorteile der Projektmatrixorganisation	Nachteile der Projektmatrixorganisation
Spezialisten aus der Hierarchie können gezielt und effizient eingesetzt werden	Zwischen Projekt und Linie können Konflikte schwer überbrückt werden
Interessen der Fachabteilungen können einfließen	Die Kompetenzregelung ist unklar
Einfacher Informationsaustausch zwischen der Projektgruppe und den Fachabteilungen	Für die Mitarbeiter kann eine Doppelbelastung entstehen
Keine Reorganisation nach Beendigung des Projekts erforderlich	Es entsteht ein umfangreicher Koordinationsaufwand

Eigenständige Projekte

Die eigenständige Projektorganisation wird vor allem für Großprojekte angewandt. Mitarbeiter aus verschiedenen Fachabteilungen werden aus ihren bisherigen Organisationszusammenhängen ausgegliedert und unter der Leitung eines Projektmanagers in einem Projektteam zusammengefasst.

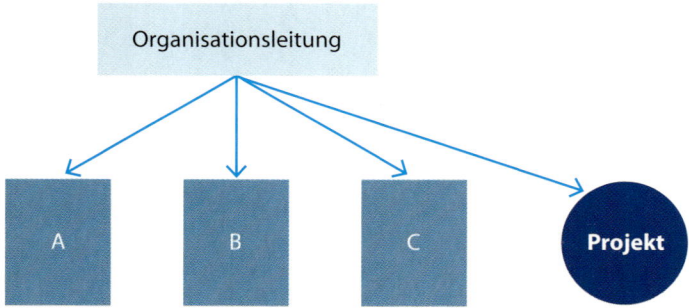

Vorteile der eigenständigen Projekte	Nachteile der eigenständigen Projekte
Klare Weisungsbefugnisse und Kompetenzen	Hohe Anforderungen an den Projektleiter
Hohe Motivation und Identifikation mit der Projektaufgabe	Durch die Entsendung der Projektmitarbeiter aus bestehenden Organisationseinheiten werden dort Lücken entstehen
Niedriger Koordinationsaufwand	Tendenz zur Verselbstständigung der Projekte von der Linienorganisation
Kurze Informations- und Entscheidungswege	Die Wiedereingliederung der Projektmitarbeiter kann Probleme bereiten

9.3 Projektphasen

Die Projektablaufplanung erfolgt in vier Schritten:

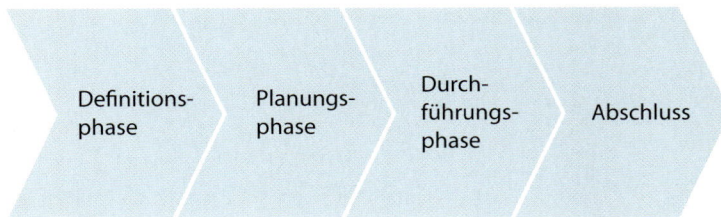

Definitionsphase

Die Initiierung eines Projektes geht meistens auf die Fachbereiche oder die Geschäftsführung zurück. Bereits bei den ersten Überlegungen sollte auch der Projektkontext in die Analyse einbezogen werden.

Zeitlicher Kontext	Welche vor- und nachgelagerte Prozesse sind zu berücksichtigen?
Sachlicher Kontext	Welche Rahmenbedingungen sind zu beachten?
Sozialer Kontext	Welche Personengruppen werden durch das Projekt tangiert?

Von der Definition des Projektes hängt ab, ob nach dessen Beendigung eine realistische Erfolgsbeurteilung erfolgen kann. Deshalb muss das Projektziel so genau wie möglich erläutert werden. Es soll operational, also anhand von quantitativen Größen nachvollziehbar beschrieben sein. Dazu soll es in Unterziele aufgeschlüsselt werden, die jeweils einzeln überprüfbar sind.

Die Projektdefinition enthält Angaben über

- *die Ausgangssituation, die Anlass zur Einrichtung des Projektes war.*

- *die Vorstellungen, die dem Auftrag zugrunde liegen.*

- *die Bedeutung des Projektes für die Organisation insgesamt.*

- *die wesentlichen Rahmenbedingungen wie Finanzierung, Personalausstattung u. Ä.*

- *die erwarteten Ergebnisse, gegebenenfalls mit der Definition von Teilzielen („Meilensteine").*

- *den Kostenrahmen.*

- *die erwarteten Lösungsvorschläge.*

Am Ende der Definitionsphase soll ein **Projektentwurf** vorliegen. Er muss allen Beteiligten eine verbindliche und zuverlässige Grundlage für ihr Engagement bieten. Eine mögliche Variante mit den wesentlichen Punkten könnte so aussehen:

Arbeitstitel		
Projektziel		
Projektmitglieder		
Leitung		
Zeitplan	Beginn:	Ende:
Ressourcen		
Aufgaben		
Meilensteine		
Projektergebnis		
Das Projekt war erfolgreich, wenn ...		

Organisationsplanung

Die Organisationsplanung umfasst die Aufbau- und Ablauforganisation. Die Festlegung des Projektablaufes ist der wichtigste Teil der Projektplanung. Durch die ausführliche und konkrete Bestimmung der Zeitpläne und die Zuweisung der Verantwortlichkeiten, aber auch durch die realistische Berücksichtigung erkennbarer Schwierigkeiten wird der Erfolg eines Projektes maßgeblich bestimmt.

Im Zuge der Planung werden ein Projektstrukturplan (PSP) und ein Projektablaufplan (PAP) erstellt.

Projektstrukturplan

Im Projektstrukturplan werden Arbeitspakete zusammengestellt. Alle im Projekt auszuführenden Tätigkeiten werden zeitlich und sachlich nach verschiedenen projektabhängigen Kriterien in Haupt- und Teilaufgaben gegliedert. So wird die Vorgehensweise für alle Beteiligten verdeutlicht, Missverständnisse werden vermieden und gleichzeitig werden die unterschiedlichen Fähigkeiten der Projektmitarbeiter eingebunden und aufeinander abgestimmt.

Der Projektstrukturplan ist eine statische Abbildung des Gesamtprojektes und seiner Meilensteine.

Projektablaufplan

Der Projektablaufplan beschreibt die Bearbeitung der einzelnen Projektaufgaben im Zeitablauf. Die gegenseitige Abhängigkeit der Arbeitsschritte wird in Terminplänen verdeutlicht.

Die Beziehungen der Teilaufgaben zu Personal-, Material- und Raumplanung werden ebenso berücksichtigt wie externe Bedingungen, z. B. Ferien- und Urlaubszeiten.

Kritisch sind die markanten Zeitpunkte im Projektablauf, zu denen einzelne Meilensteine abgeschlossen sein müssen. Sie sollen auch zeitlich so vorgesehen und gestaffelt werden, dass eine Kumulation von Terminen vermieden wird und gleichzeitig eine Einbindung in andere betriebliche Planungen möglich ist. Weil Meilensteine auch Kontrollmöglichkeiten bieten, sind sie in vielen Fällen auch die Zeitpunkte, an denen über die weitere Entwicklung des Projektes entschieden werden muss.

Die sorgfältige und realistische Aufstellung des Projektablaufplanes sichert die fristgerechte Abwicklung des Projektes und die Einhaltung der gesetzten Fristen, insbesondere des Projektendes mit der Feststellung der Ergebnisse.

Durchführungsphase

In der Durchführungsphase (Realisierungsphase) werden nach den sorgfältigen Vorüberlegungen die festgelegten Arbeitseinheiten von den jeweils zuständigen Projektmitgliedern bearbeitet. Sie stimmen ihre Anstrengungen inhaltlich und zeitlich mit den anderen Projektmitgliedern ab. Dazu nutzen sie die festgelegten Informationskanäle, vor allem regelmäßig stattfindende Besprechungen („jour fixe"). So bleibt einerseits der Projektfortschritt für alle erkennbar und transparent, andererseits können eventuell auftretende Probleme gemeinsam gelöst bzw. in den verschiedenen Arbeitsbereichen berücksichtigt werden.

Dadurch sollen der erarbeitete Zeitplan eingehalten und die Ziele bestmöglich erreicht werden. Die Meilensteine bieten Möglichkeiten der Bestandsaufnahme und der gemeinsamen Überprüfung des Arbeitsstandes.

Eine sinnvolle Möglichkeit ist dabei die Führung und Abarbeitung einer Liste mit offenen Punkten, die in den Sitzungen besprochen werden:

- Welche Themen sind bereits bearbeitet?
- Welche Punkte stehen noch aus?
- Welche Punkte müssen verändert werden?
- Ist die personelle Zuordnung noch gegeben und sinnvoll?
- usw.

> *Eine effektive Projektkontrolle ist notwendig für eine erfolgreiche Projektdurchführung. So können Planabweichungen frühzeitig festgestellt und nötigenfalls rechtzeitig Gegenmaßnahmen eingeleitet werden.*

Je häufiger und intensiver die Kontrollen stattfinden, desto früher und genauer können die Ursachen für die unerwünschten Entwicklungen beseitigt werden.

Abschluss und Transfer

Nach Abschluss des Projektes werden sowohl das Ergebnis wie auch der Arbeitsprozess analysiert. Dabei wird ein abschließendes Fazit gezogen und festgehalten, was an dem abgeschlossenen Projekt positiv oder negativ zu bewerten ist.

Finanzwirtschaftliche Kontrolle

Der Projektfortschritt wird durch das Projektcontrolling überwacht. Seine wesentlichen Ziele sind Kosten- und Zeitersparnis.

Die Kostenplanung erfolgt mit einer projektbezogenen Vollkostenrechnung. Zu den ressourcenspezifischen Kosten (Personal- und Materialkosten, Büromiete usw.) werden die anteiligen Gemeinkosten (Löhne und Gehälter von Verwaltung und Management, Telefon- und Internetkosten usw.) addiert, die sich nicht einem einzelnen Projekt zuordnen lassen.

Die Überwachung der Projektkosten erfolgt auf der Basis des Projektbudgets. Wie bei anderen Problemstellungen der Kostenrechnung geht es auch bei den Projektkosten um die Feststellung der einzelnen Kostenarten, ihrer genauen Höhe und um ihre Zuordnung. Schwierigkeiten bestehen insbesondere bei der zeitlichen Abgrenzung und der Verrechnung der Gemeinkosten.

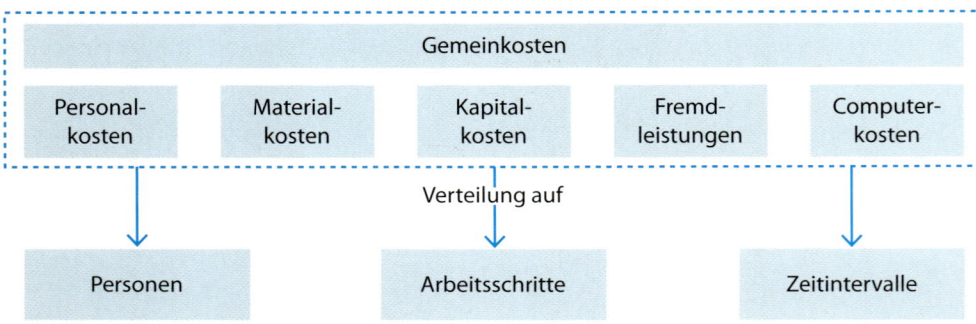

Die Herausforderung bei der Bestimmung und Beeinflussung der Projektkosten besteht darin, die minimalen Projektgesamtkosten zu ermitteln.

Projektabschluss

Am Ende der Projektlaufzeit wird überprüft, ob die angestrebten Ziele erreicht worden sind. Eine sinnvolle Projektauswertung ist folglich nur denkbar, wenn schon bei der Zielformulierung und Projektdefinition klare Kriterien für die Beurteilung der Zielerreichung festgelegt worden sind.

Der Projektabschluss ist nach DIN 69905 die letzte Phase eines Projektes und umfasst die Schritte

- Produktabnahme,
- Projektabschlussanalyse,
- Erfahrungssicherung und
- Projektauflösung.

Alle Tätigkeiten im Zusammenhang mit dem Projekt werden beendet. Die Projektgremien werden aufgelöst, Dokumente werden archiviert und die Kostenstelle wird abgeschlossen. Die Projektergebnisse können übergeben und abgenommen werden.

„lessons learned"

Strukturierte Informationssammlungen über abgeschlossene Projekte sollen der Vorbereitung ähnlicher Projekte dienen.

> *Die systematische Dokumentation von Erfahrungen, die in einem abgeschlossenen Projekt gemacht worden sind, wird als „lessons learned" bezeichnet.*

Die Projektbeteiligten haben neue Erkenntnisse gewonnen, die anderen zugänglich gemacht werden sollen, damit diese von den Erfahrungen profitieren können, Fehler nicht wiederholt werden und die Wahrscheinlichkeit von Misserfolgen verringert wird. Auch wenn eine einfache Übertragbarkeit auf andere Projekte immer nur eingeschränkt möglich ist, kann durch die Beachtung von „lessons learned" das Management zukünftiger Projekte verbessert werden.

Projektdokumentation

Nach Beendigung eines Projektes ist zu entscheiden, wie mit den Ergebnissen verfahren wird. Um den Ablauf und das Ergebnis eines Projektes auch langfristig archivierbar und nutzbar zu machen, wird eine Projektdokumentation angelegt. Sie zeigt den Projektverlauf und die Projektergebnisse und macht die praktischen – positiven wie negativen – Erfahrungen für weitere Projekte verfügbar und nutzbar.

Die Projektdokumentation ist nach DIN 69901 die „Zusammenstellung ausgewähl-
ter, wesentlicher Daten über Konfiguration, Organisation, Mitteleinsatz, Lösungs-
wege, Ablauf und erreichte Ziele des Projektes." In der Regel enthält sie auch eine
Nachkalkulation.

Gut zugänglich archiviert steht die Dokumentation für zukünftige Projekte zur Verfügung. So soll erkennbar werden, aus welchen Gründen ein bestimmter Lösungsweg gewählt wurde, ob das angestrebte Ergebnis erreicht werden konnte und welche Gründe gegebenenfalls ein besseres Ergebnis nicht zugelassen haben.

Schließlich enthält die Projektdokumentation auch Hinweise, ob Anschlussprojekte möglich und sinnvoll sind.

gelernt & nachgedacht

1. *Definieren Sie „Projekt" und nennen Sie fünf wesentliche Elemente.*

2. *Erklären Sie die Bedeutung von „Meilensteinen" bei der Projektabwicklung.*

3. *In einem Seniorenheim wird überlegt, einen Erweiterungsbau zu errichten. Die Geschäftsleitung setzt dazu eine Projektgruppe ein.*

   a) *Beschreiben Sie ihre Aufgaben in den einzelnen Projektphasen.*

   b) *Entwickeln Sie einen Projektstrukturplan.*

4. *Beschreiben Sie die Rolle von „lessons learned".*

gelernt & nachgefragt

1. *Besorgen Sie sich die DIN 69901 und überlegen Sie, warum den Projekten eine eigene DIN-Vorschrift gewidmet ist.*

2. *Fragen Sie in einem Kindergarten, welche Projekte in den letzten Monaten durchgeführt worden sind. Vergleichen Sie die Antworten mit der Projektdefinition, wie sie im Sozialmanagement genutzt wird.*

3. *Analysieren Sie den folgenden Auszug aus einer Anzeige (S. 197). Beurteilen Sie die in der Stellenanzeige benutzte Projektdefinition.*

Projektleiter/in

Für ein neu zu entwickelndes Angebot für online-süchtige Jugendliche und junge Erwachsene suchen wir zum 01.01.2011 einen **Projektleiter**/eine **Projektleiterin**.

Geplant ist ein stationäres Angebot für diese Zielgruppe mit zwei Gruppen von jeweils acht Plätzen.

Ihre Aufgabe wird die Konzeptentwicklung, die Durchführung des Betriebserlaubnisverfahrens, die Personalakquise und die Öffentlichkeitsarbeit sein.

Die Einrichtung ist Bestandteil der Angebotspalette der **XY gGmbH** und organisatorisch der Jugend- und Familienhilfe zugeordnet.

Wir bieten:

Eine anspruchsvolle Tätigkeit mit vielen Gestaltungsmöglichkeiten

Die Möglichkeit zu regelmäßigen Fortbildungen

Unterstützung durch die Leitung der Jugend- und Familienhilfe

Wir erwarten:

Fähigkeiten in der Netzwerkarbeit

Die Bereitschaft, ein neues Produkt zu entwickeln

Durchführung der Öffentlichkeitsarbeit

Führungsfähigkeit

Selbstständiges Arbeiten

Sicheres Auftreten gegenüber den Kostenträgern und Kooperationspartnern

10 Qualitätsmanagement

Die Qualität einer Leistung spielt in Sozialeinrichtungen eine besondere Rolle, weil in vielen Fällen eine Nachbesserung nicht möglich ist. Qualitätsmanagement überträgt die Verantwortung für die Qualität aller Leistungen sowohl den Führungskräften als auch den Mitarbeitern.

Qualität ist die Summe aller Merkmalsausprägungen einer Leistung bezüglich ihrer Eignung, festgelegte oder erwartete Anforderungen zu erfüllen.

Qualität ist damit eine subjektive Größe. Sie soll so gut wie nötig, aber nicht unbedingt so gut wie möglich sein. Entscheidend ist der Nutzengesichtspunkt unter Berücksichtigung von Kosten und Zeit. Eine Leistung wird auch dann als qualitativ hochwertig wahrgenommen, wenn sie zwar noch besser möglich wäre, aber das Preis-Leistungsverhältnis stimmt.

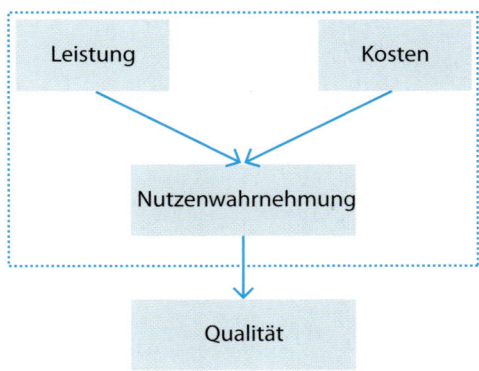

Bei sozialen Dienstleistungen sind sozialrechtliche Zielvorgaben und Mindeststandards zu beachten, sie müssen dem aktuellen Stand professionellen Wissens entsprechen.

In der Sozialen Arbeit sind die Leistungen von hoher Qualität, wenn sie die Bedürfnisse und Erwartungen der Klienten und Mitarbeiter zu deren Zufriedenheit wirksam und wirtschaftlich erfüllen und von den übrigen Stakeholdern akzeptiert werden.

10.1 Qualitätsbereiche

Qualitätsmanagement kann nicht auf einzelne Bereiche beschränkt werden, es muss sich funktionsübergreifend um eine Verpflichtung der ganzen Einrichtung handeln. Wenn dabei eine Orientierung an bereits erarbeiteten Kriterien erfolgt, spricht man von einem Qualitätsmanagementsystem. Der Qualitätskreis zeigt die Aktionsfelder des Qualitätsmanagements:

Konzeptqualität

Ein Konzept ordnet Ziele, Strukturen und Verfahren zum spezifischen Leistungsprofil einer Einrichtung.

Konzeptqualität beschreibt das Ausmaß und die Möglichkeit, die Leistungen den Anforderungen anzupassen und den Zielgruppen in angemessener Form zur Verfügung zu stellen. Sie ist die **geplante Qualität** eines Produktes und damit die Basis für alle weiteren Qualitätsbereiche.

Orientierungsqualität

Die Orientierungsqualität wird von den handelnden Personen bestimmt. Die Klienten fällen ihr Qualitätsurteil aufgrund des fachliches Wissen und Könnens und der Wertvorstellungen der Mitarbeiter. Ihre Identifikation mit den Zielen der Sozialeinrichtung ist ein wesentlicher Erfolgsfaktor.

Orientierungsqualität entsteht in einer Sozialeinrichtung durch die Vorstellungen der Mitarbeiter über die Bedeutung und die Ziele ihrer Arbeit.

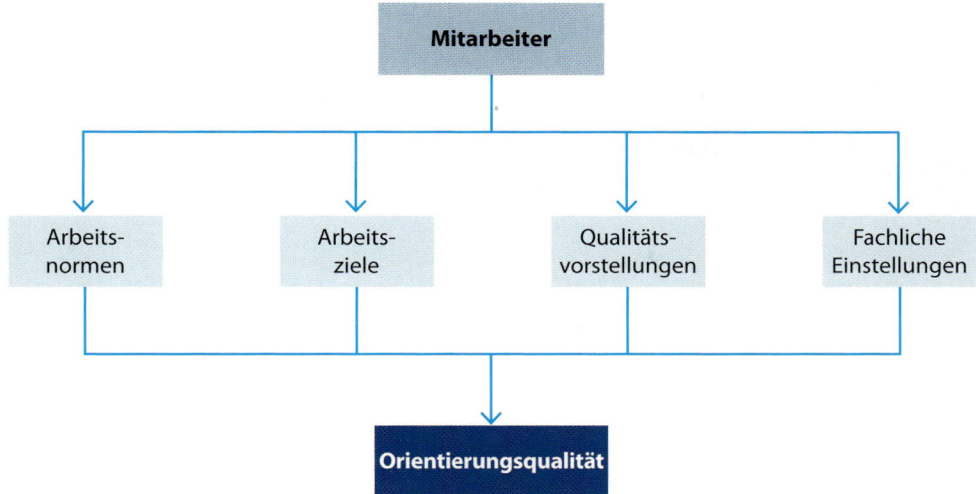

Die Überzeugungen, Meinungen und Vorstellungen der Mitarbeiter sind leichter und schneller veränderlich als die Rahmenbedingungen und die Ausstattung. Die Orientierungsqualität verändert sich damit kurzfristiger als die Strukturqualität.

Strukturqualität

Die materielle und personelle Ausstattung einer Sozialeinrichtung und die organisatorischen Bedingungen, die von allgemeinen politischen und trägerspezifischen Gegebenheiten abhängen, sind für ihre Strukturqualität verantwortlich. Sie ist unabhängig von den handelnden Personen.

Die Rahmenbedingungen, unter denen das Sozialmanagement arbeitet, bestimmen die Qualität seiner Handlungsmöglichkeiten.

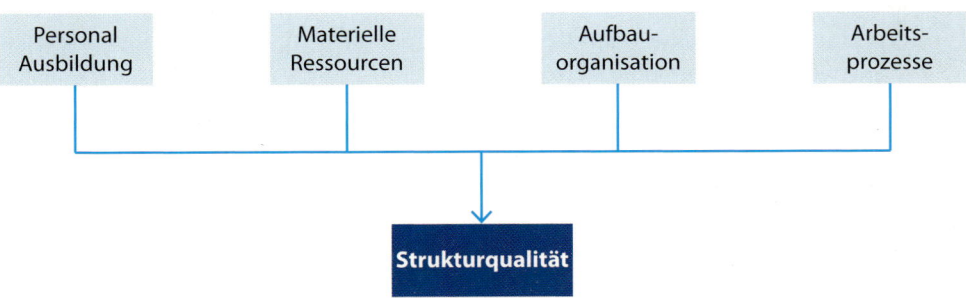

Beispiel: *Für ein Jugendzentrum bestimmen der Standort, der Einzugsbereich, die funktionelle Ausstattung, die Organisationsstruktur sowie die Zahl und die Qualifikation der Betreuer die Strukturqualität.*

Prozessqualität

Die Prozessqualität beurteilt Art, Maß und Umfang des Prozesses der Leistungserbringung sowie die damit verbundenen Verfahren und Abläufe. Sie ist jedoch durch subjektive und selektive Sicht- und Handlungsweisen begrenzt. Die Art der Interaktion mit den Klienten und die Kommunikation mit den Zielgruppen werden als Prozessqualität bezeichnet.

Prozessqualität beschreibt die fachliche Kommunikation einer Sozialeinrichtung mit den Klienten und gegebenenfalls ihren Angehörigen.

Die Feststellung der Prozessqualität kann in folgenden Schritten erfolgen:

* Erfassung und Analyse ihrer Tätigkeiten durch die Mitarbeiter. Berücksichtigung von Verbesserungsvorschlägen.

* Erstellung einer Übersicht, welche Aktivitäten mit welchem zeitlichen Aufwand, wie oft und mit welchem Output geleistet werden. Abschätzung des finanziellen Aufwandes.

* Beschreibung der Arbeitsprozesse und Bestimmung der Prozessarchitektur.

* Darstellung der Aktivitäten in ihrer zeitlichen Reihenfolge und in einem Ablaufdiagramm.

* Überprüfung, ob einzelne Teilprozesse ohne Qualitätsverlust vereinfacht oder weggelassen werden können oder ob zusätzliche Teilprozesse erforderlich sind.

* Beurteilung der bestehenden Prozesse, gegebenenfalls Festlegung von notwendigen Entwicklungen.

* Festlegung von Qualitätsstandards für alle Teilprozesse.

* Dokumentation der Prozessbeschreibungen in einem Qualitätshandbuch.

Die Feststellung der Prozessqualität ist schwierig, weil sich ihre Ergebnisse – anders als bei Sachleistungen – nur schwer quantifizieren lassen und zudem oft erst mit zeitlicher Verzögerung erkennbar werden.

Ergebnisqualität

Die Ergebnisqualität ist der endgültige Maßstab für die Qualität der erbrachten sozialen Dienstleistung. Ergebnisse lassen sich auf der Ebene finanzieller Veränderungen, konkreter Leistungen und manifester oder latenter Wirkungen beschreiben. Die Ergebnisqualität zeigt, ob Strukturqualität, Orientierungsqualität und Prozessqualität tatsächlich zu dem gewünschten Resultat geführt haben.

In der Sozialen Arbeit werden die Kunden bzw. ihre Angehörigen in die Beurteilung der Qualität mit einbezogen. Diese Partizipation ist Element der Ergebnisqualität.

Ergebnisqualität ist die unmittelbar erlebte Folge der Sozialen Arbeit.

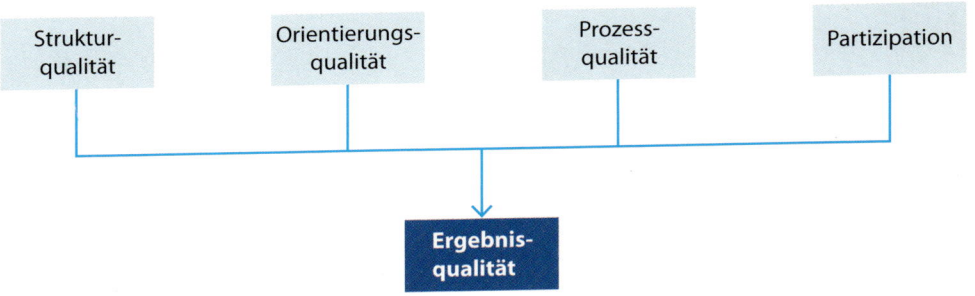

Beispiel:
In einem Jugendzentrum ist die Ergebnisqualität abhängig von
- *der Zufriedenheit der Nutzer*
- *der Zufriedenheit der Mitarbeiter*

10.2 Qualitätsentwicklung

Durch die ständige Sicherung und Verbesserung des Qualitätsmanagements ist ein systematisches Vorgehen notwendig:

- Analyse der Ausgangssituation durch Befragung der Klienten und Mitarbeiter.

- Definition realistischer Ziele für die wichtigsten Aspekte der Klienten- und Mitarbeiterzufriedenheit.

- Festlegung geeigneter Maßnahmen zur Erreichung der definierten Ziele.

- Durchführung der Maßnahmen.

- Kontrolle durch Soll-Ist-Abgleich.

10.2.1 Verfahren

Total Quality Management

Total Quality Management (TQM) zielt ab auf langfristigen Erfolg durch Zufriedenheit der Klienten und Nutzen für die Mitarbeiter und die Gesellschaft. Es macht die Qualität zu einer zentralen Aufgabe des Sozialmanagements und umfasst den gesamten Leistungsprozess.

TQM setzt auf die Stärkung der individuellen Qualitätsverantwortung. Die angemessene und fachlich korrekte Erfüllung der Klientenwünsche soll gewährleistet werden.

TQM muss ganzheitlich gelebt werden, durch das neue Qualitätsverständnis wird die gesamte Organisationskultur beeinflusst.

Qualitätszirkel

Qualitätszirkel sind auf unbestimmte Dauer angelegte innerbetriebliche Arbeitskreise, in denen Mitarbeiter der gleichen Hierarchieebene regelmäßig auf freiwilliger Basis zusammenkommen, um Lösungsvorschläge zu speziellen Problemen zu erarbeiten. Durch Austausch von Wissen, Ideen und Erfahrungen sollen Leistungspotenziale aktiviert und so die Angebotsqualität erhöht werden.

Die Arbeitsergebnisse können selbstständig oder auf dem Instanzenweg umgesetzt werden.

Kaizen

Mit dem in Japan entwickelten prozessorientierten Konzept („Kai" = Veränderung, „Zen" = das Gute) soll eine permanente Qualitätsverbesserung in kleinen Schritten erreicht werden. Fehler werden als Chance zur Verbesserung verstanden. Alle Mitarbeiter werden eingebunden. Fehler und Missstände sollen nicht vertuscht werden, damit Gutes durch Besseres ersetzt werden kann.

Die zentrale Forderung von Kaizen lautet: „Just do it."

Voraussetzung für den Erfolg von Kaizen ist, dass die Mitarbeiter

- Fehler machen dürfen.
- zu Verbesserungsvorschlägen ermutigt werden.
- funktionsübergreifend im Team arbeiten.
- prozessorientiert denken.

10.2.2 Evaluation

Bei der Entwicklung qualitativer Standards in der Sozialen Arbeit sind die Wertvorstellungen des jeweiligen Trägers der Maßstab für die Beurteilung. Die Mitarbeiter haben sich an den Grundwerten zu orientieren, die sein Angebot prägen. Große Träger haben eigene Konzeptionen für ihr Qualitätsmanagement entwickelt.

Beispiel:

Instrumente der Qualitätssicherung – Wirksamkeitsdialog

„Mit dem Wirksamkeitsdialog in der Offenen Kinder- und Jugendarbeit sollen die Ergebnisse der Arbeit mit ihren Leistungen und Qualitäten sowie die Zielerreichung transparent und der Einsatz öffentlicher Fördermittel nachweisbar werden. Der Wirksamkeitsdialog soll eine Voraussetzung für die kontinuierliche und systematische Qualitätsentwicklung der Einrichtungen der Offenen Kinder- und Jugendarbeit sein."

(Kinder- und Jugendförderplan der Stadt Köln 2007-2009, S. 10)

Die Ansätze reichen vom Verständnis der Qualitätsentwicklung als permanentem Prozess bis hin zur Übernahme von fachwissenschaftlichen Erkenntnissen.

10.2.3 Zertifizierung

Durch eine Zertifizierung wird die Einhaltung von definierten Standards durch ein externes Gutachten bestätigt. Im Allgemeinen wird ein zeitlich befristetes Zeugnis ausgestellt.

Beispiel:

„Die Qualität unserer Dienstleistungen für Sie zu optimieren, das ist unser oberstes Ziel, an dem wir täglich arbeiten. Wir wissen, wie schwierig es ist, in der heutigen Zeit die Qualität sozialer Dienstleistungsangebote einzuschätzen.
Deshalb haben wir im AWO-Bezirksverband Braunschweig e.V. ein Qualitätsmanagementsystem eingeführt, welches die Anforderungen der internationalen Norm DIN EN ISO 9001:2008 sowie ergänzend bundesweit einheitliche AWO-Standards erfüllt."

(AWO Bezirksverband Braunschweig, Qualitätsmanagement, 2011)

DIN EN ISO 9000:2000

Zur Zertifizierung nach DIN EN ISO 9000:2000 erfolgt die Umsetzung durch die Einrichtung selbst. Ein Qualitätsbeauftragter initiiert und begleitet den Prozess. Die gesamte Organisation soll so entwickelt werden, dass sie den Bedürfnissen und Erwartungen der Klienten entspricht. Alle Maßnahmen werden in einem Qualitätsmanagementhandbuch dokumentiert.

DIN EN ISO 9000 ff.

In Qualitätszirkeln wird der Ist-Zustand mit dem angestrebten Soll-Zustand verglichen. Die Einrichtung soll die Qualität in allen Bereichen und auf allen Ebenen optimieren. Entscheidender Maßstab ist die Klientenzufriedenheit. Die Überprüfung erfolgt durch eine externe Zertifizierungsstelle, die ein Prüfsiegel erteilt.

European Foundation for Quality Management

Die European Foundation for Quality Management (EFQM) ist eine gemeinnützige Organisation, die 1988 mit Unterstützung der Europäischen Kommission ins Leben gerufen wurde, um ein europäisches Rahmenwerk für das Qualitätsmanagement zu entwickeln.

EFQM unterscheidet fünf Voraussetzungen (enablers) und vier Erfolgskriterien (results), die in mehrere Unterkriterien aufgeschlüsselt werden.

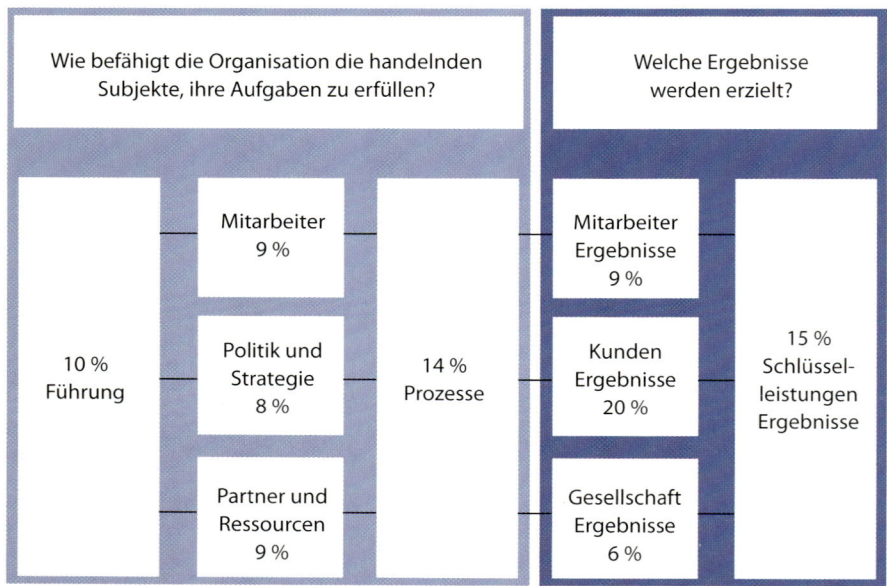

(von Fürstenberg, 2005, S. 101)

Kronberger Kreis

Der nach dem Tagungsort benannte Kronberger Kreis hat ein Modell für die Qualitätsentwicklung in Kindergärten entwickelt. Es bietet Standards für eine optimale Praxis an, die intern weiterentwickelt werden sollen.

Er unterscheidet zur Qualität in Kindertagesstätten folgende Prozessebenen und -bereiche:

* Programm- und Prozessqualität
* Leitungsqualität
* Personalqualität

- Einrichtungs- und Raumqualität
- Trägerqualität
- Kosten-Nutzen-Qualität
- Förderung von Qualität

Einschätz-Skalen

Auf der Basis von Forschungsergebnissen sind für einige Bereiche der Sozialen Arbeit Einschätzskalen entwickelt worden, die in einem überschaubaren Rahmen einen Überblick über die jeweilige Qualität geben sollen:

- KES/KES-R: Kindergarten-Einschätz-Skala
- TAS: Tagespflege-Skala
- KRIPS-R: Krippen-Skala
- HUGS: Hort- und Ganztagsangebote-Skala

Kooperation für Transparenz und Qualität im Gesundheitswesen

Das KTQ-Verfahren zielt auf eine Verbesserung und Optimierung von Prozessen bei der Patientenversorgung. Sechs Kriterien sollen Aussagen über die Qualität der medizinischen Versorgung ermöglichen:

- Patientenorientierung
- Mitarbeiterorientierung
- Sicherheit
- Informationswesen
- Führung
- Qualitätsmanagement

„Qualität darf kein Zufall sein. Das Qualitätsmanagement sorgt für eine regelmäßige und systematische Überprüfung von Abläufen und Ergebnissen, um Missstände frühzeitig zu erkennen und Verbesserungen zu erzielen.

Um die Güte des hauseigenen Qualitätsmanagements zu dokumentieren, hat sich unser Haus im März 2010 von unabhängiger Seite nach „proCum Cert inklusive KTQ" zertifizieren lassen. Nach 2007 wurden wir damit zum zweiten Mal für unser Qualitätsmanagement ausgezeichnet. KTQ ist die „Kooperation für Transparenz und Qualität im Gesundheitswesen", die ein Zusammenschluss der Bundesärztekammer, der deutschen Krankenhausgesellschaft, des deutschen Pflegerates und der Krankenkassen ist. pCC ist eine Erweiterung des Qualitätsmanagements für konfessionelle Häuser, die christliche Werte wie Verantwortung für die Gesellschaft und Seelsorge in kirchlichen Krankenhäusern einbezieht. Die kontinuierliche Qualitätsentwicklung ist für uns ein wichtiger Weg, die vorhandene Qualität unseres Krankenhauses nicht nur zu erhalten, sondern zum Wohle unserer Patienten und Mitarbeiter zu steigern. Der hohe Qualitätsanspruch des St. Elisabeth-Krankenhauses zeigt sich auch im hauseigenen Leitbild, welches von den Mitarbeitern der Klinik im Jahr 2004 entwickelt und verabschiedet wurde."

(Website des St. Elisabeth-Krankenhauses Köln-Hohenlind)

Bundesgeschäftsstelle Qualitätssicherung gGmbH

Die BQS entwickelt und bewertet Qualitätsindikatoren im Gesundheitswesen. Dazu müssen alle Krankenhäuser Daten über medizinische und pflegerische Leistungen zur Verfügung stellen. Wenn es Hinweise darauf gibt, dass Qualitätsstandards nicht eingehalten werden, wird analysiert, welche Maßnahmen zur Verbesserung eingeleitet werden müssen.

Qualität und Entwicklung in Praxen

Die Verpflichtung zur Qualitätssicherung ist seit 1988 Bestandteil der Berufsordnung für Ärzte. Das von der Kassenärztlichen Bundesvereinigung entwickelte Qualitätsmanagementverfahren QEP bietet dazu einen Qualitätsziel-Katalog. Er soll dazu dienen, die Qualität in der Patientenversorgung zu sichern und gleichzeitig die wirtschaftliche Situation der Praxen zu stabilisieren und die Arbeitszufriedenheit der Mitarbeiter zu fördern.

Bewertung im Wettbewerb

Für herausragende Leistungen im Qualitätsmanagement werden Qualitätsauszeichnungen vergeben. Wichtig sind der Malcolm Bridge National Quality Award und der EFQM Excellence Award. Der Wettbewerb um solche Auszeichnungen macht es für den Kunden – in eingeschränktem Maße – möglich, das Qualitätsmanagement einer Einrichtung zu bewerten.

Auszeichnung	Kriterien
MBNQA	Kundenorientierung Strategien zur Fehlervermeidung Übernahme gesellschaftlicher Verantwortung Beteiligung der Mitarbeiter Prinzip der permanenten Verbesserung
EFQM Excellence Award	Leitung Mitarbeiterorientierung Unternehmensstrategie Ressourcen Wertschöpfungsprozess Mitarbeiterzufriedenheit Kundenzufriedenheit Unternehmensimage Unternehmensergebnis

Qualitätshandbuch

In einem Qualitätshandbuch werden alle Prozesse und Arbeitsabläufe einer Organisation dokumentiert. Es ist damit im Tagesgeschäft ein Hilfsmittel, um alle wiederkehrenden Prozesse nach den festgelegten Regeln durchführen zu können. Zudem bildet es die Grundlage für die Weiterentwicklung des Qualitätsmanagements. Ein Qualitätshandbuch kann z. B. die folgende Gliederung haben:

Vorwort	Vorstellung der Einrichtung Qualitätsmanagementsystem
Management	Leitbild Qualitätspolitik Qualitätsbeauftragter Personal und -entwicklung
Organisation	Organisationsstruktur Information und Kommunikation Arbeitsmittel Arbeitssicherheit
Marketing	Marktforschung Beziehung zu Kostenträgern Entwicklung neuer Angebote Öffentlichkeitsarbeit
Dienstleistungen	Angebote Bildungs- und Betreuungskonzeption Verpflegung Besondere Aktivitäten
Qualitätssicherung	Zertifizierung und Prüfungen Vorbeugemaßnahmen

gelernt & nachgedacht

1. Zeigen Sie am Beispiel eines Kinderheims, wie die Prozessqualität verbessert werden könnte.

2. Beschreiben Sie, wie Sie für sich persönlich die Qualität eines Jugendzentrums feststellen.

3. Überlegen Sie, wann Sie bei der Leistung eines Anbieters von „Essen auf Rädern" von einer „guten" Qualität sprechen würden.

4. Stellen Sie dar, wie die Leitung eines Jugendzentrums die Strukturqualität verbessern könnte.

5. Im Allgemeinen Sozialen Dienst werden u.a. Familien betreut. Wovon wird die Orientierungsqualität dieser Leistung abhängen?

6. Definieren Sie den Begriff „Ergebnisqualität".

7. Beschreiben Sie drei organisatorische Maßnahmen zur Qualitätssicherung und -verbesserung.

1. Besorgen Sie sich ein Qualitätshandbuch einer Sozialeinrichtung. Beschreiben Sie anhand der Gliederung, welche Qualitätsbereiche besondere Berücksichtigung finden.

2. Stellen Sie fest, welche Arztpraxen in Ihrer Nähe QEP-zertifiziert sind.

3. Besuchen Sie ein Seniorenheim. Fragen Sie die Bewohner, welche Leistungen sie „gut" und welche sie „schlecht" bewerten. Stellen Sie dabei fest, welche Kriterien den Urteilen zugrunde liegen.

4. Suchen Sie im Internet sechs Sozialeinrichtungen, die ihre Leistungsqualität beschreiben. Welche Vorstellungen haben die Einrichtungen von den Qualitätskriterien ihrer Klienten?

5. Bei der Betreuung von alkoholkranken Menschen ist die Einbeziehung ihres sozialen Umfeldes von großer Bedeutung. Fragen Sie in einer Beratungsstelle, wie die Prozessqualität gesichert und verbessert werden kann.

11 Gesellschaft und Soziale Arbeit

Im ersten Jahrzehnt des 21. Jahrhunderts steht der Sozialstaat Deutschland vor der Aufgabe, das Sozialsystem den wirtschaftlichen und gesellschaftlichen Veränderungen anzupassen, um dem Artikel 20 Abs. 1 GG zu genügen.

§ **Art. 20 Abs. 1 GG**
Die Bundesrepublik Deutschland ist ein demokratischer und sozialer Bundesstaat.

Die Alterung der Gesellschaft nimmt zu, der anhaltende Geburtenrückgang verschärft die Situation. Bei dauerhaft hoher Arbeitslosigkeit leisten weniger Menschen Beiträge zur Sozialversicherung, das Geld für soziale Leistungen bleibt knapp.

Gleichzeitig steigen aber die Ansprüche an den Umfang und an die Qualität der sozialen Leistungen. Dies führt zu einer Kommerzialisierung und zu einer Privatisierung der Angebote sozialer Leistungen.

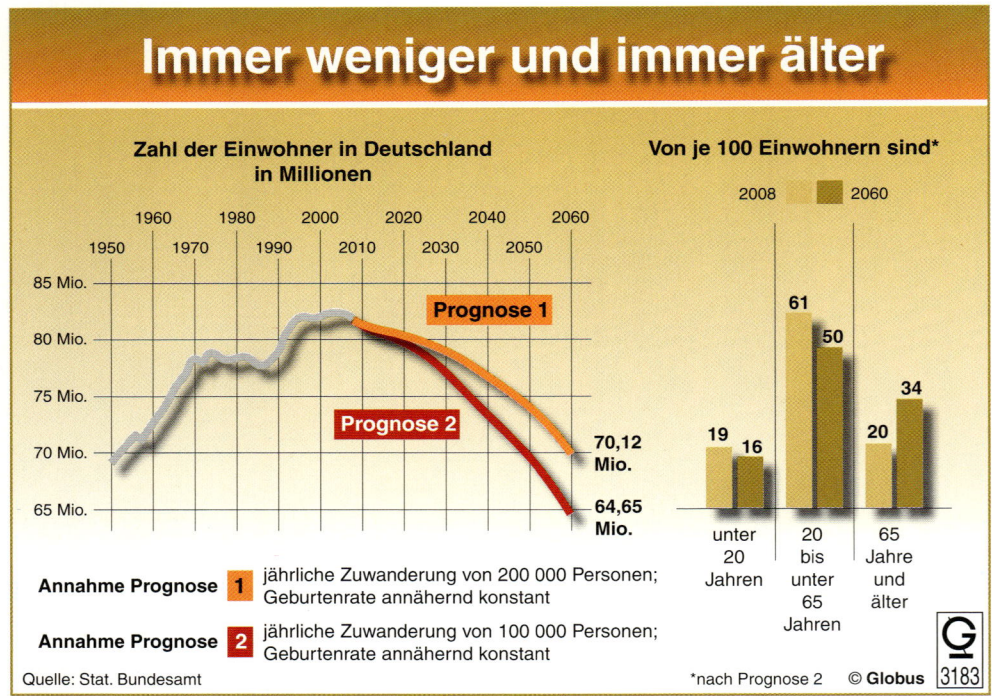

11.1 Gesellschaftliche Entwicklungen

Die Nachfrage nach sozialen Leistungen ist durch das Sozialmanagement nur begrenzt zu beeinflussen. Sie steigt einerseits, weil die Zahl der potenziellen Klienten in vielen Bereichen zunimmt, andererseits wird sie durch die begrenzten Finanzierungsmöglichkeiten eingeschränkt. Beide Einflüsse bringen die Sozialsysteme an ihre Belastungsgrenze. Aus ökonomischen und politischen Gründen sind grundsätzliche und weitreichende Entscheidungen zu ihrer Anpassung an diese Entwicklungen erforderlich.

Die notwendigen Entscheidungen werden durch die gesellschaftlichen Wertvorstellungen bestimmt, die sich im politischen Entscheidungsprozess durchsetzen können.

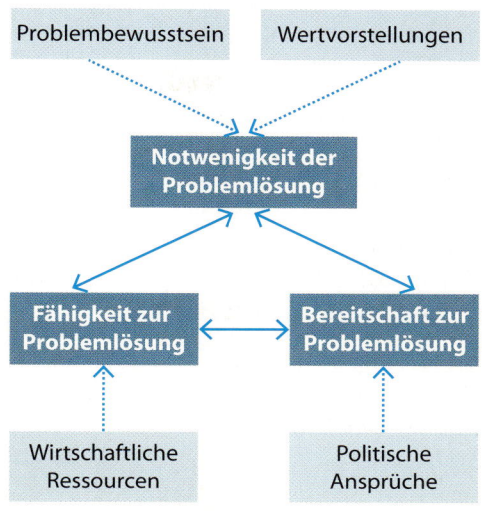

11.1.1 Demografische Veränderungen

Für die Sozialversicherungssysteme stellt die Veränderung der Bevölkerungsstruktur eine schwer zu bewältigende Herausforderung dar. Ältere Menschen nehmen durchschnittlich mehr Leistungen in Anspruch. Wenn ihre Zahl überproportional zunimmt, gerät die Finanzierung durch die Beiträge der Jüngeren in Gefahr.

Diese unter sozialpolitischen Aspekten besorgniserregende Entwicklung hat mehrere Gründe:

- Die Geburtenrate ist rückläufig. Die Differenz zwischen Geborenen und Gestorbenen wird von 162.000 im Jahr 2008 auf 488.000 im Jahr 2040 steigen.

- Wir leben immer länger. Die Arbeitsbedingungen sind weniger gefährlich und Krankheiten durch verbesserte medizinische Leistungen weniger bedrohlich. Die verbesserten Lebensumstände führen zu einem Anstieg der Lebenserwartung.

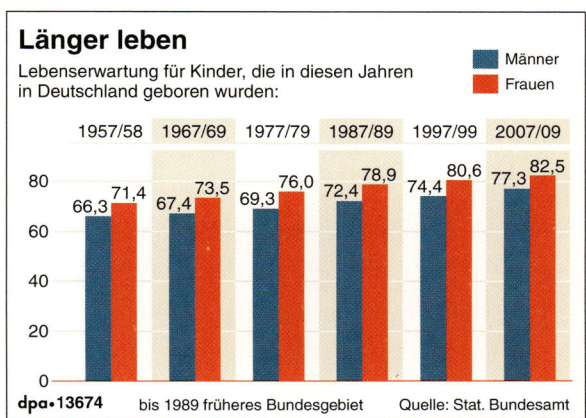

Die „demografiesensible" Weiterentwicklung sozialer Dienste muss insbesondere folgende Tatsachen berücksichtigen:

- Die durchschnittliche Rentenerwartung betrug 1970 rund elf Jahre, heute sind es 17 Jahre – eine Steigerung um fast 55%.

- Die ältere Bevölkerung hat neue und andere Bedürfnisse. Die qualitativen Anforderungen an soziale Leistungen steigen, neue und zusätzliche Angebote werden nachgefragt.

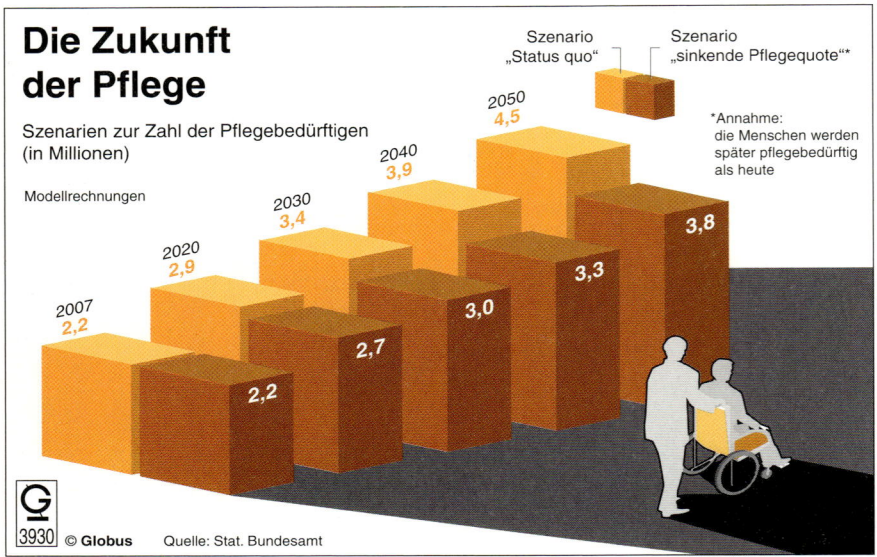

- Offene lokale Altenarbeit, Pflege, Beratung zur Pflege und Wohnberatung gewinnen an Bedeutung.

- Die steigende Nachfrage nach personenbezogenen Dienstleistungen führt tendenziell zu einer geringeren Nachfrage nach anderen Gütern.

- Wegen des steigenden Anteils der älteren Wähler werden sich politische Präferenzen und Rücksichtsnahmen verschieben.

- Zunehmende Kinderlosigkeit verändert die Generationenbeziehungen in den Familien. Außerfamiliäre Netzwerke gewinnen an Bedeutung.

- Die Kinder- und Jugendhilfe wird sich neu organisieren und intensivieren müssen. Die Vereinbarkeit von Kindererziehung und Erwerbstätigkeit bekommt einen höheren Stellenwert.

- Neue Zielgruppen wie ältere Migranten, ältere Aussiedler, ältere Süchtige und ältere psychisch Kranke erfordern neue Konzepte und Angebote.

- Die Arbeit mit diesen Zielgruppen verlangt neue Qualifikationen.

- Neue Aufgaben entstehen im Bereich des lebenslangen Lernens.

- Gemeinwesenarbeit wird Alt und Jung stärker zusammenbringen müssen.

11.1.2 Dienstleistung

Im Zusammenhang mit dem Wachstum des tertiären Sektors, oft als „Marsch in die Dienstleistungsgesellschaft" bezeichnet, entstand im Rahmen der Sozialen Arbeit auch der Begriff der „sozialen Dienstleistung". Sie geht von den Interessen der Nachfrager aus und unterliegt – eingebettet in einen sozialstaatlichen Zusammenhang – in Umfang, Art und Qualität allgemein akzeptierten Vorstellungen und Erwartungen.

> *Eine Dienstleistung ist ein Gut, bei dem nicht die materielle Produktion im Vordergrund steht, sondern eine von einer Person erbrachte Leistung. Dienstleistungen sind deshalb immer soziale Prozesse.*

Soziale Dienstleistungen sind durch Besonderheiten gekennzeichnet:

* Der Empfänger der Leistung hat eine doppelte Rolle als Konsument und Produzent. In der Regel kann nur durch seine aktive Mitwirkung ein Erfolg erreicht werden. Der handelnde Anbieter und der Klient unterliegen notwendig dieser reziproken Beziehung.

  Beispiel: *Die Betreuer in einem Projekt „Übergang Schule ⟷ Beruf" können ihre Beratung noch so professionell und umfassend gestalten, wenn die Jugendlichen kein eigenes Engagement entwickeln, wird sich kein Vermittlungserfolg einstellen.*

* Soziale Leistungen können nur sehr eingeschränkt den Marktgesetzen folgen, wonach höchster Nutzen durch geringsten Einsatz von Mitteln oder ein definierter Nutzen durch geringsten Einsatz von Mitteln erreicht werden soll.

* Durch den wachsenden gesellschaftlichen Bedarf an sozialen Dienstleistungen hat die Tendenz zur Privatisierung und Kommerzialisierung zugenommen. Dies bedeutet eine Entwicklung vom Wohlfahrtssektor zur Sozial- und Gesundheitswirtschaft.

* Die Heterogenität der Arbeitsfelder und die notwendige individuelle Leistungserbringung machen eine Standardisierung, die in anderen Bereichen typisch ist, weitgehend unmöglich. Gegenstand und Ziel der Dienstleistung sind nicht vorgegeben, Adressat und Fachkräfte müssen sich darüber verständigen und zusammenwirken („Koproduktion").

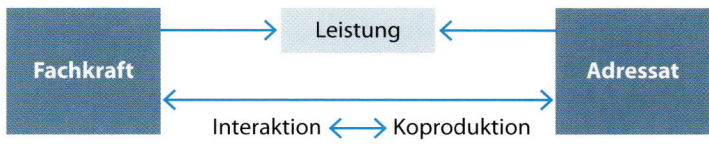

* Die Ergebnisse Sozialer Arbeit sind wenig planbar. Sie muss regelmäßig auf Unerwartetes reagieren.

11.1.3 Ehrenamt

Personen, die sich ehrenamtlich engagieren, wollen etwas Sinnvolles für sich und andere tun. Jeder Dritte stellt in Deutschland einen Teil seiner Zeit sowie sein Wissen und Können zur Verfügung – das sind 23 Millionen Menschen über 14 Jahre. Sie unterstützen mit ihrer Arbeit Vereine, Projekte, Einrichtungen und Organisationen.

Ehrenamtliche Tätigkeit in Sozialeinrichtungen ist die freiwillige, organisierte und unentgeltliche Mitarbeit aufgrund der Identifikation mit ihren Zielen und Werten.

Unter dem Druck steigender Personalausgaben bei gleichzeitig schwieriger werdender Finanzierung wird die ehrenamtliche Tätigkeit zunehmend wichtiger für die erfolgreiche Arbeit sozialer Einrichtungen. Ihre Förderung und Sicherung wird dadurch zu einer zentralen Aufgabe des Sozialmanagements. Ehrenamtliche müssen gezielt angesprochen werden und das Sozialmanagement muss Tätigkeitsfelder aufzeigen oder entwickeln, in die Ehrenamtliche ihre Interessen, Ideen und Vorstellungen einbringen können.

Dabei sind Ehrenamtliche in der Regel nicht bereit, als „Lückenbüßer" einzuspringen. Eine Mitarbeit auf gleicher Augenhöhe erfordert auch das Recht auf Mitgestaltung. Das Sozialmanagement muss Verdrängungseffekte bei tariflich vergüteter Sozialer Arbeit und das Unterlaufen von Standards Sozialer Arbeit verhindern.

Die Motivation für freiwilliges soziales Engagement wird verstärkt durch ein angenehmes Arbeitsklima, Entscheidungsfreiräume bei der Auswahl der Unterstützung und eine Zeiteinteilung nach eigenen Bedürfnissen. Der Trend geht von dauerhafte n Formen des Engagements hin zu einer eher projektbezogenen befristeten Mitarbeit.

Sozialeinrichtungen können die Möglichkeiten der ehrenamtlichen Mitarbeit nur nutzen, wenn sie sich an den unterschiedlichen und veränderlichen Bedürfnissen und Wünschen der Interessenten orientieren.

Beispiele für ehrenamtliches soziales Engagement	
Jugend/Kinder	Gasteltern
	Mitarbeit im Ferienlager
	Ausbilder
	Jugendgruppenleiter
	Spielplatzpate
Senioren	Leihopa/-oma
	Zeitzeuge
	Grüne Dame
	Besuchsdienst
	Mentor
	Senior Experts
Migration	Integrationsbetreuer
	Seniorenarbeit
	Jugendarbeit
	Netzwerkarbeit
Schule	Patenschaften
	Elternsprecher
	Hausaufgabenbetreuung
	Übermittagsbetreuung
Frauen-/Männerarbeit	Anti-Gewaltprojekte
	Migrationsarbeit
	Mütter-/Vätergruppen
Organisation	Spendensammler
	Schöffe
	Kassierer
	Vertrauensmann/-frau
	Vorstand/Beirat

Für eine gute Zusammenarbeit ist ein ständiger Austausch zwischen haupt- und ehrenamtlichen Mitarbeitern unerlässlich. Die Einstellung zum ehrenamtlichen Engagement mit seinen konkreten Rahmenbedingungen bedarf ständiger Reflexion. Motivation, Zeitbedarf und Anforderungen müssen geklärt sein, um eine erfolgreiche Zusammenarbeit gestalten zu können.

11.2 Volkswirtschaftliche Einflüsse

Konjunktur

Wichtige wirtschaftliche Größen verändern sich mit der Zeit – das Bruttoinlandsprodukt wächst oder sinkt gegenüber der Vorperiode. Da das BIP den Wert der Güter und Dienstleistungen angibt, die in einem bestimmten Zeitraum in einer Volkswirtschaft erwirtschaftet werden, haben seine Veränderungen direkte Auswirkungen auf seine Beschäftigung.

Zur Messung der konjunkturellen Entwicklung stehen Konjunkturindikatoren zur Verfügung. Von besonderer Bedeutung sind die Frühindikatoren, mit deren Hilfe die zukünftige Entwicklung prognostiziert werden soll:

Auftragseingänge	Wie viele Aufträge werden in naher Zukunft bearbeitet?
Baugenehmigungen	Wer eine Baugenehmigung beantragt, wird auch bauen.
Aktienindex	Aktienkurse werden von Spekulationen beeinflusst.
Geldmengenwachstum	Im Umlauf befindliches Geld kann ausgegeben werden.
Geschäftsklimaindex	Einschätzung von Managern über die Entwicklung in den nächsten Monaten.
Konsumklimaindex	Prognose zur Veränderung der Konsumausgaben.

Von sozialpolitischer Bedeutung ist insbesondere der Faktor Arbeit.

Arbeitslosigkeit, die durch Schwankungen der gesamtwirtschaftlichen Entwicklung entsteht, wird konjunkturelle Arbeitslosigkeit genannt.

Probleme entstehen verstärkt, wenn die Arbeitslosigkeit zunimmt. Mehrere Entwicklungen verstärken sich dann gegenseitig:

- Arbeitslose zahlen keine Beiträge zu den Sozialversicherungen, deren Einnahmen sinken.
- Der Sozialstaat muss die Existenzsicherung der Arbeitslosen übernehmen, seine Ausgaben steigen.
- Arbeitslose zahlen keine Einkommenssteuer, die Steuereinnahmen des Staates sinken.

Die Leistungsfähigkeit des Staates ist unmittelbar abhängig von der konjunkturellen Situation.

Finanzpolitik

Die Finanzpolitik umfasst alle Maßnahmen des Staates, die seine Einnahmen und Ausgaben beeinflussen. Sie schließt fünf Politikbereiche ein:

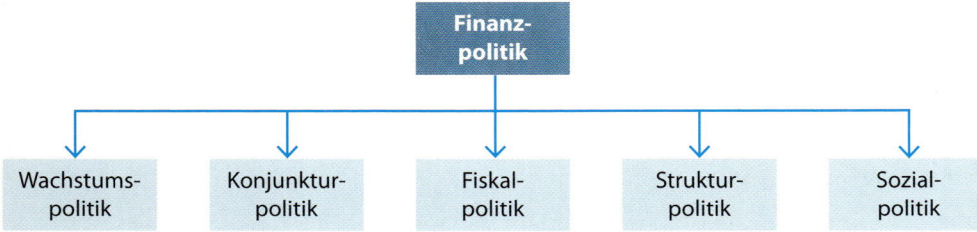

Die **Wachstumspolitik** soll ein stetiges Wirtschaftswachstum ermöglichen. Dazu gehören alle Maßnahmen zur Förderung des Wettbewerbs und des technischen Fortschritts, der durch die Verbesserung des technischen Wissens und gut ausgebildete Mitarbeiter garantiert wird.

Die **Konjunkturpolitik** zielt darauf ab, gesamtwirtschaftliche Schwankungen zu dämpfen, um eine kontinuierliche Wirtschaftsentwicklung zu erreichen. Ihr hauptsächliches Ziel ist die Vollbeschäftigung.

Durch die **Fiskalpolitik** sollen die öffentlichen Einnahmen und Ausgaben zur Steuerung der konjunkturellen Entwicklung gelenkt werden.

Maßnahmen der **Strukturpolitik** sollen negativen Auswirkungen eines Strukturwandels entgegenwirken. Dies geschieht durch Förderung neuer Produkte und durch die gezielte Unterstützung von Branchen oder Regionen.

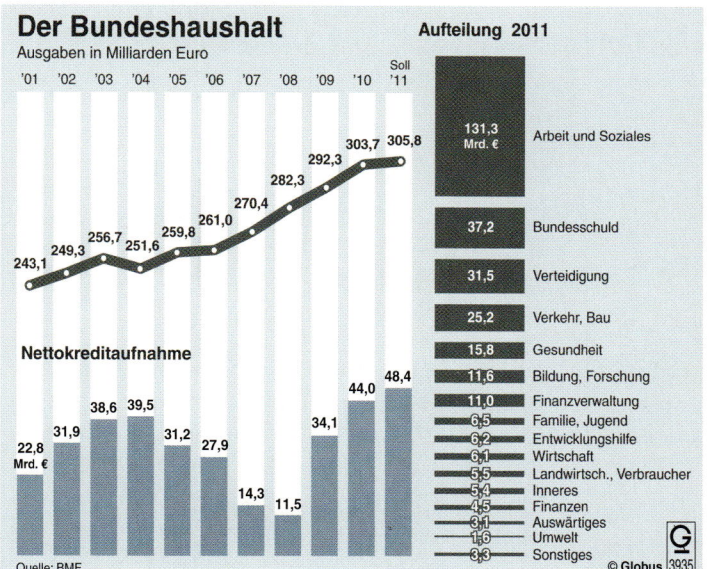

Sozialpolitik soll ein gesellschaftlich akzeptiertes Maß an sozialer Sicherheit garantieren. Dazu zählen die Sicherung eines ausreichenden Einkommens und die Bereitstellung der gesetzlichen Sozialversicherungen.

Die Ausgaben des Bundes für soziale Aufgaben sind die weitaus größte Position im Bundeshaushalt.

Bei steigenden Sozialausgaben müssen die Ausgaben in anderen Bereichen gekürzt oder zusätzliche Einnahmen generiert werden.

11.3 Sozialpolitische Entwicklungen

11.3.1 Anspruch und Leistung

Die Ansprüche, die von der Gesellschaft an die Leistungen der Sozialpolitik gestellt werden, verändern sich in Abhängigkeit von den Möglichkeiten und zugleich durch neue oder als neuartig erkannte Anforderungen.

Beispiele:
- *Die grundsätzlich erfreuliche Entwicklung hin zu einer längeren Lebenszeit erfordert erweiterte Betreuungsangebote auch außerhalb der Familie.*
- *Veränderte Arbeitsbedingungen erfordern Betreuungsangebote für Kinder.*

Die soziale Sicherheit als wesentliches Element des Sozialstaates verlangt von den Institutionen, den einzelnen Bürger gegen Notsituationen und Risiken wie Arbeitslosigkeit, Krankheit, Armut und Pflegebedürftigkeit abzusichern. Wenn sich diese Risiken verändern, müssen sich auch die Leistungen des Sozialstaates verändern. Es ist eine Frage des politischen Verständnisses, wie der Anpassungsprozess gestaltet wird, welche Leistungen erbracht werden und wie deren Finanzierung gestaltet werden soll.

> *Gesellschaftliche Veränderungen erfordern eine Anpassung der sozialen Leistungen. Die politischen Vorstellungen davon, welche Rolle der Staat dabei zu übernehmen hat, bestimmen ihren Umfang und die Finanzierung.*

11.3.2 Methoden der Sozialen Arbeit

Um die Bewältigung schwieriger Lebenslagen und die Teilnahme am öffentlichen Leben zu unterstützen, beschäftigt sich die Soziale Arbeit mit den Möglichkeiten, gesellschaftliche Benachteiligungen abzubauen. Um Problemsituationen überwinden zu können, werden klassisch folgende Arbeitsformen unterschieden:

Einzelfallarbeit	Verbesserung der individuellen Lebensverhältnisse	Erschließt verborgene und vergessene Ressourcen und Kompetenzen. Zielt auf Bezüge, Kompetenzen und Quellen der individuellen Umgebung ab
Soziale Gruppenarbeit	Entwicklung sozialer Kompetenzen	Will durch Gruppenerlebnisse die Beziehungsfähigkeit verbessern, um die Problem- und Konfliktbewältigung zu fördern
Gemeinwesenarbeit	Verbesserung sozialräumlicher Strukturen	Will in Zusammenarbeit mit den Betroffenen Probleme in einem sozialgeografisch definierten Raum aufgreifen und langfristig lösen. Aktiviert, nutzt und stärkt vorhandene Ressourcen im Sozialraum, unterstützt Menschen in ihrer Selbstorganisation und Eigeninitiative

11.3.3 Sozialpädagogische Herausforderungen

Die gesellschaftlichen Veränderungen führen zu neuen Aufgabenstellungen beim Management der Sozialen Arbeit, weil sich wesentliche Rahmenbedingungen ändern:

- Durch die angespannte finanzielle Lage im Sozialbereich stehen die Träger Sozialer Arbeit unter hohem Rechtfertigungsdruck. Organisationen und Mitarbeiter müssen die besondere Notwendigkeit und Qualität ihrer Tätigkeit unter Beweis stellen.

- Strukturveränderungen wie neue Anforderungen im Vergabeverfahren, Forderungen nach verbessertem Qualitätsmanagement und die Einführung eines Sozialcontrollings stellen die Einrichtungen vor neue Herausforderungen.

Frühkindliche Betreuung

Das deutsche System der frühkindlichen Förderung weist eine lange Tradition an Konzepten zur Betreuung, Bildung und Erziehung auf. Grundsätzlich sollen alle Kinder in gleicher Weise gefördert werden, ungeachtet des Einkommens oder der Herkunft ihrer Eltern. Ein schrittweiser Ausbau der Betreuungseinrichtungen mit mehr Ganztagsangeboten – auch für unter Dreijährige – ist gefordert.

Durch die wachsende Zahl an Kindern mit Migrationshintergrund und die Integration und Förderung von Kindern mit Behinderung, aber auch durch die Erwartungen einer stärkeren frühkindlichen Bildungsförderung kommt der Kindertagesbetreuung eine wachsende Bedeutung zu.

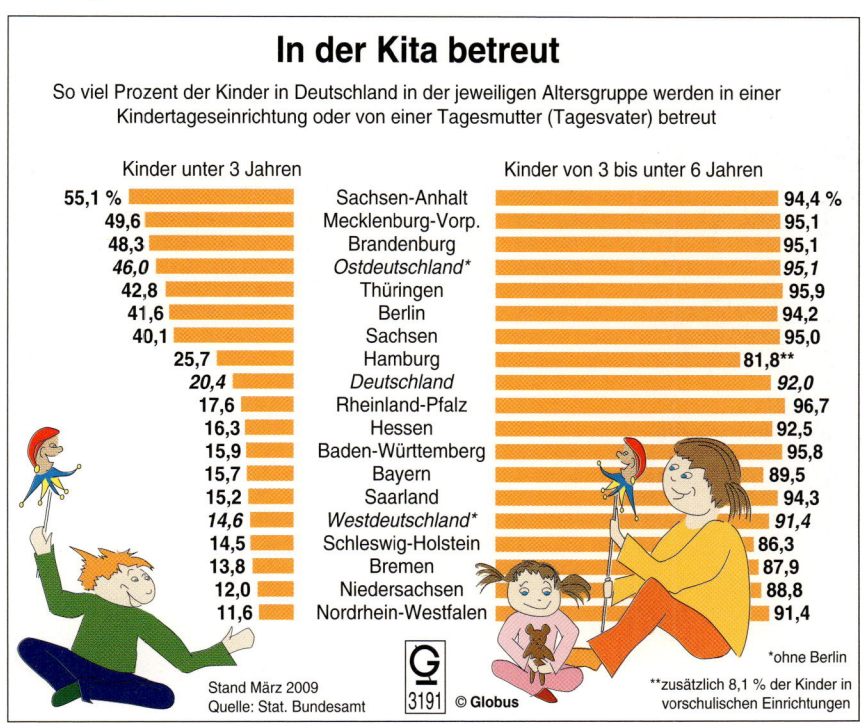

In der Kita betreut

So viel Prozent der Kinder in Deutschland in der jeweiligen Altersgruppe werden in einer Kindertageseinrichtung oder von einer Tagesmutter (Tagesvater) betreut

Kinder unter 3 Jahren		Kinder von 3 bis unter 6 Jahren
55,1 %	Sachsen-Anhalt	94,4 %
49,6	Mecklenburg-Vorp.	95,1
48,3	Brandenburg	95,1
46,0	*Ostdeutschland**	*95,1*
42,8	Thüringen	95,9
41,6	Berlin	94,2
40,1	Sachsen	95,0
25,7	Hamburg	81,8**
20,4	*Deutschland*	*92,0*
17,6	Rheinland-Pfalz	96,7
16,3	Hessen	92,5
15,9	Baden-Württemberg	95,8
15,7	Bayern	89,5
15,2	Saarland	94,3
14,6	*Westdeutschland**	*91,4*
14,5	Schleswig-Holstein	86,3
13,8	Bremen	87,9
12,0	Niedersachsen	88,8
11,6	Nordrhein-Westfalen	91,4

*ohne Berlin

**zusätzlich 8,1 % der Kinder in vorschulischen Einrichtungen

Stand März 2009
Quelle: Stat. Bundesamt

3191 © Globus

Bildung ist eine unerlässliche Voraussetzung für politische und gesellschaftliche Teilhabe und für die Übernahme von Verantwortung. Als Voraussetzung für lebenslanges Lernen bestimmt die frühkindliche Förderung die Chancen der Kinder in Beruf und gesellschaftlicher Teilhabe.

Durch die familiäre Situation fehlen in vielen Fällen direkt erlebbare Bezugssysteme, in denen soziale Erfahrungen gemacht werden können. Sprachliche Defizite und fehlende motorische, soziale, kulturelle und musische Fähigkeiten schränken die weitere Bildungskarriere ein. Die Zahl der Kinder im Kindergartenalter geht zwar weiter zurück, das Angebot für die unter Dreijährigen muss aber weiter ausgebaut werden.

Ein bedarfsgerechtes Angebot der Kinderbetreuung ist auch Voraussetzung für die Vereinbarkeit von Beruf und Familie, insbesondere für Frauen.

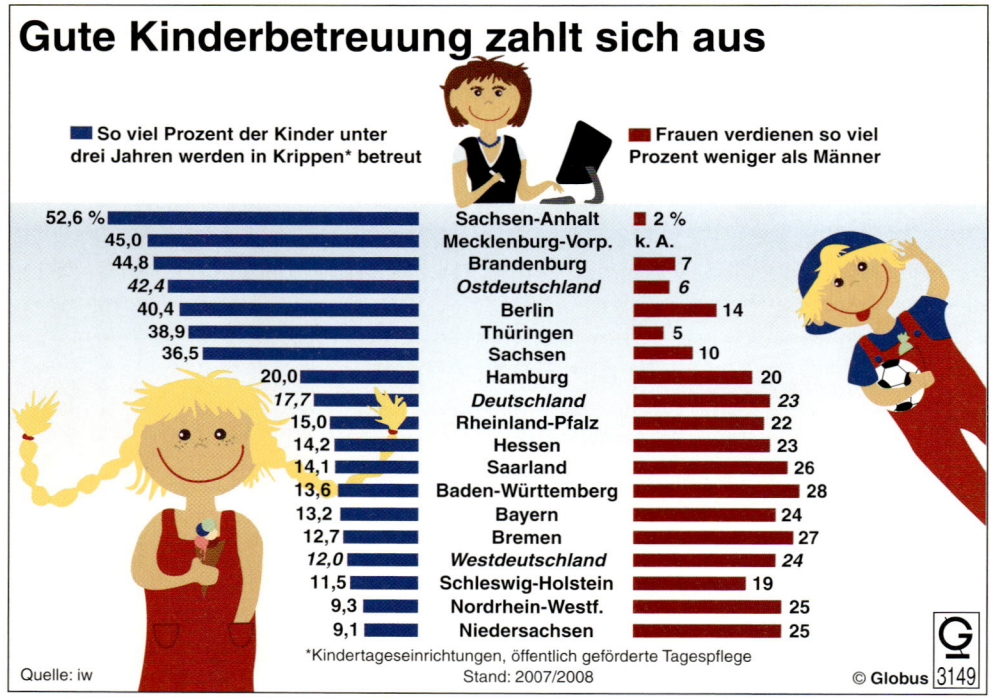

Gute Kinderbetreuung zahlt sich aus

So viel Prozent der Kinder unter drei Jahren werden in Krippen* betreut

Frauen verdienen so viel Prozent weniger als Männer

	Krippenbetreuung	Land	Verdienstunterschied
	52,6 %	Sachsen-Anhalt	2 %
	45,0	Mecklenburg-Vorp.	k. A.
	44,8	Brandenburg	7
	42,4	*Ostdeutschland*	*6*
	40,4	Berlin	14
	38,9	Thüringen	5
	36,5	Sachsen	10
	20,0	Hamburg	20
	17,7	*Deutschland*	*23*
	15,0	Rheinland-Pfalz	22
	14,2	Hessen	23
	14,1	Saarland	26
	13,6	Baden-Württemberg	28
	13,2	Bayern	24
	12,7	Bremen	27
	12,0	*Westdeutschland*	*24*
	11,5	Schleswig-Holstein	19
	9,3	Nordrhein-Westf.	25
	9,1	Niedersachsen	25

*Kindertageseinrichtungen, öffentlich geförderte Tagespflege
Stand: 2007/2008

Quelle: iw

© Globus 3149

Schule und Jugendhilfe

Veränderte Zeiten des Schulbesuchs machen auch eine Neuorientierung der Jugendarbeit erforderlich. In Baden-Württemberg existieren weit mehr als 1.000 Ganztagsschulen. Sie bieten die Chance, durch Kooperation die Qualität und die Pluralität des Bildungsspektrums in der Schule zu erhöhen. Musische und sportliche Angebote können dazu ebenso genutzt werden wie die Möglichkeiten der Jugendarbeit.

Die Herausforderung besteht in der Verzahnung von Unterricht und Betreuungsangeboten.

Die Schulen müssen Angebote von externen öffentlichen und privaten Anbietern integrieren, um den spezifischen Interessen der Jugendlichen zu entsprechen und um den Anspruch der besseren Integration verwirklichen zu können.

Jugendarbeit soll sich verstärkt als Teil eines integrierten Bildungsangebotes verstehen. Sie muss damit umgehen können, dass Schulen den Teil ihres Auftrages, der nicht der reinen Wissensvermittlung dient, delegieren und sich so entlasten.

Geragogik

Geragogik ist ein Teilgebiet der Gerontologie – der Wissenschaft vom Alter und vom Altern –, das der Sozialen Arbeit zugeordnet wird.

„Gerontologie beschäftigt sich mit der Beschreibung, Erklärung und Modifikation von körperlichen, psychischen, sozialen, historischen und kulturellen Aspekten des Alterns und Alters, einschließlich der Analyse von altersrelevanten und alterskonstituierenden Umwelten und sozialen Umwelten."
(Baltes/Baltes, 1992, S. 8)

Aufgrund der demografischen Entwicklung benötigt die Gesellschaft eine kompetente und handlungsfähige ältere Generation. Voraussetzung dafür ist, dass alle Menschen die Gelegenheit zum Lernen und zur Weiterbildung bekommen.

Die Geragogik beschäftigt sich mit den Methoden und Inhalten des Lernens bei älteren Menschen. Eine selbstbestimmte Lebensführung und die Bewältigung von alltäglichen Herausforderungen sollen durch lebenslanges Lernen ermöglicht werden.

Ziele der Geragogik sind u. a.

* Aktivierung der vorhandenen Ressourcen
* Erweiterung von Kompetenzen
* Kompensation von Defiziten
* Erhaltung der körperlichen und psychischen Leistungsfähigkeit
* Befähigung zu einer selbstbestimmten Lebensführung
* Förderung sozialer Beziehungen
* Erhalt der Lebensqualität

Armut

Wo Menschen in einer Gesellschaft zusammenleben, gibt es Einzelne oder ganze gesellschaftliche Gruppen, die keine finanziellen Probleme haben und andere, die trotz eines allgemein relativ hohen Wohlstandes in Armut leben oder von Armut bedroht sind.

In modernen Gesellschaften ist Armut nur selten absolut. Die Gefahr zu verhungern oder zu erfrieren ist gering. Die relative Armut bemisst sich am Lebensstandard und den Wert- und Normenvorstellungen der jeweiligen Gesellschaft. Danach wird jemand als arm angesehen, wenn er aufgrund seines geringen Einkommens und Vermögens von der Lebensweise ausgeschlossen ist, die als Minimum akzeptiert wird.

Personen gelten als armutsgefährdet, wenn ihr Einkommen weniger als 60 Prozent des mittleren Einkommens beträgt.

Das Risiko in Deutschland arm zu sein, wird im 3. Armuts- und Reichtumsbericht der Bundesregierung mit 13 Prozent angegeben.

Besonders gefährdeten Gruppen sind:

- Arbeitslose (43 Prozent)
- Personen ohne abgeschlossene Berufsausbildung (19 Prozent)
- Alleinerziehende (24 Prozent)

RUBERT

Die statistische Erfassung von Armut erfolgt zu einem Stichtag und vernachlässigt damit ihren Verlauf und die Dynamik. Tatsächlich sind weite Teile der Bevölkerung betroffen oder bedroht:

Arten und Umfang von Armut in Deutschland			
Ca. 42 %	Ca. 30 %	Ca. 18 %	Ca. 10 %
Gesicherter Wohlstand	Instabiler Wohlstand	Prekariat	Verfestigte Armut
	Arm oder armutsgefährdet		
		Zunehmende Verfestigung Geringe Aufstiegsmöglichkeiten	

- Gesicherter Wohlstand: Dauerhaft sichere Einkommen und sichere Lebenslagen
- Instabiler Wohlstand: Zeiten mit prekärem Einkommen, gelegentliche Erfahrungen von sozialer Benachteiligung
- Prekariat: Sehr geringe Einkommen und Erfahrungen von sozialer Benachteiligung
- Verfestigte Armut: Einkommensarmut und umfangreiche Erfahrung von mehrfacher sozialer Benachteiligung

Besondere Probleme stellen die Alters- und die Kinderarmut dar. „Jedes sechste Kind in Deutschland ist von Armut betroffen (UNICEF, 2008)."

Die Konsequenzen familiärer Armut für Kinder zeigen sich auf unterschiedlichen Ebenen. Materielle Armut der Familie wirkt sich in allen Lebensbereichen spürbar negativ aus:

- Grundversorgung. Wenn kein persönlicher Bereich in der Wohnung vorhanden ist, können keine Freunde eingeladen werden.

- Gesundheitliche Einschränkungen. Chronische Krankheiten, Übergewicht und psychosomatische Symptome sind häufiger feststellbar.

- Schlechtere schulische Leistungen, schlechtere Schulnoten, häufigere Versetzungsprobleme und als Folge niedrigere formale Schulabschlüsse.

- Geringere Beziehungen zu Gleichaltrigen. Weniger Freunde und Spielkameraden führen zu Isolation bzw. Orientierung an Mitgliedern derselben sozialen Gruppe.

- Diskriminierung. Kleidung und Spielzeug verfügen über eine hohe Symbolik, ihre Funktionalität tritt oft in den Hintergrund.

- Weniger Aktivitäten. Für die Mitgliedschaft in Vereinen oder den Besuch einer Musikschule bestehen hohe Hürden.

- Geringeres Selbstbewusstsein.

Von den Jugendlichen zwischen 16 und 24 Jahren lebt jeder Vierte in materieller Not oder ist davon bedroht. Da die Bildungschancen unmittelbar mit der ökonomischen Situation zusammenhängen, bestehen für die Betroffenen nur geringe Chancen für eine Verbesserung ihrer Situation.

Durch staatliche Sozialleistungen soll in Deutschland ein sozio-kulturelles Existenzminimum gesichert werden:

- Arbeitslosengeld II
- Sozialgeld (Grundsicherung für Arbeitsuchende)
- Grundsicherung im Alter und bei Erwerbsminderung
- Hilfe zum Lebensunterhalt (Sozialhilfe)
- Asylbewerberleistungen
- Kriegsopferfürsorge

Durch diese Zahlungen soll der Bedarf an Nahrung, Kleidung, Körperpflege, Hausrat und persönlichen Bedürfnissen gedeckt und ein menschenwürdiges Leben mit gesellschaftlicher Teilhabe ermöglicht werden.

11.3.4 Professionalisierung Sozialer Arbeit

Durch den sozialen Wandel und die zunehmende Beeinträchtigung der Lebenssituation vieler Menschen nimmt die Zahl der Tätigkeitsfelder der Sozialen Arbeit zu, gleichzeitig wird die Arbeit immer differenzierter. Die Aufgaben, die dem Sozialstaat zugewiesen werden, erfordern entsprechend hohe und spezialisierte Kompetenzen der Leistungsträger.

Die enge Verbindung von fachlicher Kompetenz und Sozialmanagement ermöglicht den professionell handelnden Mitarbeitern, ihre Aufgaben optimal und zielgerichtet zu erfüllen.

Durch diesen Anspruch sind zahlreiche Berufsbilder mit entsprechenden Ausbildungsmöglichkeiten, auch an Hochschulen, entstanden.

Die meisten Organisationen der Sozialwirtschaft gehören den Spitzenverbänden der freien Wohlfahrtspflege an. Ca. 1,2 Mio. Mitarbeiter sind in rund 94.000 Einrichtungen tätig. Die Jugendhilfe ist mit 36 % der größte Bereich. Die freie Wohlfahrtspflege trägt mit fast 2 % zur gesamtwirtschaftlichen Wertschöpfung bei.

Einrichtungen und Dienste der Freien Wohlfahrtspflege nach Arbeitsbereichen

Einrichtungen

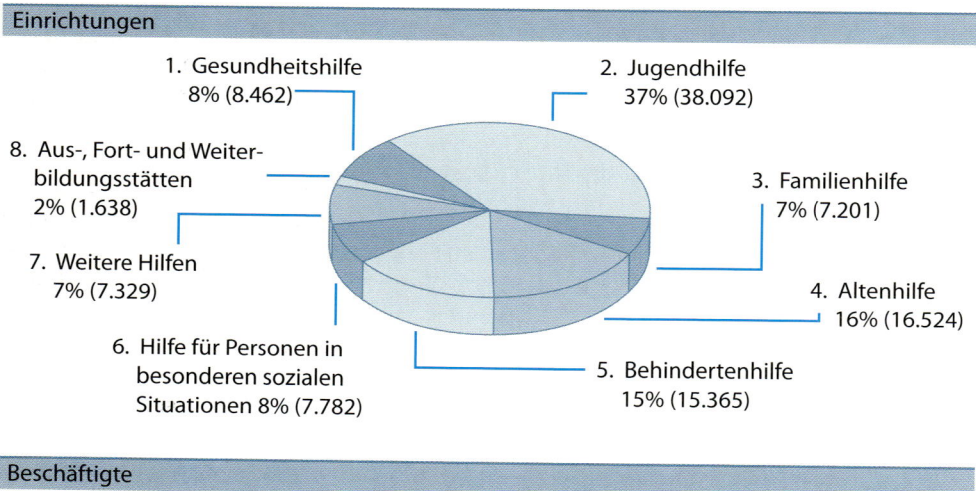

1. Gesundheitshilfe 8% (8.462)
2. Jugendhilfe 37% (38.092)
3. Familienhilfe 7% (7.201)
4. Altenhilfe 16% (16.524)
5. Behindertenhilfe 15% (15.365)
6. Hilfe für Personen in besonderen sozialen Situationen 8% (7.782)
7. Weitere Hilfen 7% (7.329)
8. Aus-, Fort- und Weiterbildungsstätten 2% (1.638)

Beschäftigte

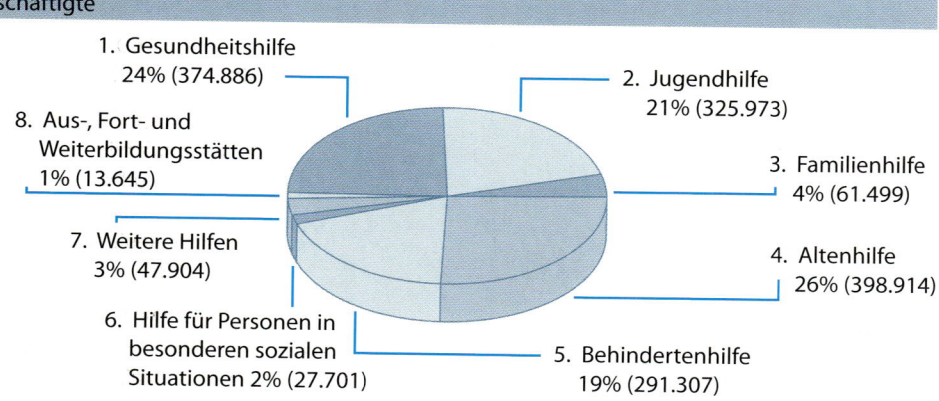

1. Gesundheitshilfe 24% (374.886)
2. Jugendhilfe 21% (325.973)
3. Familienhilfe 4% (61.499)
4. Altenhilfe 26% (398.914)
5. Behindertenhilfe 19% (291.307)
6. Hilfe für Personen in besonderen sozialen Situationen 2% (27.701)
7. Weitere Hilfen 3% (47.904)
8. Aus-, Fort- und Weiterbildungsstätten 1% (13.645)

(Gesamtstatistik 2008 der Bundesarbeitsgemeinschaft der Freien Wohlfahrtspflege e. V.)

11.4 Wirtschaftlichkeit und soziales Anliegen

Die Träger der Sozialen Arbeit müssen zugleich ökonomischen und fachlichen Anforderungen gerecht werden. Dadurch entsteht ein Zielkonflikt für das Sozialmanagement.

Betriebswirtschaftliche Aspekte

Durch die veränderten politischen und wirtschaftlichen Rahmenbedingungen sind die Anbieter sozialer Leistungen zunehmend gezwungen, wirtschaftlichen Überlegungen verstärkte Aufmerksamkeit zu widmen. Um die eigene Existenz sichern zu können, müssen die sozialpolitischen Ziele den betriebswirtschaftlichen Gegebenheiten angepasst und gegebenenfalls eingeschränkt werden.

Für Krankenhäuser, Alten- und Pflegeheime und in der Jugendarbeit werden immer engere Kostenrahmen gesetzt. Allerdings führt die verstärkte betriebswirtschaftliche Ausrichtung auch in den Organisationen selbst zu der Gefahr, dass die erfolgreiche Soziale Arbeit dem wirtschaftlichen Erfolg nachgeordnet wird.

Bei den sozialwirtschaftlichen Anbietern handelt es sich in der Regel um kleine und mittlere Unternehmen, die auch dann nach betriebswirtschaftlichen Prinzipien geführt werden müssen, wenn sie nicht gewinnorientiert arbeiten. Steuerungsinstrumente wie Finanzplanung und Kostenrechnung sind weitgehend selbstverständlich, sie unterstützen die Erreichung der unternehmerischen sozialen Ziele.

Um zu vermeiden, dass die betriebswirtschaftlichen Aspekte die Art, den Umfang und die Qualität der Angebote bestimmen, müssen die Auswirkungen dieser Aspekte auf die sozialen Leistungen bekannt sein. Die Interdependenz und Komplementarität von betriebswirtschaftlicher Orientierung und gesellschaftlichem sozialen Auftrag findet breite Anerkennung.

Sozialmanagement muss gleichzeitig die Qualität der Sozialen Arbeit sichern und den betriebswirtschaftlichen Anforderungen gerecht werden.

Sozialmanagement trägt dazu bei, die Umsetzung der fachlichen Ziele der Sozialen Arbeit unter den Bedingungen der Sozialwirtschaft zu sichern. Durch die Einführung von Managementprinzipien wird die Qualität der Sozialen Arbeit verbessert. Soziale Einrichtungen und Dienste können ihre Angebote damit so gestalten, dass die Verbindung von wirtschaftlichen und sozialen Zielen möglich ist.

Beispiel: In der Jugendhilfeplanung sind Managementinstrumente wie Kontraktmanagement, Qualitätssicherung und Controlling zu fachlichen Grundbausteinen geworden.

Öffentliche Finanzen

Die Verschuldung von Bund, Ländern und Kommunen, die die sozialen Leistungen zu einem Großteil finanzieren, hat ein Ausmaß erreicht, das Ausgabenbeschränkungen unbedingt notwendig macht. Durch die finanziellen Restriktionen sind traditionelle Felder

Sozialer Arbeit von Leistungseinschränkungen betroffen, obwohl die Nachfrage nach personenbezogenen sozialen Dienstleistungen zunimmt.

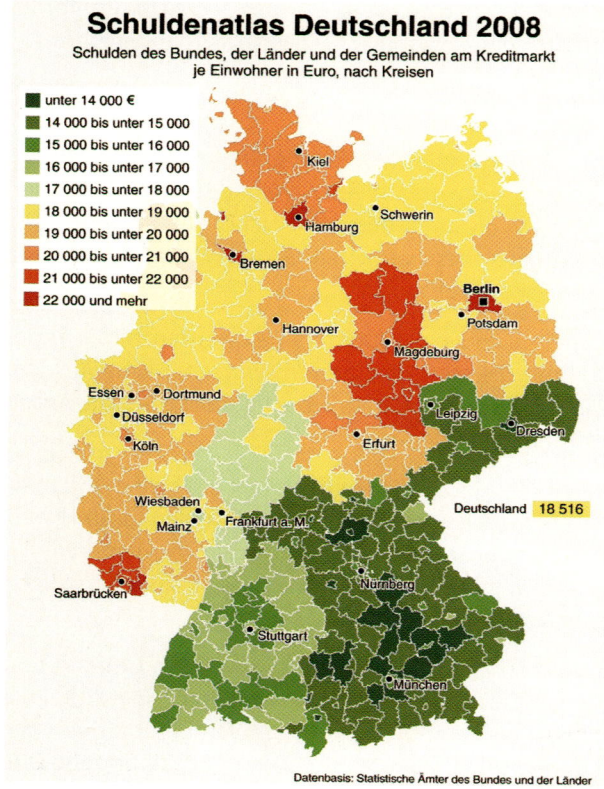

Schuldenatlas Deutschland 2008

Schulden des Bundes, der Länder und der Gemeinden am Kreditmarkt je Einwohner in Euro, nach Kreisen

- unter 14 000 €
- 14 000 bis unter 15 000
- 15 000 bis unter 16 000
- 16 000 bis unter 17 000
- 17 000 bis unter 18 000
- 18 000 bis unter 19 000
- 19 000 bis unter 20 000
- 20 000 bis unter 21 000
- 21 000 bis unter 22 000
- 22 000 und mehr

Deutschland 18 516

Datenbasis: Statistische Ämter des Bundes und der Länder

Die knappen finanziellen Mittel müssen trotzdem so eingesetzt werden, dass eine Arbeit geleistet werden kann, die den eigenen qualitativen Ansprüchen und den Erwartungen der Klienten entspricht. Das Sozialsystem muss seine Effizienz gegenüber dem Steuerzahler rechtfertigen.

Auch inhaltlich ergeben sich für das Sozialmanagement neue fachliche Aspekte, weil die kontrollierende Funktion der Sozialen Arbeit zunimmt, wenn Unterstützung und Hilfe eingeschränkt werden.

Öffentliche Träger gehen vermehrt dazu über, Angebote, die sie bislang selbst vorgehalten haben, auf Vertragspartner zu übertragen. Dies geschieht aus finanziellen Gründen und verstärkt die Tendenz, den Wettbewerb der freien Anbieter untereinander zu einer weiteren Kostensenkung zu nutzen.

Zu niedrige Preise für soziale Dienstleistungen führen jedoch dazu, dass kaum noch lebensweltorientiert gearbeitet werden kann. Statt den Bedürfnissen der Klienten entgegenzukommen, muss das gemacht werden, was abgerechnet werden kann.

Beispiel: *Ein privater Pflegedienst kann die Zeit für die Pflege nur so ausführlich gestalten, dass die erzielbare Vergütung mindestens die Kosten deckt.*

Die zunehmende Marktorientierung in der Sozialen Arbeit wird zu einer Veränderung der Angebote führen. Gleichzeitig ergibt sich eine Differenzierung, weil die soziale Leistung hochwertiger für diejenigen Klienten sein kann, die adäquate Preise zahlen können.

gelernt & nachgedacht

1. *Stellen Sie die Argumente der Kritiker an dem neoliberalen Sozialstaatskonzept zusammen. Welche Bevölkerungsgruppen würden nach Ihrer Meinung besser gestellt, welche müssten Nachteile hinnehmen?*

2. *Entscheiden Sie, welchen Sozialstaatskonzept die „Hartz IV"-Regelung entsprechen.*

3. *Beurteilen Sie, ob z.b. Ärzte, Architekten und Steuerberater genau wie Arbeitnehmer Beiträge zu den Systemen der Sozialen Sicherungen leisten sollten. Begründen Sie Ihre Meinung.*

4. *Stellen Sie in einer Grafik dar, wie sich der prozentuale Anteil der Ausgaben für soziale Zwecke im Bundeshaushalt in den letzten fünf Jahren verändert hat.*

5. *Beschreiben Sie, welche Aufgabe dem Sozialmanagement bei den gerechtigkeitsorientierten Interpretationen des Sozialstaates zukommt.*

6. *Ende der 1980er Jahre wurde der sogenannte demografische Wandel erstmals in einer breiteren Öffentlichkeit diskutiert. Erklären Sie, was demografischer Wandel bedeutet und welche Folgen er hat.*

7. *Interpretieren Sie das folgende Zitat unter sozialpolitischen Aspekten.*

„Das Alter ist für mich kein Kerker, sondern ein Balkon, von dem man zugleich weiter und genauer sieht. Von dem man unter Umständen, vom Blitz getroffen oder von einem Schwindel überkommen, hinabstürzt, nicht weil es so dunkel und einsam ist, sondern weil die Sonne übermächtig scheint."
(Marie Luise Kaschnitz, in: „Orte", 1973)

8. *Interpretieren Sie die Grafik. Stellen Sie dar, wie die demografische Entwicklung durch die Einwohner mit Migrationshintergrund verändert wird.*

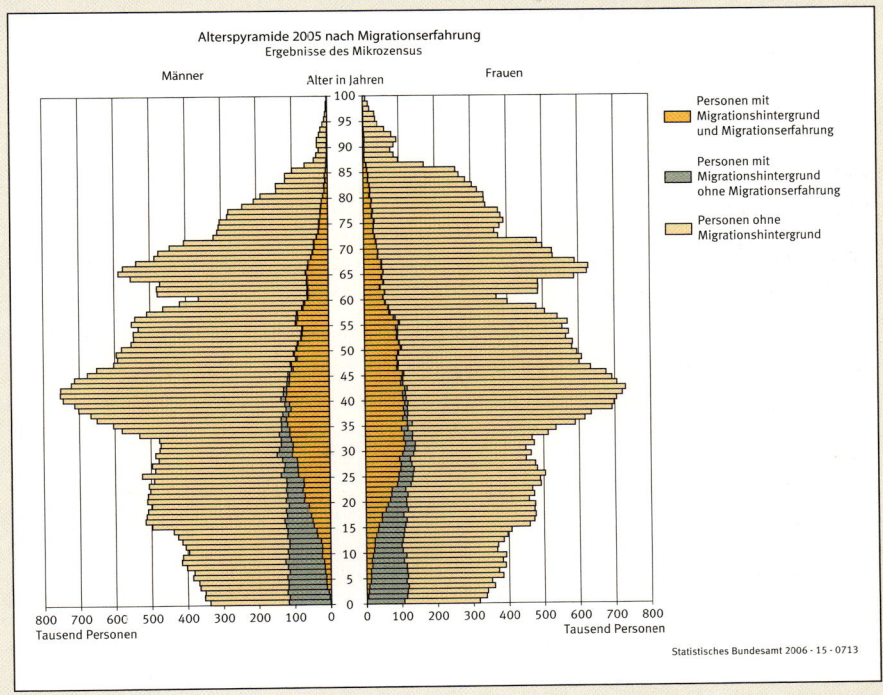

9. Interpretieren Sie die Daten in folgender Tabelle.

Einkommensverteilung: Anteile am Bruttoeinkommen aus unselbstständiger Tätigkeit nach Dezilen[1], in Prozent, 2005

	vollzeitbeschäftigte Arbeitnehmer	Arbeitnehmer insgesamt
1. Dezil	2,5	0,5
2. Dezil	4,7	1,6
3. Dezil	6,2	2,9
4. Dezil	7,4	5,3
5. Dezil	8,4	7,4
6. Dezil	9,9	9,8
7. Dezil	10,5	11,8
8. Dezil	12,6	14,4
9. Dezil	14,9	17,8
10. Dezil	23,1	28,4

(SOEP Bundesministerium für Arbeit und Soziales (BMAS): Lebenslagen in Deutschland)

gelernt & nachgefragt

1. Recherchieren Sie, wie sich die Position „Arbeit und Soziales" im Bundeshaushalt untergliedert. Nennen Sie die sechs wichtigsten Bereiche.

2. Am 11. November 2010 hat Prof. Dr. Karl Lauterbach, MdB, in einem Rundschreiben Stellung genommen zu neuen Bestimmungen in der Krankenversicherung:

„(…) Beim Finanzierungsgesetz wird der Beitragssatz um 0,6 auf 15,5 % angehoben und dabei festgefroren. Alle weiteren Kostensteigerungen gehen einseitig zu Lasten der Versicherten und der Steuerzahler, da sie in den Zusatzbeitrag im Sinne einer kleinen Kopfpauschale hineinlaufen. In Zukunft werden die Krankenkassen also einen Einheitsbeitragssatz von 15,5 % nehmen und stetig steigende kleine Kopfpauschalen, für die es keinen Arbeitgeberanteil gibt. Das ist der Sinn der Reform, die dauerhafte Entlassung der Arbeitgeber aus der Parität. Weil die Arbeitgeber aber an der Steigerung der Kosten in Zukunft nicht mehr beteiligt sein werden, werden sie für die Arbeitnehmer genau doppelt so schnell steigen: Weniger netto vom brutto für jeden Versicherten (…) "

Nehmen Sie Stellung zu dieser Meinung.

3. Lesen Sie den Bericht „Lage der Kinder in Deutschland". Stellen Sie danach die vier wichtigsten Faktoren zusammen, die zu Kinderarmut führen.

---

[1] Dezile teilen eine der Größe nach geordnete Datenmenge in 10 gleiche Teile. Das 1. Dezil zeigt den Wert für die unteren 10 % der Datenwerte, das 10 Dezil für die oberen 10 % der Datenwerte.

Abkürzungsverzeichnis

A

Abs.	Absatz
ALG	Arbeitslosengeld
AO	Abgabenordnung
ARD	Arbeitsgemeinschaften der Rundfunkanstalten Deutschlands
Art.	Artikel
ASD	Allgemeiner Sozialer Dienst
AWO	Arbeiterwohlfahrt

B

BAföG	Bundesausbildungsförderungsgesetz
BAGFW	Bundesarbeitsgemeinschaft der freien Wohlfahrtspflege
BBiG	Berufsbildungsgesetz
BErzGG	Bundeserziehungsgeldgesetz
BetrVG	Betriebsverfassungsgesetz
BGB	Bürgerliches Gesetzbuch
BIP	Bruttoinlandsprodukt
BMAS	Bundesministerium für Arbeit und Soziales
BQS	Bundesgeschäftsstelle Qualitätssicherung gGmbH
BSHG	Bundessozialhilfegesetz
BVG	Gesetz über die Versorgung der Opfer des Krieges
bzw.	beziehungsweise

C

CI	Corporate Identity

D

d. h.	das heißt
DIN	Deutsches Institut für Normung e.V.
DKLB	Deutsche Klassenlotterie Berlin
DOSB	Deutscher Olympischer Sportbund
DSD	Deutsche Stiftung Denkmalschutz
DZI	Deutschen Zentralinstitut für soziale Fragen

E

e.V.	eingetragener Verein
EFQM	European Foundation for Quality Management
EN	Europäische Norm
EQA	European Quality Award.
ERP	Enterprise Ressource Planning
EStG	Einkommensteuergesetz

F

ff.	fortfolgende
FMEA	Fehler-Möglichkeiten-Einfluss-Analyse

G

gem.	gemäß
GEW	Gewerkschaft Erziehung und Wissenschaft
GewO	Gewerbeordnung
GG	Grundgesetz
gGmbH	gemeinnützige Gesellschaft mit beschränkter Haftung
GKV	Gesetzliche Krankenversicherung
GKV	Gesamtkostenverfahren
GmbH	Gesellschaft mit beschränkter Haftung
GOÄ	Gebührenordnung für Ärzte
GuV	Gewinn- und Verlustrechnung

H

HGB	Handelsgesetzbuch
HSL	Maßnahmen zur vorschulischen Sprachförderung und der Hausaufgaben, Sprach- und Lernhilfe

I

i.d.F.v.	in der Fassung vom
i.d.R.	in der Regel
i.H.v.	in Höhe von
IBM	International Business Machines Corp.
ISO	International Organization für Standardization

K

KJHG	Kinder- und Jugendhilfegesetz
KStG	Körperschaftsteuergesetz
KTQ	Kooperation für Transparenz und Qualität im Gesundheitswesen
KVP	kontinuierlichen Verbesserungsprozess

L

LuL	Lieferungen und Leistungen

M

MAV	Mitarbeitervertretung
MBNQA	Malcolm Bridge National Quality Award
MbO	Management by Objectives
MdB	Mitglied des Bundestages
MbD	Management by Delegation
Mrd.	Milliarden
MTM	Methods-Time Measurement

N

NachwG	Gesetz über den Nachweis der für ein Arbeitsverhältnis geltenden wesentlichen Bedingungen
NLP	Neurolinguistische Programmierung
Nr.	Nummer

O

o. Ä.	oder Ähnliches / Ähnlichem
OEG	Gesetz über die Entschädigung für Opfer von Gewalttaten
OWiG	Ordnungswidrigkeitengesetz

P

p.a.	per annum (pro Jahr)
PAngVO	Verordnung zur Regelung der Preisangaben
PAP	Projektablaufplan
PflegeVG	Pflege-Versicherungsgesetzes
PKV	Private Krankenversicherung
PSP	Projektstrukturplan

Q

QEP	Qualität und Entwicklung in Praxen
QM	Qualitätsmanagement

R

REFA	Verband für Arbeitsgestaltung, Betriebsorganisation und Unternehmensentwicklung, gegründet als Reichsausschuß für Arbeitszeitermittlung
Reha	Rehabilitation
RPZ	Risikoprioritätszahl

S

SGB	Sozialgesetzbuch
SOEP	Sozio-ökonomisches Panel

T

TQM	Total Quality Management
TvöD	Tarifvertrag für den öffentlichen Dienst
TzBfG	Teilzeit- und Befristungsgesetz
TZI	Themenzentrierte Interaktion

U

u. a.	unter anderem
u. Ä.	und Ähnliches
u. a. m.	und anderes mehr
UKV	Umsatzkostenverfahren
UNICEF	United Nations International Children's Emergency Fund
UrhG	Urhebergesetz
USt	Umsatzsteuer
usw.	und so weiter

V

VW	Volkswagen AG

W

WoGG	Wohngeldgesetz

Z

z. B.	zum Beispiel
ZDF	Zweites Deutsches Fernsehen

Literaturverzeichnis

AWO Bezirksverband Braunschweig: Qualitätsmanagement, unter: www.awo-bs.info/index.php?id=56, [29.04.2011]

Baltes, Paul B./Baltes, Margret Maria: Gerontologie: Begriff, Herausforderung und Brennpunkte, in: Zukunft des Alterns und gesellschaftliche Entwicklung, hrsg. v. Paul B. Baltes/Jürgen Mittelstrass Berlin: Walter de Gruyter, 1992

Bertelsmann Stiftung: Soziale Gerechtigkeit in der OECD – Wo steht Deutschland? Gütersloh, 2010

Bundesarbeitsgemeinschaft der Freien Wohlfahrtspflege (BAGFW): 2011 – Europäisches Jahr der Freiwilligentätigkeit, abgerufen unter: www.bagfw.de/uploads/media/PM_zum_Europ%C3%A4ischen_Jahr_der_Freiwilligent%C3%A4tigkeit_2011_01.doc [06.10.2011]

Deutscher Caritasverband e.V.: Leitbild des Deutschen Caritasverbandes, 1997

Fürstenberg, Conrad von: Qualitätsmanagement, in: Sozialmanagement, hrsg. v. Herbert Schubert, Wiesbaden: VS-Verlag, 2005

Hagen, Stefan: Projektauftrag – Vorlage zum kostenlosen Download, unter: http://pm-blog.com/2010/02/11/projektauftrag-vorlage-zum-kostenlosen-download/, [12.04.2011]

Kaschnitz, Marie Luise: Orte, Frankfurt am Main: Insel Verlag, 1991

KNA: Jeder Elfte braucht Hilfe bei der Existenzsicherung, WELT ONLINE, 05.10.2010, unter: www.welt.de/die-welt/politik/article10080812/Jeder-Elfte-braucht-Hilfe-bei-der-Existenzsicherung.html, [06.04.2011]

Lauterbach, Karl: Abzocke und Drei-Klassen-Medizin, Pressemitteilung, hrsg. v. Thomas Oppermann MdB, Berlin, 12.11.2010

mm: Erzieherberuf unattraktiv, in: Kölner Stadtanzeiger, 24.11.2010

Quilling, Eike/Nicolini, Hans J.: Erfolgreiche Seminargestaltung, Strategien und Methoden in der Erwachsenenbildung, Wiesbaden: VS Verlag für Sozialwissenschaften, 2007

Senge, Peter M.: The Fifth Discipline, New York: Doubleday, 1990

Stadt Köln: Kinder- und Jugendförderplan 2007-2009

St. Elisabeth-Krankenhaus Köln-Hohenlind: Qualitätsmanagement, unter: www.hohenlind.de/krankenhaus/qualitaetsmanagement, [11.04.2011]

UNICEF Deutschland: Bericht zur Lage der Kinder in Deutschland, 2008

Bildquellenverzeichnis

Fotolia.com: Anfres Rodriguez Umschlagfoto/Gina Sanders S. 7, 54 (unten), 127, 131, 147/Alexander Raths S. 11/Franz Pfluegl S. 12/aris sanjaya S. 26/Yuri Arcurs S. 36/hfox S. 44/Christian Jung S. 59/Peter Atkins S. 111/Fotolia VI S. 113/BilderBox S. 115/Pixelot S. 119/ArTo S. 135/Stefan Müller S. 143 (oben)/freshpix S. 143 (unten), 144 (unten)/chungking S. 144 (oben)/VRD S. 157/ladislav susoy S. 164/goodluz S. 173/contrastwerkstatt S. 183/gilles lougassi S. 198/Ramona Heim S. 211

bpk, Berlin 2011: S. 9

bpk, Berlin 2011/Josef Schorer, Hamburg 1927: S. 10

MEV Verlag, Augsburg: S. 14, 58

picture-alliance/dpa: S. 16, 217 (rechts)

picture alliance/Süddeutsche Zeitung Photo/Robert Haas: S. 18

picture-alliance/Sodapix AG: S. 21

SPIEGEL-Verlag, Hamburg: S: 22, 23

akg-images/Robert Koehler: S. 24

picture-alliance/ZB: S. 25, 83, 216 (links), 228

Der Paritätische Gesamtverband: S. 33

Diakonisches Werk der EKD e.V.: S. 33

Deutsches Rotes Kreuz: S. 33

Zentralwohlfahrtsstelle der Juden in Deutschland: S. 33

AWO Bundesverband e. V.: S. 33

Caritas: S. 33

Jugendhilfe Köln e. V.: S. 46

Stadt Köln: S. 53 (3x oben)

Messelogo Rehacare International/Messe-Düsseldorf GmbH: S. 53 (unten links)

Messelogo Consozial/Bayerisches Staatsministerium für Arbeit und Sozialordnung, Familie und Frauen (StMAS): S. 53 (unten rechts)

picture alliance/Süddeutsche Zeitung Photo/Catherina Hess: S. 54 (oben)

lit.COLOGNE: S. 80 (links)

Bayer AG, Leverkusen: S. 80 (rechts)

SOS Kinderdorf e. V. München: S. 84 (oben)

Deutsches Zentralinstitut für soziale Fragen/DZI, Berlin: S. 84 (unten) picture-alliance/Samsung: S. 87

PLAN Shop GmbH Hamburg, www.plan-shop.org: S. 90 (2x)

Aktion Mensch e. V., Bonn: S. 91.1

Deutsche Fernsehlotterie gemeinnützige GmbH: S. 91.2

Stiftung Deutsche Klassenlotterie, Berlin: S. 91.3

Stattliche TOTO-LOTTO GmbH: S. 91.4

Zentral-Dombau-Verein zu Köln: S. 92

Burkhard Mohr, Königswinter: S. 114

Bildungsverlag Eins, Köln/Christian Schlüter, Essen: S. 156

Bildungsverlag Eins, Köln/Oliver Wetterauer, Stuttgart: S. 161

St. Marien-Hospital, Bonn: S. 199

picture-alliance/dpa-Infografik: S. 212, 213, 214, 219, 221, 222

Benno Raestrup, Bochum: S. 224

Infografik des INSM Initiative Neue Soziale Marktwirtschaft, Berlin: S. 228

Sachwortverzeichnis